人物叢書

新装版

森戸辰男《もりとたつお》

小 池 聖 一

日本歴史学会編集

吉川弘文館

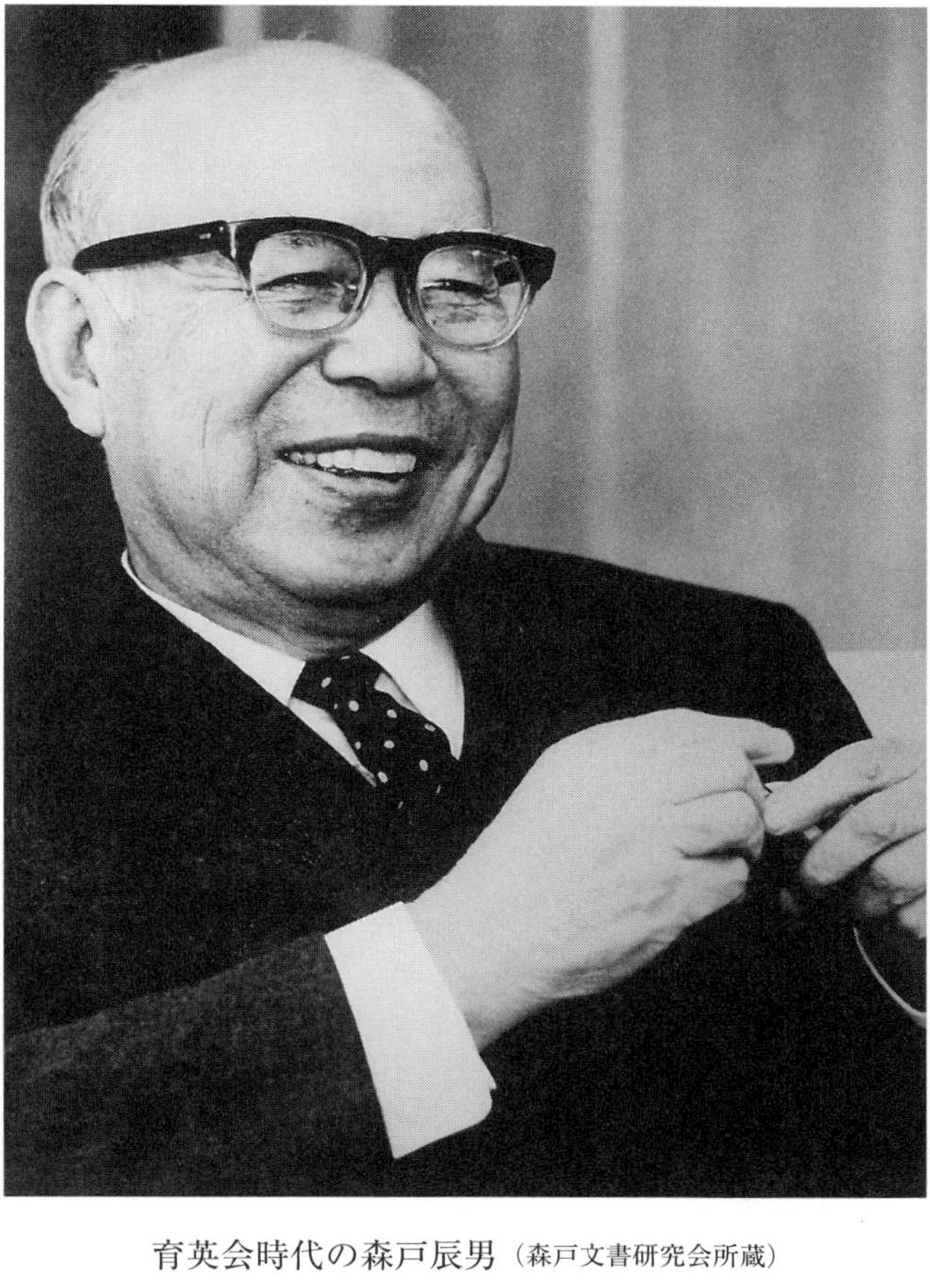

育英会時代の森戸辰男（森戸文書研究会所蔵）

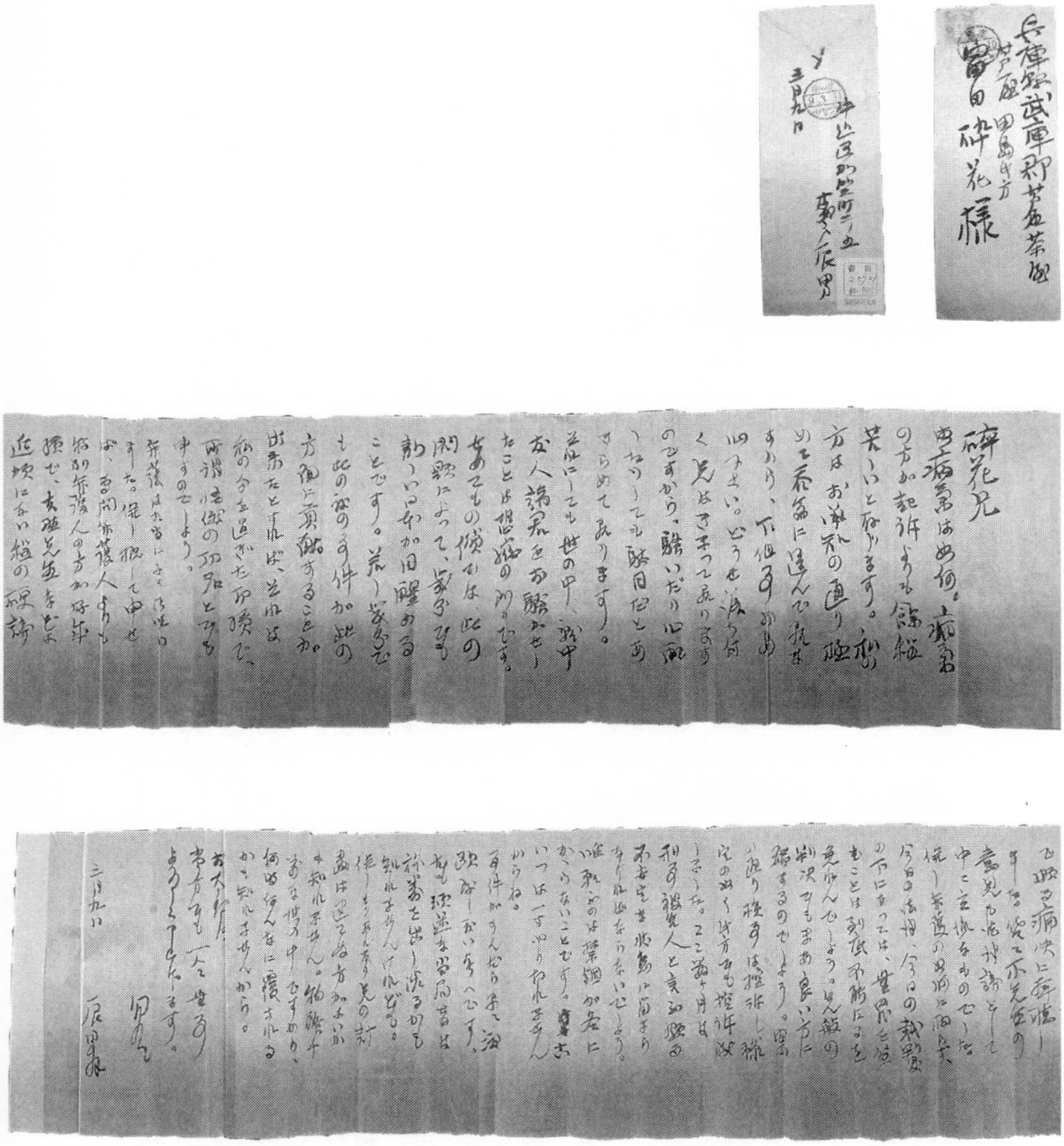

富田砕花宛森戸辰男自筆書簡（芦屋市立美術博物館所蔵）

はしがき

高等学校日本史教科書に森戸辰男の名前は、大正九年（一九二〇）、東京帝国大学助教授のときに掲載した論文が危険思想とされ、「森戸事件」と言われる思想弾圧事件の被告となったことしか出てこない。

森戸は戦後、日本社会党に入党し、昭和二十一年（一九四六）に公布された日本国憲法の制定にも関わり、原案になかった第二五条「すべて国民は、健康で文化的な最低限度の生活を営む権利を有する」との「生存権」を盛り込む中心ともなった。片山哲内閣の文部大臣として、戦後の学校制度の六・三義務制の実施にあたり、続く芦田均内閣でも戦後教育改革を行なった。

のちには、文部大臣の教育諮問機関である中央教育審議会（中教審）の会長として「第三の教育改革」（「第一の教育改革」は明治五年（一八七二）の学制導入、「第二の教育改革」は敗戦直後の教育改革をさす）をめざし、高校生を悩ます学力偏重型・大学入試の改革に尽力し、進学先の一つである国立大学の法人化を企画した人物でもある。

第一高等学校時代に新渡戸稲造の薫陶を受けた森戸は、戦前、大阪労働学校で苦学する労働者の教育に挺身し、戦後も定時制や通信教育などを通じて、教育機会の拡大に寄与した。同時に、新渡戸教育の教養を軸とした人間教育を通じて民主主義の発展をめざし、育英会長・能力開発研究所理事長としては、貧しくとも能力のある青年に未来と希望を与えるべく尽力した。実践者としては、新制広島大学の初代学長であり、高等学校の校長（NHK学園高校の初代校長）でもあった。そして、教育分野ではじめての文化功労者となっている。

一方で、森戸ほど時代によって評価が変わった者はいない。戦前は「危険思想の持ち主」、戦後は「教育反動化の立役者」などといったレッテルを張られていた（長坂聡「教育反動化の立役者　森戸辰男批判」）。敗戦を境に状況が変化し、周囲の評価軸が大きくぶれたためである。

しかし、戦前・戦後を通じて社会科学者として学び続けた森戸は、自らの思索のなかで常に体系化し、根本の考えが変わったことはない。思想の体系化を常に意識した点で、生涯、一学徒・社会科学研究者であり続けた。同時に、社会科学の実践者としては、戦前は労働運動をサポートし、戦後は「百働会」という自分の生きがいとなる仕事を一〇〇歳まで働こうという会を主導するなど、生涯を通じての社会運動家でもあった。

本書は、戦前・戦後を一貫して生きた森戸辰男の生涯を描く伝記である。

執筆にあたり、森戸が広島大学に残した「森戸辰男文書」、故・森戸冨仁子（冨仁）夫人より広島大学文書館に寄贈いただいた「森戸辰男関係文書」（広島大学文書館所蔵「森戸辰男関係文書」、以下、Aと略記する）、および横浜市所蔵「森戸辰男関係文書」（Bと略記）と、ふくやま美術館所蔵「森戸辰男関係資料」（Cと略記）の四つを基盤にした。そのうえで、森戸の著書・論文・講演録などを使用しつつ、できうる限り同時代の資料を用いて実証的に記述するように努めた。なお引用にあたっては、読みやすさを優先し、常用漢字を用い、また句読点を付し、カタカナをひらがなにするなど、表記を改めたところがある。

二〇二一年三月

小池聖一

目次

第九　中央教育審議会の会長に就任
――「第三の教育改革」四六答申まで――……二三四

口絵

挿図

第一　誕生から東京帝国大学卒業まで

一　生い立ち

誕生・家族

森戸辰男は、父鸞蔵《らんぞう》、母チカの四男として、明治二十一年（一八八八）十二月二十三日、広島県福山市東堀端町乙二〇一番地に生まれた。三人の兄は早世していたが、姉が三人いた。このとき父鸞蔵は四八歳、母チカ三八歳、末っ子の辰男は、森戸家にとって待望の男子であった。

森戸家

森戸家は、初代の森戸勝左衛門政近が寛永年間（一六二四―四四）に阿部家に二〇〇石で召しかかえられ、主に江戸詰で御者頭《ぎよしやがしら》を勤めていた（『続備後叢書』下巻、四一三～四一五頁）。その後、阿部家は宝永七年（一七一〇）に宇都宮藩から福山藩に転封となった。第七代藩主は、老中首座として安政の幕政改革を行ない、日米和親条約を結んだ阿部正弘である。

父鸞蔵

父の鸞蔵は、第七代森戸武珍の次男に生まれ、天保三剣豪の一人である直心影流の男《お》谷《たに》精一郎信友に師事して免許皆伝をうけ、剣術で身を立てようとした。若き日の鸞蔵は、

父・鸞蔵（左），母・チカ（森戸辰男著『遍歴八十年』日本経済新聞社）

戊辰戦争にあたって上野の彰義隊に入隊しようとしたが、止められたとも伝えられている。のちに鸞蔵は、五稜郭の戦いで福山藩兵第一中隊第一小隊（初進時は鷹翼隊）の一員として官軍側で参戦している（『戊辰戦役と福山藩』六八頁、鷹の羽会、一九七六年）。なお、次男だった鸞蔵は、兄の第八代森戸武文に子がなかったことから、のちに第九代となる。

　維新後、鸞蔵は兵庫県で巡査となったが、やがて郷里の福山に帰り、旧制中学校の剣術教師となり、小堀流水泳の名手だったことから水泳の指導も行なった。鸞蔵は剣士として、明治二十八年に創設された大日本武徳会の大演武式にも参加する腕前であった。しかし、剣術教師の薄給では、祖母と母と三人の娘と辰男、婚家から戻ってきた姉という一家を養うことはできず、銀行や学校などの夜番としても働いた。名人と言われた鳥刺や魚釣りの鸞蔵の腕前でも、家計を支えるに十分でなく、森戸家は窮乏することとなった（『思想の遍歴』上）。

辰男が旧制中学校まで過ごした福山は、久松城（太平洋戦争の戦災により天守は焼失）を中心に、水がたたえられた堀に蓮の花が咲く、のどかな小都市だった。現在の福山市は、人口約四七万人（平成三十年〈二〇一八〉）の中核都市である。鉄筋コンクリート構造で復興された久松城を刻む形でＪＲ福山駅があり、辰男が生まれた当時とは、大きく景観を異にしている。辰男が生まれた次の年、明治二十二年（一八八九）四月の福山町人口は、約一万五〇〇〇人であった（『福山市史』下巻）。

幼年時の森戸辰男（ふくやま美術館所蔵）

辰男は幼年期より中学校卒業までは父鸞蔵のもとで、そして東京に行っても第一高等学校卒業まで、剣術の稽古を一日も欠かすことはなかった。辰男が講演や演説の途中、檀上で水をまったく飲まなかったのも、「戦場には水はない、疲れても水を飲まぬ修練をしておくのだ」との父の教えによる（『武徳』日本武教社、一九六六年五月十五日）。

小学校時代

辰男は、日清戦争直前の明治二十七年（一八九四）四月、自宅の隣にあった広島県深安郡福山町尋常小学校に入学した。尋常小学校三年定期試験の成績が残っているが（「尋常科第三学年定期試験成績報告」、A）、すべて「甲」だった。明治三十一年に入学した福山町高等小学校で辰男にとって印象深い教師は、吉田孫作校長であった。吉田校長は、中年を過ぎてから、初心者として剣術と水泳を生徒たちに混じり、辰男の父の鸞蔵に学んでいた。その真面目さ、熱心さに感動した辰男は、円満で世知にたけた先生よりも、率直な学者的な吉田校長を最も記憶に留めている（「吉田校長の思い出につき原稿」、B）。

福山中学校

明治三十五年（一九〇二）三月に福山町高等小学校を卒業した辰男は、四月に広島県立福山中学校（現在の広島県立誠之館高等学校）に進学した。零落士族だった森戸家が、辰男の教育資金を出すことができたのは高等小学校までで、中学への進学は、旧藩の育英資金および福山の実業家・政治家でもあった河相三郎《かわいさぶろう》からの援助をうけてのことであった。

辰男が進学した福山中学校は、安政元年（一八五四）に第七代藩主阿部正弘が設立した藩校である誠之館の後継校である。誠之館という校名は、孔子の『中庸』の「誠者天之道也、誠之者人之道也」に由来している。福山中学校での成績は、第一学年のときは平均九二点の首席だったが、習字だけ七八点であった。漢文と習字の教師だった門田重長先生から、文官系であった森戸家の人間にもかかわらず、どうしてこんなに字が下手なのか、とよく叱られたという。そのような辰男であったが、およそ七〇年を経て昭和四十六年（一九七一）二月には、後継である広島県立福山誠之館高校の新築講堂に、「誠」をめざす学びの「館」、未来に橋をかける「人間の館」との思いを込めて「誠之館講堂」との額字を書いている（福山誠之館同窓会『懐古』一九八三年）。

福山中学時代の森戸辰男
（森戸文書研究会所蔵）

第二学年も平均九五点の首席。第三学年も首席。第四学年は次席だった。第四学年の成績で一つだけ「丙」が存在していたが、それは「操行」（道徳的な面から見た行ない、品性の科目）であった。辰男はこの当時から、社会主義的思想に親近感を示していたといわれている（「福山中学校成績表」、

C)。また、水泳については、福山有志遊泳会で明治三十五年（一九〇二）八月には成績「甲」、翌三十六年には「優秀」と認定される腕前であった（「水泳成績認定証」、A）。

当時の日記として、福山中学校一年生丙組時の旅行日記と、二冊の休暇日記が残っている。旅行日記は、紅葉の名所で有名な広島県三原市にある臨済宗佛通寺派本山の佛通寺の見学、三原市での一泊、二日目の三原から尾道市までの遠足を記したものである。途中、雨に降られたものの、尾道市千光寺よりの尾道と瀬戸内海の尾道水道、向島などの眺めに「艱難は幸福を生む母なり」との感想を書いている。

夏季の休暇日記には、基本的に午前五時半起床、八時に「撃剣」に行き、勉強も欠かさず、毎日のように、お使いや買い物、銀行夜番の父へ弁当を届けるなどの日々を送っている。「遊事」は水泳と魚釣り、友人との交流が中心だった。「見聞」との項目では、弱者に対して温かい目を向けるとともに、「美装を付けたる豈《あに》紳士にあらず、粗衣豈下等社会に限らず、行ひを改め言語慎みてこそ紳士」と書いている。就寝は、ほぼ九時半であった。冬季休暇日記でも、起床時間が六時半となっている他は、基本的に同様の生活習慣を過ごしている（「休暇日記」、C）。

父の鸞蔵がケガがもとで床につき、それが長引いたため、辰男が明治四十年（一九〇七）三月に福山中学卒業後の進路について家族・親族が集まって協議が行なわれ、官費で行ける学校へ進ませることとなった。しかし、辰男は夏休みに母校福山中学校に帰ってきた丸山鶴吉（福山市出身、昭和四年に警視総監）ら第一高等学校先輩たちとの交流に影響をうけ、一高への進学を強く希望し、最終的に一族も、森戸家再興との思いから、辰男の希望を認めたのだった。

キリスト教との出会い

福山において辰男に大きな影響を与えたのは、キリスト教との出会いである。辰男は、中学に入り、聖公会福山基督教会の日曜学校に通い、バイブルクラスの一生徒、青年会の一員となった。アイルランド生まれの婦人宣教師ガルゲー先生（Miss Galgey, Louise Adelaide）との出会いは、クリスマスイブの準備、クリスマスの讃美歌「人には恵み、地には平和」を合唱しながら急いだ寒空の夜道、時々ふるまわれたミルクティーの味とともに、楽しい思い出となった。ガルゲー先生を敬慕していた辰男が信者となったのは、福山中学校三年の時のことである。終生、彼がたばこをたしなまず、酒を過ごさなかったのも、この縁による（『遍歴八十年』）。

二　一高入学と新渡戸稲造との出会い

受験・入学

辰男は明治四十年（一九〇七）三月に福山中学を卒業し、四月に家計を考えれば悲壮な思いで上京した。東京では、旧藩出身の倉井家で書生をしながら、神田の正則英語学校に通い、第一高等学校受験のため勉強をした。田舎出身であることから気後れしていたものの、約半年後の受験では、見事合格した。東京の口達者でもの知りぶった者が落ち、クラスの上位者が田舎出身者だったことで、コンプレックスから解放された、と後に書いている（『遍歴八十年』）。

こうして日露戦争が終結から日も浅い明治四十年九月十一日、第一高等学校の入学式が行なわれ、本郷町にあった一高の寮（現在の東京大学農学部のところ）での生活も始まった。ところが辰男の入学直後の九月二十九日、長く床についていた父の鸞蔵が亡くなった。辰男は十九歳にして森戸家第一〇代として一族の希望を一身に担うことになったのである。しかし貧乏に拍車がかかり、三人の姉は製糸工場で女工として働き、母チカも、家事に賃労働にと、働き通しとなった。

一高の同級生

同級生には、のちに最高裁判事となった真野毅《まのつよし》、東大総長となった南原繁《なんばらしげる》、会計検査院長官となった荒井誠一郎《あらいせいいちろう》、東京府知事・日本赤十字社長となった川西實三《かわにしじつぞう》、森戸辰男が最も認めた岡山第六高等学校教授となった三谷隆正《みたにたかまさ》などがいた。辰男が入った寄宿寮東寮一七番の向かいの一八番には、一年後、河上丈太郎《かわかみじょうたろう》が入ることとなる。河上は戦後、日本社会党の委員長となった。入学当時の辰男は、全寮委員長の激越な演説にび

新渡戸稲造
校長

第一高等学校弁論部写真（広島大学文書館所蔵）

つくりし、一度だけだが鉄拳制裁にもあっていた。

辰男は、中学に続いて撃剣部と弁論部に属した。撃剣部の方は、寒稽古などに一日もかかさず参加していたものの、剣術は心身の鍛練を目的としたため、一高卒業とともに剣術をやめている（「一高生活の思い出」『向陵一高百年記念』一九七四年）。

辰男が入学する前年の明治三十九年九月、新渡戸稲造《にとべいなぞう》が、牧野伸顕《まきののぶあき》文部大臣のたっての願いで、東京帝国大学教授と兼任で第一高等学校校長となった。就任に際し、対外的責任の一切を負うものの、学生教育に力を注ぐことを条件にした。

新渡戸は、クエーカー派のキリスト教徒であった。クエーカー派とは、十七世紀にイングランドで設立されたプロテスタントの一派で、形式的な儀式を排し、質素な生活や絶対的平和主義を特徴とする。新渡戸は、ソシアリテー（社交性・社交主義）と「国際心」をもって、一高「籠城主義」のもつ独善に、新風を吹き込んでいった。キリスト教による人格教育を行ない、生徒を強制するのではなく、自発性を尊重する指導方法をもって生徒に対した。講義はわかりやすい実例と用語でなされたが、それは一高の講義に限定されたものではない。

新渡戸の講義スタイル

明治四十一年十一月、実業之日本社の編集顧問となった新渡戸は、雑誌『実業之日本』『婦人世界』などを通じて、一般青年や婦人にもわかりやすい言葉を用いて、修養を唱えた。通俗的、学者らしくないといった批判や、同僚からの忠告を受けたものの、新渡戸は、大衆の教養と視野を広げることに何のためらいもなかった。

辰男から見た教育者としての新渡戸稲造は、校風改革者であり、新校風建設の指導者であった。新渡戸の一高の正科としての授業を受けたのは一年生のとき、一週一時間の倫理のみだが、この授業は辰男にとって啓示であった。ゆかしい教養の積まれた、しかも無名の薄命児の運命にも瞼を熱くする校長を目のあたりにし、試験とは無関係な講義に、辰男たち学生は、前方の席を争った。

新渡戸は親しみやすい物腰で演壇に登り、多くの場合、主題となるべき標語を黒板に書いた。アメリカの詩人ロングフェロウの『人生賦』（人生の賛歌とも）から、Let the Dead Past bury its dead! Act,-act in the Living Present!（死せる過去を埋葬せよ！生きている今こそ行動せよ！）と書くなどした。こうした標語を主題としながら、ある時は笑い話に、時には熱情に燃え、ぽつりぽつりと語り出される講義に、皆、一言も聞き洩らさないように耳を立てたという。森戸自ら「当時において私はそれが私の精神の成長にとってどの点がどの程度に役立ったかを充分認識することができなかった。そして今日ではその多くのものを忘れて了ってさへゐる。だが、それは恐らく、吾々がどの一椀の飯、どの一杯の水が吾々の身体のどの部分の成長にどの程度に貢献したかを識別し記憶しないと同じように」（森戸辰男「教育者としての新渡戸先生」前田多門・高木八尺著『新渡戸博士追憶集』）と述べているように、学生たちの血となり、肉となった。

面会日と課外講義

この正課のほかに、新渡戸は木曜の放課後に一般学生のために面会日を作り、生徒ならだれでも訪ねて行くことができた。そのために新渡戸は、学校近くに家を借りていた。面会日には、多い時には三〇〜四〇名もの学生が、少ない時でも十数名の学生がグループとなって訪れ、自由な談話が行なわれた。

ほかにも一般学生のために、数回の課外講義が行なわれた。森戸が記憶する課外講義は、ダンテの『神曲』、セイヤアの『リルコルン伝』、カアライルの『衣装哲学』、ゲーテの『ファウスト』、ミルトンの『失楽園』の話であった（『思想の遍歴』上）。

友人との読書会

読書家だった新渡戸の影響をうけ、辰男は、先述した同級生の川西實三、三谷隆正をはじめ、三村起一《みむらきいち》（のち住友鉱業社長）、佐藤重遠《さとうじゅうえん》（のち目白学園設立）、膳桂之助《ぜんけいのすけ》（のち経済安定本部総務長官）、澤田廉三《さわだれんぞう》（のち初代国連大使）、岩切重雄《いわきりしげお》（のち衆議院議員、鹿児島市長）らと精神の一般教養（ゼネラル・カルチュア）としての読書会を通じて友情をはぐくみ、互いに成長していった。この読書会にも新渡戸は数度出席し、辰男らを励ました（森戸辰男「教育者としての新渡戸先生」）。

弁論部

新渡戸の校長就任は「向陵論壇」（弁論部）も変えた。のち（戦後）に東大総長となった矢内原忠雄《やないはらただお》は、それまでの「演説の構造に注意し実質に富み論理を重んぜる研究的」なものから、「流麗典雅、措辞の妙を極め情韻漂砂たるの趣」に変わったという（「弁論部史」『矢内原忠雄全集』第二七巻）。その弁論部全盛期が第一一代委員、つまり辰男の時代で、委員には辰男の他、膳桂之助と澤田廉三がいた。このときの弁論部は「著しく宗教的内的に赴き死を思ひ謙遜なる信仰を語」るものだった。

明治四十二年（一九〇九）十月三十日の連合大会における辰男の弁論を、矢内原は「弁論部史」に次のように記している。

森戸氏が「一日の花」に於て個々の使命の尊きを述べて小者弱者の犠牲に及び最後に、「賢明なる諸君は高位高官を得て社会を指導するの人たられよ。不肖予の如きは緑深き谷辺に人知れず咲いて人知れず散る一本の百合の花とならん、一日限りの百合の花は五月の園にいと麗し、たとへその日に斃れ死すとも光輝の草と花とにてありき」と叫びしは当時のわが部の思潮を最も能く代表せるものなり。平凡人の犠牲、小さき清き生涯、専ら to be（人の価値はもその人にある）に向ひし当時の部員諸氏を有するはわが部の最も光栄ある頁の一たり。

しかし、一高生のすべてが新渡戸に傾倒したわけではなかった。運動部を中心とする、これまでの校風を重視する校風主義者は、新渡戸に批判的であり、文芸部は無関心だった。新渡戸に傾倒した中心は、辰男らの弁論部であった。

新渡戸と内村鑑三が一高に与えた影響

読書会メンバーには、新渡戸の推薦状をもらい、当時、東京柏木にいた内村鑑三《うちむらかんぞう》の聖書研究会門下になる者も多かった。内村は、辰男が入学する一六年前の明治二十三年（一八九〇）に、教育勅語奉読式で明治天皇宸署の謄本に最敬礼をしなかったことから、不敬を理由に一高を追われていたが、彼ら一高生に大きな影響を与えた。内村が「柏会」と命名した一高生の聖書研究会に、森戸も同級生の三谷隆正・川西實三・澤田廉三・膳桂之助らと入会していた。

新渡戸とともに内村鑑三の影響から、川西實三や、南原繁、そして前田多門（戦後最初の文部大臣）などが内務官僚として郡長などになり、地方改良運動を支える牧民官となる者も多かった。しかし、辰男は柏会に参加したものの、内村鑑三を「ドグマ」的、「峻厳にして排他的」とみて距離をとった（「一高生活の思い出」『向陵　一高百年記念』）。

森戸は一高時代、決して前面に押し出すことはなかったが、新渡戸教育を武士の教育とも理解していた。士族出身の自らの生い立ちを新渡戸に重ねつつ、教育者・社会思想家としてだけでなく、何よりも、新渡戸の人間性を継承しようとしたのだった。

三　東京帝国大学時代——大学の講義・演習——

経済学科入学

森戸は、明治四十三年（一九一〇）九月、東京帝国大学法科大学経済学科に無試験で進学した。経済学科は、政治学科より分離設置されて三年目であった。これからの新しい時代に必要となるのは経済学を中心とする社会科学であると考えて、経済学科を選んだ。森戸入学時の経済学科の授業科目は、次のようなものだった（※印は五科目以上〈「行政法選択者は四科目以上〉を履修）。

「経済学（総論）」「経済学（外国語）」「経済史」「経済地理」「憲法」「民法」「社会学

（※）」「政治史（※）」「刑法（総論）（※）」（以上第一回試験）「経済学（外国語）」「経済学史」「貨幣銀行論」「農政学」「交通経済」「統計学」「民法」「政治学（※）」「行政法（※）」「国際公法（※）」（以上第二回試験）「経済学（外国語）」「林政学」「工業経済及社会政策」「財政学」「応用財政学」「商法」「行政法（※）」「国際公法（※）」（以上第三回試験）「商業経済」「殖民政策」「保険学」「財政学」「商法」「国際私法（※）」（以上第四回試験選択科目）

森戸は東大で最初に受けた講義を、上杉慎吉《うえすぎしんきち》助教授の憲法講義であったと記憶している。上杉の芝居がかった外面的演出や、東大を鼻にかけて権威を上から押しつける講義に反発を覚えた。大学の講義それ自体に対しても、ただひたすらノートをとって覚えるだけのマスプロ教育であると、不満を覚えたのだった（『思想の遍歴』上）。

自炊生活

大学に入り、一高の寮を出た森戸は、文京区小石川の運送屋の二階に下宿し、二番目の姉のセイと二人で自炊生活をはじめた。正月の餅も用意できないほどの貧しい生活だった。入学した明治四十三年の暮のこと、たくさんの餅が餅屋から下宿に届いた。宛名のなかった餅の送り手は、新渡戸稲造であった（「教育者としての新渡戸先生」）。

森戸は大学に進学しても、新渡戸を「高遠な理想と強い確信と民衆への同情を兼ね備へたところの高度の社会教育家」として尊敬した。新渡戸は、明治四十四年九月に刊行してベストセラーとなった『修養』の序に、「若し本書にして、一人にても二人にても、迷うものの為に指導者となり、落胆せんとする者に力を添え、泣くものの涙を拭い、不満の者の心をなだめ得るなら、これぞ著者望外の幸」と書いたが、このような新渡戸を継承しようとしたのである（森戸辰男「教育者としての新渡戸先生」）。

一高「謀叛論」講演事件

森戸が東大に進学した年度の明治四十四年二月一日に、新渡戸を巻き込む事件が起きた。一高弁論部が招いた徳富蘆花《とくとみろか》の講演が問題となったのである。徳富蘆花を招いたのは、森戸の次の代の委員、河合栄治郎《かわいえいじろう》・河上丈太郎・鈴木憲三《すずきけんぞう》（のち弁護士）の三人であった。

蘆花が選んだ題目は「謀叛論」だった。河上らから事前に相談をうけた森戸は、蘆花の題目に賛成していた。講演題目を決めた明治四十三年は、社会主義者・無政府主義者の弾圧、大逆事件の最中であった。大審院特別部で起訴された幸徳秋水《こうとくしゅうすい》以下二六名の公判は、十二月十日から異例の速さで開始された。翌年一月十八日には、幸徳秋水以下二四名に死刑が宣告された。うち半数の一二名は翌十九日に恩赦により無期懲役に減刑されたが、幸徳秋水以下の一一名は一月二十四日に、管野《かんの》スガ（須賀子）は二十五日に刑が執行された。

その直後の二月一日に、蘆花は一高生に、幸徳の行為を否定しつつも、その志を高く評価し、政府を激しく弾劾するとともに、若者は新しいものを求めて絶えず謀叛しなければならない、と説いたのである。

徳富蘆花の「青年よ謀叛せよ」との演説は、貴族院・検事局で問題となり、文部省も動きだして新渡戸稲造校長の進退問題にまで発展した。新渡戸は、「謀叛論」を否定したうえで、学生に責任はないことを明らかにした（石井満『新渡戸稲造伝』）。

この事件は、新渡戸校長と畔柳《くろやなぎ》都太郎《くにたろう》弁論部長の譴責処分で終息したが、蘆花の「謀叛論」は、森戸を含め多くの一高生に反骨精神を与えたのである。

経済学科の講義

森戸が入学した当時の東京帝国大学法科大学経済学科には、次のような講座が設置されていた。

経済学第一講座　（担任）教授金井《かない》延《のぶる》
経済学第二講座　（担任）教授山崎《やまざき》覚次郎《かくじろう》
経済学第三講座　（担当者欠）
経済学第四講座　（担任）教授河津《かわづ》暹《すすむ》
　　　　　　　　（兼担）教授松崎《まつざき》蔵之助《くらのすけ》
経済学第五講座　（担任）教授矢作《やはぎ》栄蔵《えいぞう》・

助教授松岡均平《まつおかきんぺい》（明治四十三年十一月に教授）

財政学講座　（担任）教授松崎蔵之助

統計学講座　（担任）教授高野岩三郎《たかのいわさぶろう》

植民政策講座　（担任）教授新渡戸稲造

基本的に前記の八教授で運営されたが、問題は若手教官の採用が遅々として進まなかったことである。本格的な補充は、「第三世代」と呼ばれる森戸が助教授となって以降に行なわれた。

講義という点で、森戸が入学する前年となる明治四十二年（一九〇九）、ドイツ人雇教師のハインリッヒ・ヴァンチッヒ（Heinlich Waentig）は、「東京帝国大学における経済学教授法改良意見」を公表し、国民経済を理解する思考力と判断力を学生につけさせる演習方式の導入と、そのための演習室・研究室・図書室が必要であると説いた。ハレル大学正教授のヴァンチッヒは、高野岩三郎と親しく交際し、高野が主任として充実に努めていた経済統計研究室にも協力を惜しまなかった。高野も経済学の経済統計研究室の図書資料を学生に利用させながら、ゼミナールすなわち演習形式による指導を行なった。

高野岩三郎と演習（ゼミナール）

森戸は二年生のとき、高野岩三郎の演習に参加し、以後師事した。そしてそのことが、以後の研究方向を決めることとなった。

高野岩三郎は統計学を、複雑多様な社会現象を貫く法則を発見する実証的な社会科学そのものであると理解していた。高野が導入した演習は、彼がドイツ留学中に経験していた。高野の父の仙吉は和服裁縫業を営み、三歳年長の兄は日本労働運動の先駆者・高野房太郎である。これが、高野が労働問題にも多大な関心を持った理由だった。

森戸や櫛田民蔵《くしだたみぞう》を含め四、五名が参加する演習で、高野岩三郎は、ゾンバルトの『近代資本主義』のドイツ語原本を使い、実証を重んじ、科学を尊ぶ指導を行なった（「経済学部独立の前後」『東京大学経済学部五十年史』）。櫛田民蔵は、森戸より三歳年長で、明治四十五年に京都帝国大学を卒業していた。『大阪朝日新聞』論説記者、同志社大学教授などをへて、高野岩三郎のもとで経済学部講師となるが、森戸事件を機に辞職し、森戸とともに大原社会問題研究所研究員となる人物である。マルクス経済学の価値論を研究し、日本資本主義論争では労農派の論客として活躍する。

森戸は、ヴァンチッヒのゼミ（当時はプロセミナーといっていた）にも参加している。ヴァンチッヒから割り当てられた労働者の家計についての報告を、友愛会（大正元年〈一九一二〉設立の労働者団体）の鈴木文治に組合員を紹介してもらい、調査して作成した。報告書は、のちにエンゲル係数で有名となった社会統計学者エルンスト・エンゲル（Ernst Engel）を参考にして作成し、ほめられている。このときヴァンチッヒから、ドイツ歴史学派経済

助手時代の森戸辰男（広島大学文書館所蔵）

学者カール・ビュッヒャー（Karl Bucher）の本をもらっている（「経済学部独立の前後」『東京大学経済学部五十年史』）。

大正三年（一九一四）七月に東京帝国大学法科大学経済学科を二番で卒業した森戸は、同時に高野の統計学講座の助手となった。首席卒業は土方成美《ひじかたせいび》（のち東京帝国大学経済学部教授）だった。主な仕事は経済統計研究室エンゲル文庫の整理で（同前）、森戸はこの過程で社会政策研究の対象に労働問題を中心に進めることにした。

なお、卒業翌月の大正三年八月から、演習（ゼミナール）は正規の選択科目となった。森戸は、高野の影響もあり、調査・統計手法を用いつつ、社会政策研究に重点を移していった。

第二　東京帝国大学内の思想対立と森戸事件

一　経済学部の独立と思想対立

助手から助教授へ

大正四年（一九一五）六月二日、森戸はアメリカへ研究調査のため、三ヵ月間出張した。帰国後の十二月十八日、「職務勤勉につき」その賞として二〇円の給与をもらうことになった。そして翌年の大正五年九月一日に、東京帝国大学法科大学助教授になった（広島大学所蔵「（森戸辰男）功績調書」）。

結婚

森戸は大正六年四月十九日、岡山県士族である渡邊荘《わたなべそう》の次女の和子と結婚した。渡邊荘は、日本郵船をへて貿易業・銀行を創設した実業家であるとともに、植村正久のもとで洗礼を受けたキリスト者でもあった。二人は牛込区市ヶ谷加賀町二丁目一八番地に居を構えた。翌大正七年十二月八日には長男の望《のぞみ》が誕生した。

経済学部の独立

ところでこのころ、高野岩三郎は、経済科を法科大学から分離・独立させ、経済科大学をつくることを目的として動いていた。大正四年七月、高野らは経済科大学独立のため、「分立理由書」を山川健次郎《やまかわけんじろう》総長に提出した。高野を筆頭に、その後も経済科の森戸を含む教官有志は協議会をつくって協議をくりかえした。

経済学科と商業学科の講座数は、大正五年段階で一三に達していた。経済学部独立に反対していた法科大学法律学政治学科にも、小野塚喜平次《おのづかきへいじ》教授のように理解と協力する者がいたことも後押しとなった。

大正八年二月七日勅令第十二号で、当初、計画されていた経済科大学案は経済学部となり、勅令第十三号をもって、東京帝国大学法科大学から独立して四月一日より発足した。そうして高野は経済学部教授（統計学講座）となり、森戸も経済学部助教授となった。経済学部独立の過程で、高野を最も近くでささえたのだった。

独立した経済学部の講座数は、経済学が五、商業学が三、財政学が二、統計学と殖民政策と保険学の講座が各一ずつの合計一三講座。教授は金井延・松崎蔵之介・高野岩三郎・山崎覚次郎・矢作栄蔵・河津暹・松岡均平・新渡戸稲造・渡邊鉄蔵《わたなべてつぞう》の九名、助教授は森戸辰男・土方成美・上野道輔《うえのみちすけ》・森荘三郎《もりそうざぶろう》・舞出長五郎《まいでちょうごろう》の五名で構成され、初代学部長に金井教授が就任し、評議員には山崎覚次郎・高野岩三郎教授が就任した。

この四月のうちに、上野・森両助教授が教授に昇任したため、同年五月に大蔵省から大内兵衛《おおうちひょうえ》が助教授として着任し、九月には助手の糸井靖之《いといやすゆき》が助教授に任命された。

同人会

経済学部独立の前後、高野岩三郎の周辺には、生えぬきである森戸を筆頭に、多くの若い人材が集まっていた。舞出長五郎・上野道輔・櫛田民蔵・権田保之助《ごんだやすのすけ》（戦後、NHK常務理事）・糸井靖之・大内兵衛・細川嘉六《ほそかわかろく》（戦後、日本共産党参議院議員）・矢内原忠雄《やないはらただお》らである。彼らは、高野ゼミナールの学生も加えて、経済統計研究室で研究会を開いていた。

大正四年三月六日に、この研究会に名称を付けることが議論され、多数決で「同人会」と決まった。その場に集まったのは高野岩三郎・友愛会の鈴木文治《すずきぶんじ》・永雄策郎《ながおさくろう》（のち植民政策学者・拓殖大学教授）・大内兵衛・櫛田民蔵と森戸、そして四回生二人であった。ちなみに森戸は、事実上は高野ゼミの別称であるこの研究会に、席上、「A会」との名称を提案したという（『櫛田民蔵　日記と書簡』）。このように研究会には、マルクス経済学に親近感をもつ人びとが集まっていた。

当時の同人会について、櫛田民蔵と大阪朝日新聞社では同僚、雑誌『我等』では同人という関係で当時の高野研究室をよく知っていた長谷川如是閑《はせがわにょぜかん》は、弟子たちが先生である高野岩三郎を「封建的デモクラット」と言い、高野を中心にして、大学という鋳型から打ち出されたようなタイプではない、「インテリ山猫」たちの集まりであり、そのようなかで森戸は、「首をかしげて、口を結んで、睨むような顔をしてから笑う」タイプであった、と後に書いている（「森戸事件前後の研究室の人たち」『長谷川如是閑選集』第三巻）。

大正七年十二月には、法科大学政治学科助教授の吉野作造《よしのさくぞう》の影響下で「新人会」が作られたが、高野や森戸らの同人会も、新人会同様、ロシア革命（一九一七年）と第一次世界大戦期（一九一四〜一八）からの世界的なデモクラシー思潮の影響をうけていた。しかし当時の原敬内閣は、明治十九年（一八八六）に出された帝国大学令の第一条「帝国大学ハ国家ノ須要ニ応スル学術技芸ヲ教授シ及其蘊奥ヲ攷究スルヲ以テ目的トス」に、大正七年十二月六日、新たに「兼テ人格ノ陶冶及国家思想ノ涵養ニ留意スヘキモノトス」との一文を加えた。政府は、デモクラシーという世界的思潮に対抗して、国家主義的な対応を行なっていたのである。

興国同志会

これに呼応して東大内にも大正八年四月に、法科大学教授の上杉慎吉を中心とする興国同志会という国家主義的学生団体が作られた。この会は、杉森幸次郎（のち早稲田大学教授）・鹿子木員信《かのこぎかずのぶ》（のち九州帝国大学教授）・竹内賀久治《たけうちかくじ》（のち法政大学学長）・中野正剛《なかのせいごう》（のち衆議院議員、東方会総裁）らの後援によって組織された。彼らは、新人会の吉野作造や、同人会の森戸辰男らと対立していく。

社会政策学会内の対立

助教授の森戸は、入会していた社会政策学会の幹事となり、実質的な世話役だった教授の高野岩三郎を補佐していた。高野は社会政策学会創設時（明治三十年〈一八九七〉）メンバーの一人であった。

当時の社会政策学会は、労使協調主義（官僚的改良主義）と社会主義が対立していた。金井延（経済学部長）・桑田熊蔵《くわたくまぞう》（中央大学教授）・山崎覚次郎（経済学部教授）ら学会の長老が反社会主義的姿勢を強めたため、大正八年頃には助教授の森戸、櫛田民蔵や大内兵衛らの高野門下の同人会メンバーは、長老たちが労使協調の宣伝映画を学会で上映したことを契機に、脱退連判状を提出している。結局、高野の慰留により、森戸らは退会せずに、学会の人事刷新が行なわれ、若手の同人会グループが台頭した（大内兵衛「社会政策学会と高野先生」『大内兵衛著作集』第十一巻）。発足間もない経済学部ではあったが、内部に新旧二派の対立という問題を抱えていた。

森戸の戦時経済と労働者問題研究

森戸は社会政策学を確立するため、理論研究と実証研究をあわせて行ない、その融合をめざした。実証研究での関心は、第一次世界大戦を契機とする戦時経済と労働者問題との関係と、女子労働の問題だった。

前者は、第一次大戦が総力戦化したことにともなった急激な工業化のなかで、労働者の政治的発言力が強くなったことが背景にある。森戸は、イギリスとアメリカの研究を紹介し、統制としての「最高価格の公定」「商品の標準化」や、「労働大臣の設置」を高く評価した。一方で、工業生産力の増強をもたらした科学的管理法・テイラーシステムも紹介しているが、労働者が職業上の熟練によって得られる地位に、大きな打撃を与えるものと考えていた（「科学的管理法ノ社会政策的価値（一）（二）」『国家学会雑誌』第三五七・三五八号、一九一六年）。また科学的管理法については、労働者が自己を表現し、それにともなって解放されるような労働の芸術化を対極に置いて反対している（「労働ノ芸術化」『国家学会雑誌』第三九三号、一九一九年）。森戸は、戦争が労働者の組織化や、労働者の地位向上に大きく作用したことを認めたが、戦争が終われば、労働者の関心が逆に帝国主義の野心をくじく方向に向かうことを望んでいた（「英国ニ於ケル『改造案』」『国家学会雑誌』第三八一号、一九一八年）。

森戸の女子労働問題研究

そして、日本の現状に目を向けて、救済事業調査会（社会調査のため大正七年六月二十二日に内務省に設置）に労働組合の調査を求め、イギリスの事例や、国際労働会議の動向をふまえて、「産業的民本主義」が導入されるべきだと主張した（「救済事業調査会の設置と我が社会政策」『国家学会雑誌』第三七八号、一九一八年）。

女子労働研究については、イギリスに本部を置くキリスト教プロテスタントの救世軍から提供された資料をもとに、娼妓が奴隷のような扱いを受ける主な原因が就労前の借金にあり、就労後、その前借金がむしろ増えていることを実証した（「娼妓ト前借金」『国家学会雑誌』第三八四号、一九一八年）。そして、「日本に於ける女子職業問題」（社会政策学会論叢第一二編『婦人労働問題』一九一九年）を著し、社会主義の普及とともに、女性の解放が必要であると説いた。

森戸は、女性の社会的地位向上の中心として新婦人協会に期待していたが、新婦人協会がスウェーデンの女性運動家エレン・ケイの、母性の尊重や家庭教育を重視する思想を受け入れるにあたり、良妻賢母主義に読み替えられないように、との注文もつけていた（「日本に於ける女子職業問題」）。

森戸の社会政策学理論

社会政策学会で高野岩三郎を補佐する森戸は、社会政策学を確立すべく、その理論構築については、オーストリアの法学者アントン・メンガー（Anton Menger）の社会主義・労働者法律学、ドイツの経済学者ルジオ・ブレンターノ（Lujo Brentano）の自助的社会政策と、ロシアのクロポトキンの無政府主義の三つを同時に研究した。

森戸は、「何者の権威をも恐れざる大胆なる真理の愛」が学者の階級的名誉であると、実践したアントン・メンガーを理想の大学教授として紹介した（「理想の大学教授アントン・メンガア」『改造』第二巻第九号、一九二〇年）。後述するが、森戸事件で東大を免官になったのち、大正十年にもメンガーの『近世社会主義思想史』（我等社、一九二一年）を翻訳・刊行している（序文に「入獄の朝」と書かれたように、入稿は大正九年十一月四日）。

当該期の森戸は、研究者として精力的に仕事をこなし、若手研究者のなかでも最も将来を嘱望される存在であった。

ところが、東大経済学部の黎明も、思わぬ事件で変転する。その序幕となったのが、大正八年の国際労働会議代表事件であった。国際労働会議とは、第一次世界大戦の講和条約であるヴェルサイユ条約のなかの、国際労働規約により発足した国際労働機関（ILO）の総会のことである。

森戸は、国際労働会議に対する日本の対応を、国家主義に凝り固まっていると悲観していたが、国際労働会議そのものについては、会議の文化的使命を、平和主義と社会的解放の理想の実現にあると期待していた。とくに国際労働標準の導入に期待をかけ、会議にあたって、治安警察法第一七条〈労働者の団結権・同盟罷業権〈ストライキ権〉の制限〉の撤去と、社会主義取締の緩和を主張できるような労働者代表委員の選定が重要であると考えていた（「人類解放に対する国際労働会議の文化的使命」『解放』第四号、一九一九年）。

そのようななか、大正八年九月十日、高野岩三郎のもとに、慶応義塾塾長の鎌田栄吉から、十月にワシントンで開かれる第一回国際労働会議の政府側委員顧問としての渡米が打診された。高野は、同僚および研究室に参集した森戸らとも相談し、政府顧問就任を決め、森戸の同行を希望した。

しかし事態は一転二転する。当時の日本は、治安警察法第一七条で労働者の団結権やストライキ権を事実上禁止していたため、国際労働会議に参加する労働代表を、官製の労働代表選定協議会をつくって選んだ。このため職工長以下、普通の労働者は、全体の三分の一にも満たなかった。友愛会や信友会（東京の活版印刷工組合）などの労働組合側は猛反発し、協議会四日目にして、やっと労働代表として、第一候補に本多精一（東京財政経済時報社長）、第二候補に高野岩三郎、第三候補に桝本卯平《ますもとうへい》（鳥羽造船所技師長）を選んだ。本多が辞退したため、高野は労働者権利の獲得のためにと、代表就任を受け入れた。

九月二十五日、森戸らを立会人にして友愛会本部に足を運んだ高野だったが、労働組合側から代表選定方法に対する猛反発を受けた。翌二十六日、農商務省へ、高野の代理として矢作栄蔵（経済学部教授、農業経済学）と森戸が行き、高野の代表受諾撤回を伝えた。三十日にこのことが記者発表された。

高野岩三郎の東大退官

国際労働会議代表の問題は、日本の労働運動にとって組織拡大の契機となったが、高野岩三郎にとっては官吏・公人としての責任問題であり、山川健次郎総長に辞表を提出した。森戸と矢作栄蔵も辞表を提出した。経済学部教授会は高野の留任を決議し、総長も再考をうながしたものの、高野の意思は固かった。高野は、森戸と矢作には辞表撤回を説得し、森戸は十月三日に辞表を撤回することにした。このとき同時に高野の辞表撤回も願い出ていたが、高野の意思は変わらず、十月八日に辞表は受理され、高野は東京大学を退官した。

山川総長は高野の早期復職を希望し、森戸もそれを望んでいたが、高野は大原孫三郎から勧められた大原社会問題研究所の所長就任を受け入れ、東大に戻ることはなかった（大島清『高野岩三郎伝』）。なお、森戸は高野の勧めで、八月十日付けで大原社会問題研究所の常務理事となっている。

二　森戸事件の発端

「クロポトキンの社会思想の研究」

高野岩三郎が東大を去った翌月の大正八年（一九一九）十二月下旬（発行年月日は大正九年一月一日）、有斐閣から東京帝国大学経済学部内経済学研究会機関雑誌『経済学研究』第一巻第一号が発行され、森戸の研究論文「クロポトキンの社会思想の研究」が掲載された。『経済学研究』の創刊は、法科大学の『国家学会雑誌』からの独立を意味していた。それと同時に経済学雑誌として、大正四年七月創刊の京都帝国大学法科大学の『経済論叢』や、明治四十二年（一九〇九）二月刊行の慶応義塾の『三田学会雑誌』などに対抗するものとして刊行された。

『経済学研究』第一巻第一号には、櫛田民蔵がマルクスの『共産党宣言』の一節「社会主義及び共産主義文書」を訳出して森戸と双壁をなし、他には舞出長五郎と大内兵衛が執筆した。新進気鋭の高野門下「同人会」の、新しい学風を作ろうとする意気込みにあふれた誌面になっていた。森戸の論文は、帝政ロシアを追われたアナーキスト（無政府主義者）ピョートル・クロポトキンの無政府共産主義を紹介したものだった。

森戸はこの論文のなかで、人生究極の目的は「自由なる人格」にあり、そのための理想的な社会状態には政治的自由と経済的自由が必要で、政治的自由の実現のためには国家主義が、経済的自由の実現のためには資本主義が、廃止されなければならないと主張した。国家主義の廃止は権力の廃止を意味し、資本主義の廃止は私有財産制度の廃止を意味する。その終局の社会が共産制社会であり、そのための社会政策・社会運動の理想として、無政府共産主義があるという。そのうえでクロポトキンの思想を紹介し、無政府共産主義を空想ではなく理想であるとしつつも、無政府共産主義者の暴力による自由の強制を批判し、理想に近づくためには、「一歩一歩と終極目的に接近することを学ばなければならぬ」と述べた。

興国同志会からの攻撃と東大の対応

大正八年の夏休み中に執筆を始め、脱稿したのは十二月十七日であった。締切日に遅れたため、自ら原稿を出版社の有斐閣に送り、校正も森戸が行なった。

東大で森戸と対立していた興国同志会は、発刊直後から、論文について、学術研究ではなく無政府主義の宣伝であり、危険思想を掲載した雑誌を店頭におくことは当局の怠慢である、と批判した。無政府共産主義は、最終的に統治機能も必要としない社会を目指すものであり、当時の日本にあっては、天皇制を否定するものと考えられたためである。

この動きをうけて大正八年十二月二十七日、文部省専門学術局長の松浦慎次郎の代理として、書記官の窪田治輔が山川健次郎東大総長を訪ね、「内務省にて之を不穏当となし発売禁止の内議がある」ことを伝えた。事態を重くみた山川は、金井延経済学部長と会談、金井は山崎覚次郎・矢作栄蔵の経済学部二教授を加えて善後策を協議した。

山崎教授が大内兵衛助教授に、発行書店である有斐閣に命じて店頭に並んだ雑誌『経済学研究』をできる限り回収することを指示し、松浦局長にも電話で報告した。山川総長は、内務省・文部省との交渉を一手に引きうけ、森戸と編輯人であった大内の不起訴のために奔走し、当初は好感触をえていた（小宮京・中澤俊輔「新史料発見　会津人が駆け抜けた近代日本　帝国大学総長山川健次郎日記（写本）（後編）」）。

しかし、年が明けて大正九年一月六日、松浦局長が山川総長を訪ね、事件が議会（特に貴族院）で問題になりつつあると伝えたため、山川総長は一月九日、金井・山崎・矢作と会談した。そして森戸に、本論文が単にクロポトキンの説を紹介するものであり、無政府共産主義を主張するものでなく、書き方が悪く誤解されたが立場は違う、との覚書を、山川宛に提出させることにした（『男爵山川先生伝』）。

一方、森戸のほうは同じく六日に、ドイツを主としたイギリス・フランス・スイスでの経済学研究の留学を前に、高野岩三郎を迎えて大原研究所員による送別会を本郷の燕楽軒で行なっていた。散会後、高野は、森戸・櫛田と東大研究室で話し、事件が原因で欧州留学が取り消しとなった場合には、大原研究所から留学できるよう尽力したい、と申し入れていた（『高野岩三郎日記』）。

山川健次郎東大総長との会談

一月九日と十日、森戸は総長室で山川と話し合った。会談で山川から「私は日本の皇室の「天壌無窮」を信ずる者だが、無政府主義に同情的な君は、この点をどう思っていますか」と問われ、森戸は「天壌無窮であるとは思いません。というのも、統治権の総攬者としての天皇の地位は変わることがあり得るので、いつまでも無窮につづくとは思われませんから。けれども、天皇の統治権の総攬者という形ではなく、国民の敬愛の対象として残られることは十分あり得るでしょう」と答えた。山川から覚書の提出を求められた森戸は、「学者として経済学部の機関雑誌に書いた研究論文ですから、筆のすさびで思わずあんなことになった、あれは私の執筆の本意ではなかったなどとは、何としても申されません」と断った（『思想の遍歴』上）。

九日から十日にかけて事態は悪化し、事件を重大視した内務省は文部省に警告し、文部省が大学総長に訓令を発して森戸の処置を促す一方、司法省では、起訴する動きが見え始めた（『男爵山川先生伝』）。十日の山川・森戸会談で、山川は「森戸君、もうあれは駄目です。貴族院も検事局も非常に強硬な態度になっているから、こうなった以上、何を言っても役に立たない」と述べ、森戸も「あのときの申し上げたことをかえる気持にどうしてもなれませんでした」「それはちょうど宜《よろ》しうございました」と答えたという（『思想の遍歴』上）。

活発化する興国同志会の攻撃

東京帝国大学内の国家主義的学生団体である興国同志会は、一月九日以降、問題発生とともに動きを活発化させていた。十日に同会代表者は、山川東大総長を訪ね、午後には文部省に行き、文部大臣の中橋徳五郎が不在だったため、南弘次官と面会して森戸の処決を要求した。翌十一日には、大審院に検事総長の平沼騏一郎《ひらぬまきいちろう》を訪ね、森戸の起訴も陳情したのだった（『東京日日新聞』）。

休職処分と欧州留学の取り消し

十日の山川総長・森戸会談後、山川総長臨席のもと経済学部教授会が開かれ、森戸の休職が議決された。通知をうけた文部省は、即日森戸の休職処分を行ない、同時に欧州留学も取り消した。

政府の姿勢

政府部内では森戸事件を重大な問題と考えていた。元老山縣有朋は原敬首相以下の閣僚に、「新奇を衒ひ、民衆政治を説く者、労働万能を賛する者、社会主義を紹介する者、

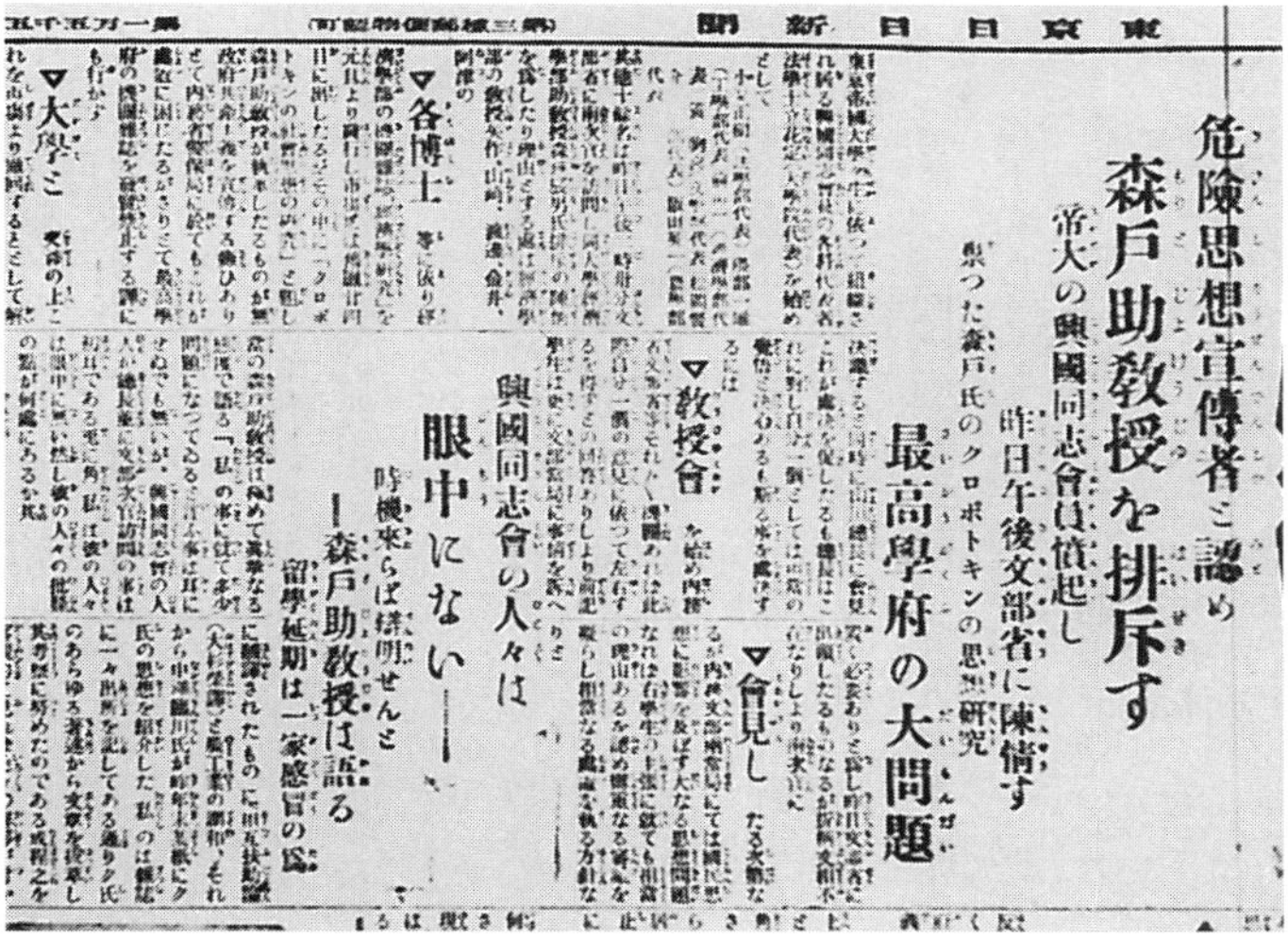
東京日日新聞

危険思想宣傳者と認め
森戸助教授を排斥す
帝大の興國同志會員憤起し
昨日午後文部省に陳情す
梟つた森戸氏のクロポトキンの思想研究
最高學府の大問題
興國同志會の人々は
眼中にない——
時機來らば様明せんと
——森戸助教授は語る
留學延期は一家感冒の爲

森戸事件新聞記事（広島大学文書館所蔵）

無政府主義を紹述する者、皆奇矯の説を口にして、其名を衆愚の間に求るに非るはなし」と批難していた（中橋徳五郎翁伝記編纂会編『中橋徳五郎伝』上）。

原敬首相も、検事総長の平沼騏一郎の報告をうけて、日記の一月九日の条に「近来大学教授等非常識にも過激危険の論をなして声明をてらふの風あるは如何にも国家の為めに好ましからざる事に付、厳重の措置を取る事可なりと思ふ」と記していた（原奎一郎編『原敬日記』）。政府・司法当局は、当初から厳しい姿勢で臨んでいたのである。

こうした動きのなかで、同人会の

メンバーは一月十一日の朝、小田原の高野岩三郎の家に集まり、森戸の復職について話し合った。高野は、山川総長からの信頼も厚く、復職を懇願されており、東大に少なからぬ影響力を持っていた。このときに集まったのは森戸と大内のほか、上野道輔、糸井靖之、このとき経済学部講師になっていた櫛田民蔵と助手の細川嘉六だった。森戸を除く五名の辞表を、矢作栄蔵教授を通じて金井経済学部長に提出することで、教授会の反省を促し、森戸の復職を図ろうとした（大島清『高野岩三郎伝』）。

しかし金井学部長は受けつけず、教授会も開催されなかった。このため十三日、高野が上京してきて、助手の権田保之助を含めた七名の協議が行なわれた。そこで全員辞職を主張する玉砕論（櫛田・権田・細川が主張）と経済学部維持のための自重論（大内・森戸・上野・糸井が主張）が対立した。席上、高野は次のような考えを明らかにし辞表を預かったが、提出はしなかった（『高野岩三郎日記』）。

（前略）今回の問題に関し同人離散防止の必要、刻下の急務として森戸君を擁護せざるべからず、そのため一旦必ずや復職せしめざるべからず、但し森戸君は大原研究所にて研究を続け時機到来を待つこと。このため必要ならば余は講師を承諾し又復職すべし、且研究所の完成に力を尽すべし。（後略）

森戸と大内兵衛の起訴

高野岩三郎が上京し、同人会のメンバー七名がこのような協議を行なっていた同日、

森戸論文に対する意見

浮田和民の思想の自由、学問の独立

すなわち一月十三日、山川総長に、森戸と『経済学研究』の編集責任者であった大内兵衛の起訴が伝えられた。翌十四日、両名は検事局に召喚され、それぞれに取り調べをうけ、新聞紙法第四二条「皇室ノ尊厳ヲ冒瀆シ政体ヲ変改シ又ハ朝憲ヲ紊乱セムトスルノ事項ヲ新聞紙ニ掲載シタルトキハ発行人、編集人、印刷人ヲ二年以下ノ禁錮及三百円以下ノ罰金ニ処ス」との国事思想犯として、東京地方裁判所に起訴された。

検事調書によれば、大内兵衛ですら「甚だ不穏当なる論文ではあると思ひました」と述べていた（中央法律相談所「新聞紙法違反被告事件調書」、C、中村勝範「森戸辰男事件序論」『教養論叢』一九九三年）。吉野作造も一月十四日付け『読売新聞』に、「経済学研究で発表した森戸君の言論が危険性を帯びて居ることは私も認めるし、あれが教授会の問題となつたのは已むを得ないことだと思ふ」と述べていた。事件発生・休職をへて起訴されるまで、森戸論文を擁護する者はまったくいなかったのである。

動きに変化があったのは、森戸の起訴決定後だった。前年まで雑誌『太陽』の主幹として影響力を持ち、このとき早稲田大学教授であった浮田和民《うきたかずたみ》は、一月十四日付け『読売新聞』で「凡そ無政府主義であろうがその研究は思想の自由、学問の独立の範囲にあるもので日本の憲法上許さるべきものである況んやその研究者が学問思想の研究を以て生命とする大学教授であるに於ては十分に信任されるべきでそれが圧迫されるが如きは立憲政治の不完全を証するものである」と主張した。浮田をして初めて、学問の自由が問題となった。

学生大会による興国同志会の糾弾

興国同志会では、「森戸問題報告会」を十五日午後一時より、東大第三五番教室で行なった。ところが、森戸の休職・起訴（一月十三日閣議決定、十四日起訴）という目的を果たしていた会の報告内容は、まったく内容のないもので、報告自体わずか一五分で終わった。これを聞いていた七〇〇名をこえる学生は満足せず、会場から政治科二年の杉基一が壇上にのぼり、学生大会を開くと宣言、興国同志会の行動を「大学の独立」に反するものと攻撃したことで空気は一変し、興国同志会の糾弾と森戸への同情の演説会となった。

東大内では翌十六日、経済学部で学生大会が開催され、宣言として「吾人は学問の独立を期す」と「経済学部教授会及大学総長の反省を促す」との決議が満場一致で可決した。そして一月二十日の早稲田大学文化学会の発議により、二月七日には文化学会・黎明会・社会政策学会・新人会などによる連合大演説会が開催され、二月十日にも黎明会第一〇回講演会が、森戸を支持して政府・東大当局を攻撃した。マスコミの論点は、「学問の独立」「思想の自由」に変化した。雑誌でも、『我等』『改造』『中央公論』『東洋経済新報』などが森戸を支持していった。

三　裁判・免官・入獄

裁判の準備

裁判の準備は、一高弁論部の先輩であり親交の深かった弁護士の星島二郎《ほしじまじろう》が中心となって行なった。星島は大正九年（一九二〇）一月二十八日付けの書簡で、森戸の弁護について、社会主義運動家の安部磯雄《あべいそお》にも弁護を頼み快諾を得たことや、東大から特別弁護人を得たいと考えた星島が吉野作造と会い、「森戸氏の論文は決して危険思想にあらず従って朝憲紊乱《ちょうけんびんらん》（国家の基本的統治組織を不法に破壊する）などになるものでない所以を力説したい」との回答を得たことを伝えていた。さらに星島は、興国同志会の動向を伝え、当方が「今一度大にまとまって運動する機会を与へると思います」と書いていた。星島は、法廷戦術として興国同志会を利用し、世論を味方につけようとした（大正九年一月二十八日付、森戸辰男宛星島二郎書簡、A）。

弁護団

裁判は大正九年一月三十日、東京地方裁判所刑事第二部裁判長の井野英一、担当検事の金山季逸で開始された。弁護側は、弁護士として今村力三郎《いまむらりきさぶろう》・花井卓蔵《はないたくぞう》・原嘉道《はらよしみち》・鵜《う》沢《ざわ》総明《ふさあき》・星島二郎・片山哲《かたやまてつ》・渋川諭喜智《しぶかわゆきち》らが立った。足尾鉱毒事件や大逆事件の弁護を務めて在野の法曹家と知られていた今村と花井、東京弁護士会長を務めた経験をもち、しかもこの年には原内閣の陪審法諮問委員に選出されることになる原、衆議院議員でもあった鵜沢、このころ星島とともに簡易法律相談所を開設して貧困者の法律相談に応じるなどして活動していた片山、渋川（のちに東京地裁判事）という錚々たる顔ぶれである。彼らに加え、特別弁護人として、京都帝国大学法科大学教授の佐佐木惣一《ささきそういち》、吉野作造、安部磯雄、ジャーナリストの三宅雪嶺《みやけせつれい》、高野岩三郎が法廷に立った。

一月三十日の第一回公判において、傍聴席は学生らで満員だったが、検事の要求により傍聴は禁止となり、以後、森戸事件の公判は非公開となった。事実認定から始まり、大内は森戸論文を「不穏当とも思ひませぬてした」と陳述した。第二回公判は二月七日に行なわれ、森戸は、改めて自分が社会政策の研究者であり、研究のために論文を書いたことを強調し、そのうえで学問の自由を主張した。証人として法廷に立った高野は、裁判長の「（森戸が）日本の国家の組織に不足を洩し其改革を希望する様な事は無いか」との質問に対し、「左様な事は一回もありませんでした」「同人《（森戸）》は理想派の人なれとも実際問題を扱ふ時は事実に重きを置かれ其上に理論を立てると云ふ人てありました」と証言している（『新聞紙法違反被告事件調書』）。

検事による森戸・大内への求刑後、特別弁護人の佐佐木京大教授は、森戸論文は朝憲紊乱にあたらないと熱弁をふるった。二月十四日の第三回公判には吉野、安部、三宅の

結審・控訴

三特別弁護人が立ち、このとき三宅は、天保改革時に言論弾圧を行なった鳥居耀蔵を例に政府を批判し、吉野はクロポトキンの無政府主義を危険ではないと主張した。

公判は二月二十一日から二十三日の三日で結審。三月三日、判決が下った。判決では、森戸論文を朝憲紊乱に該当しないとしたものの、新聞紙法第四一条「安寧秩序ヲ紊シ又ハ風俗ヲ害スル事項ヲ新聞紙ニ掲載シタルトキハ発行人、編集人ヲ六月以下ノ禁錮又ハ二百円以下ノ罰金ニ処ス」として禁錮二ヵ月、大内も罰金四〇円を科すとされた。

この判決に対して検察は、量刑が軽く、また新聞紙法第四二条が適用されなかったことを不服として六日に控訴した。森戸・大内も八日、控訴した。

森戸は控訴翌日の三月九日、友人の富田砕花《とみたさいか》（歌人）に次のように書き送っていた。

（前略）それにしても世の中、就中《なかんずく》友人諸君をお騒がせしたことは恐縮の到りです。せめてもの償ひは、此の問題によつて、幾分でも新しい日本が目醒めることです。若し幾分でも此の度の事件が此の方面に貢献することが出来たとすれば、それは、私の分を過ぎた功績で、所謂怪我の功名とでも申すでしよう。（中略）併し弁護の如何に拘らず、今日の法律、今日の裁判官の下にあつては、無罪を望むことは到底不能たるを免れんでしよう。先般の判決でもまあ良い方に属するのでしよう。案の通り検事は控訴し、予定の如く此方でも控訴致しました。ここ数ヶ月は刑事被告人と言ふ頗る不安定な状態に留まらなければならないでしよう。唯願ふのは禁固が各《おのおの》にかからないことです。こいつは一寸やり切れませんからね。（後略）

（口絵参照、芦屋市立美術博物館所蔵「富田砕花資料」）

大審院の上告棄却判決と失官・収監

四月二十二日より、東京控訴院刑事第一部で行なわれた控訴公判は、六月二十九日に判決がくだった。森戸・大内ともに原審判決が取り消され、新聞紙法第四二条に該当するものとして、森戸は禁錮三ヵ月・罰金七〇円、大内は禁錮一ヵ月・罰金二〇円（ただし執行猶予一年）とされた。

この判決を不服とした森戸は、大審院に上告。朝憲紊乱の範囲が争点とされたが、十月十二日、大審院は上告棄却の判決をくだした。これにより、森戸は同月二十二日付けで東京帝国大学を免官となった。

森戸は十一月四日、大内・堺利彦・吉野・北沢新次郎・星島弁護士らに付きそわれ、市ケ谷の東京監獄に収監された。

傍聴席の夫人

裁判は非公開で行なわれたが、二人の女性が傍聴していた。大内兵衛夫人の幾代子と、森戸の妻の和子である。

森戸事件当時、和子との間には長男の望がおり、二歳であった。大審院の上告棄却判決がくだる直前の九月、和子は長女を出産したが、誕生直後に早世してしまった。夫の欧州留学に同行する予定から一転、夫の裁判・有罪・入獄という変転のなかで、妻の和子は森戸をささえた。

入獄する森戸に対して、弁護人を務めた原嘉道は「思想問題を処理する識見に乏き当局者之事とて、初より不安之念有之《これあり》是以終に彼か如き結果に陥り、弁護も寸効を奏せさりし次第にて御気之毒に不堪」と反省し、星島二郎は「此一年間に於ける貴方の態度に対して真に敬服いたしました」と評した（ともに大正九年十月二十九日付、森戸辰男宛各書簡、B）。

この裁判の過程で多くの友人から励まされた森戸だが、一高・東大時代の友人の三谷隆正からは「少くとも僕等はいつまでも真摯な態度を採つて進み度い。飽く迄純な動機に動かされ度い。若し難ぜらるる事が、我々の態度を一層真摯にし誠実に赴かしめるものであるならば難ぜらるる事も強ちに禍のみではあるまい」との書簡を受け取っていた（大正九年一月十五日付、森戸辰男宛三谷隆正書簡、B）。

生前のクロポトキンと唯一会ったことのある作家の有島武郎《ありしまたけお》は、森戸に「捲土重来の時の早く来らんことを祈上げます」との手紙を送っている（大正九年十一月十五日付、森戸辰男宛有島武郎書簡、A）。また、新渡戸を通じて裁判に関わった後藤新平《ごとうしんぺい》は東京市長に就任する一ヵ月前だったが、「人間の不倒翁として七倒而八起」「益御奮闘社会の為め希望之至ニ奉存候」と励ました（大正九年十一月十五日付、森戸辰男宛後藤新平書簡、A）。

女性運動家の山川菊栄《やまかわきくえ》は、裁判全体に対して「まだまだ割のいい方ですよ、それになにしろ世間を刺戟した一事でも非常な効果です」などと書き送っていた（大正九年九月十七日付、森戸辰男宛山川菊栄書簡、B）。

森戸事件の意義

裁判当時、森戸は三二歳。クロポトキンについては、吉野作造らの新人会が大正八年五月に機関誌『デモクラシイ』第一巻第五号で特集し、矢作栄蔵の門下の佐野学《さのまなぶ》が「クロポトキンの社会思想（一）」を、美濃部達吉《みのべたつきち》や吉野作造に薫陶を受けた佐々弘雄《さっさひろお》が「人物評伝・クロポトキン」を掲載し、すべて発売禁止処分となっていた。クロポトキンを取り上げれば、問題視されることは明らかであった。

それでも森戸は、社会政策研究の過程で労働者の実態にふれ、無政府主義について、大杉栄とも交流するなかで、クロポトキンの思想を危険思想とする誤解を解き、自らの社会政策学研究を大成させるうえで、論文執筆は避けて通れないと考えていた。

裁判にあたって新聞紙上では、「学問の自由」とともに、森戸を休職させた経済学部教授会と東大総長山川健次郎に対する批判としての「大学の自治」も問題であるとされた。森戸は山川総長のことを「この事態の中でいちばん苦境に立たれ、しかも誠心誠意、円満妥当な解決策をもとめて懸命に努力されたのは、山川健次郎総長だった」と回顧しているように（『思想の遍歴』上）、自らの休職は、経済学部を守るためには仕方がないことと考えていた。しかし経済学部に対しては、責任を感じるものの、自らに「非」はないとする森戸は、辞職にも判決にも納得はまったくしていなかった。

第三　大原社会問題研究所と大阪労働学校

――大阪時代――

一　大原社会問題研究所の設立

大原社会問題研究所

大正九年（一九二〇）十月二十二日の大審院の上告棄却の判決により、同日付けで東京帝国大学を免官となった森戸は、刑期を終え出獄後は、大原社会問題研究所に職を得た。研究所の所長には、大正八年の国際労働会議代表事件で東京帝国大学を退官した高野岩三郎が就任したことは、すでに述べた。

大原社会問題研究所を設立したのは、大原孫三郎である。先代から引き継いだ倉敷紡績株式会社の経営に成功した孫三郎は、岡山孤児院を創設した慈善事業家石井十次の影響をうけてキリスト教徒になるとともに、貧民療養、職業紹介など多方面にわたる救済事業の後援者になった。研究所の設立もその一環で、大正八年二月九日、社会救済研究機関として大原社会問題研究所を設置した。

高野岩三郎の所長就任

大原孫三郎は研究機関設立にあたり、まず徳富蘇峰《とくとみそほう》と教育学者の谷本富《たにもととめり》に相談した。そして蘇峰の推薦で京都帝国大学の河田嗣郎《かわたしろう》教授、米田庄太郎《よねだしょうたろう》講師に相談し、また別に京都帝大の河上肇《かわかみはじめ》教授、早稲田に在学した関係から安部磯雄《あべいそお》らにも相談した。河上肇から高野岩三郎を推薦された大原は、上京して所長就任を要請したのだった。第一回国際労働会議代表事件で東大を退官した時期とも重なり、高野は森戸らとも相談したうえで就任要請を受け入れ、初代所長となった。

大原孫三郎　肖像写真

二月九日の創設総会に出席した高野は、東京に戻ると森戸には研究嘱託になることを勧め、十四日に森戸は嘱託になった。その後、大正八年六月に、大原社会問題研究所は、大正八年二月に設けられていた大原救済事業研究所と合同して充実していった。大原社会問題研究所は、森戸事件後、東大を辞任した櫛田民蔵《くしだたみぞう》や細川嘉六《ほそかわかろく》、および大内兵衛が研究員・嘱託に就任したことで、研究所としての権威も高め

研究所の建物

大原社会問題研究所　写真（広島大学文書館所蔵）

ていった。

大原社会問題研究所の事務所は、大原が一〇万円を投じて買収した大阪天王寺秋ノ坊の敷地（大阪市天王寺区伶人町二四）に、一五万円の費用で建てられたもので、ベルギーのソルヴェー研究所を模したものといわれている。

本館は二階建て二〇四坪、堅牢な三階建て書庫延九九坪その他附属建物からなり、本館には研究室・図書整理室・編集室・資料室・閲覧室・会議室を備え、さらに第二部の社会衛生関係の施設として、疲労生理実験室も作られた。後年、三階建て書庫一六二坪、二階建て講堂二八坪なども増築されている。大正九年七月九日と十日の両日、開所式が行なわれている。

読書会の開催

大正九年の秋、控訴中の森戸は、大原社会問題研究所嘱託の立場から提案し、労働者を主に対象とする社会問題研究読書会を開いている。

読書会は東京と大阪で行なわれ、一般労働者三〇〜四〇名を対象に、週一回約三〇回をもって一期とし、二組に分けて行なわれた。東京で行なわれた第二組の第一回読書会を担当したのは、収監前の森戸であった。

第二組の第一回は十月七日、東京神田の基督教青年同盟会館の三階で、森戸は婦人に限定して、J・S・ミル著、大内兵衛《おおうちひょうえ》訳『婦人解放論』をテキストに行なった。講義を前に、森戸はその意義を、大正九年九月二十八日付けの『読売新聞』に、「今日の様な社会的変革の時代ではあらゆる意味で婦人の社会的地位を引上げねばならんのが当然の帰結であると思ふ。大原研究所が今度講習会を企てたのも其意味からで、女子教育の欠陥を出来るだけ補ひたいのが目的の一つ」と述べていた。

二　出獄とドイツ留学

獄中での森戸

先にも触れたように、森戸が市ヶ谷の東京監獄に収監されたのは、大正九年（一九二〇）

十一月四日である。大内兵衛・堺利彦・吉野作造・北沢新次郎・星島二郎弁護士らが付きそった。獄中では、マルクスの資本論、ウェッブの労働組合運動史、聖書やそのほかの宗教書、桑木厳翼《くわきげんよく》・西田幾太郎《にしだきたろう》の哲学書を読んでいた。

出獄

大正十年二月四日の午前七時二十五分、森戸は出獄した。姉と新人会員ら十数名が出迎え、転居していた東大久保の自宅に向かった。自宅では母チカ、妻和子、長男の望が待っていた。森戸の手は凍傷で変色し、体重は四〜五キロ痩せて、五二キロになっていた（『東京朝日新聞』）。

森戸は出獄当日、「私の今後は従来と変らず大原社会問題研究所員として社会問題の研究に一生を捧げたい」と語った（『東京朝日新聞』）。

同日、監獄生活を次のように綴った手紙を関係者に出していた。

> 神に対してはヨリ敬虔に、人に対してはヨリ友愛に、真理に対してはヨリ忠信でありたいとの願望を刺戟されて出てくることのできましたのを、私は在監中の最大の賜物だと思っています（中略）
> 進歩の最も著しいので私を驚かしたのは、三度目のお正月をした子供の「望」でした。私の家庭の「望」と同じように、社会の見えぬ望みも、この三ヶ月の間に、同じように進展をなしたてあろうことを、私は信じたく思います

（大正十年二月四日付け「獄を出でて（序）」が『改造』第三巻第四号、一九二一年に掲載された）

なお、森戸の出獄から四日後の二月八日に、クロポトキンは世を去っている。賀川豊彦《かがわとよひこ》からは「私は日本の改造運動が静かなる「内なる人」の上に建築の出来ない為めにいつも逆戻りすることを悲しんで居ります。尊兄が「内なる人」を豊かに養いつつあることをうれしく思ひます」との手紙をもらっている（大正十年二月二十二日消印、森戸辰男宛賀川豊彦書簡、A）。

ドイツ留学

森戸はしばらく東大久保の自宅で静養していたが、三月一日には大原社会問題研究所より研究員として、ドイツ留学に出立した。もし東大を去ることがなければ、イギリス・フランス・スイスも留学先であったろう。研究嘱託の大内兵衛とともに郵船クライスト号に乗船し、神戸を出帆したのだった。

ドイツに到着したのは五月、一年一〇ヵ月の留学であった。その後、大正十年十一月二十三日に横浜を出港した吉野丸に、長男の望をともなって、和子夫人がドイツに向かった。日にちは不明だが、ベルリンで森戸夫妻は、一高時代の同級生の南原繁とも会食している。

森戸が到着した一九二一年五月のドイツは、一九一八年に終結した第一次世界大戦の、連合国への莫大な賠償金総額が決められた直後であった。ドイツで、先に渡欧して大原

欧州の社会主義勢力

社会問題研究所の図書収集にあたっていた櫛田民蔵と会うと、櫛田から「現在のドイツはまさに激動の時期だ、それにわれわれの国日本もまた同じような激しい変動が、近く起こってくるだろう、この実際の社会的激動の有様をよく観察し研究するほうが、大学で本を読むよりは、よほどためになるはずだ」と聞かされた。森戸はこれに賛成し、三つに分裂していたドイツの社会主義政党にあって、中間の独立社会民主党に視点をおき、独立社会民主党と右派（右派社会民主党）および左派（スパルタクス団、共産党）との関係について、ドイツ政局を実地で研究することに決めた（以上、『思想の遍歴』上）。

ドイツの社会主義政党は、第一次大戦およびロシア革命への対応とともに、大戦後の社会・経済的危機にあたっての政権奪取の方法、政権の性格、基盤とする議会のあり方をめぐり、社会民主党と共産党との対立が深刻化していた。

このため、社会主義の国際組織も、第二インターナショナル（右派社会民主党、一八八九年に欧米一九ヵ国の労働者代表によって結成。中心はドイツ社会民主党）、第二半インターナショナル（ウィーン・インターナショナル）と呼ばれた独立社会民主党（第二インターナショナルと第三インターナショナルの中間派）、第三インターナショナル（コミンテルン、ロシア共産党を中心とする各国共産党等）に分裂していた。

一九二一年六月、モスクワでの第三インターナショナル（コミンテルン）第三回大会で、

森戸が理想とした社会主義政党

労働者協同戦線が採択されたものの、ドイツでは、後に、右派社会民主党が独立社会民主党を吸収し、共産党と並ぶ勢力となったことで、対立はさらに激化していった。社会民主党と共産党との激しい対立は、やがてドイツのヒトラーの台頭と支配、激しい弾圧とともに、再び世界大戦を引き起こすこととなるのである。

森戸は、共産党のプロレタリア独裁と暴力革命論に納得できず、スパルタクス団（ドイツ社会民主党左派が結成した急進的な集団）を武力鎮圧した右派社会民主党にも同調できなかった。彼は、両者の中間、独立社会民主党に親近感をもち、ウィーンのオーストリア社会民主党（第二次世界大戦後、オーストリア社会党に名称変更）幹部マックス・アドラーのマルクス唯物論とカントの理想主義との結合という考え方に共鳴した。独立社会民主党が中核となって、左右の勢力を寄せる形での社会主義政党合同を理想としたのである。

森戸は積極的に演説会の傍聴に出かけた。ベルリンの宿所の近くには、ドイツ共産党を創設したカール・リープクネヒト（スパルタクス団蜂起時に殺害）の兄テオドールがおり、彼はドイツ独立社会民主党の幹部だった。独立社会民主党の幹部とも顔みしりになる一方、右派社会民主党本部の党図書館にも行くなどして文献収集もした。

森戸と櫛田民蔵はドイツで、モスクワのマルクス・エンゲルス研究所と競合しつつ、マルクス・エンゲルス関係文献を古本屋で買い集めた（『遍歴八十年』）。

そして二人は一九二一年（大正十）十一月から二ヵ月ほど、マルクス・エンゲルス研究所長のリヤザノフの招待でモスクワを訪れている。森戸は、研究所のマルクス・エンゲルス図書館以外はあまり見て回れなかったが、モスクワでは、コミンテルン執行委員の片山潜《かたやません》、および「片山グループ」の猪俣津南雄《いのまたつなお》（のちの日本資本主義論争の労農派論客）、鈴木茂三郎《すずきもさぶろう》（戦後、第二代日本社会党委員長）らに会っている（「ドイツ留学期に観たもの」『思想の遍歴』上）。

一九二二年にドイツ独立社会民主党が右派社会民主党に吸収されるのを目のあたりにした森戸は、近い将来、合同社会民主主義党が、ドイツ労働者階級の闘争の先頭に立つ、と希望的観測をこめて、後に著書をまとめている（『最近ドイツ社会党史の一齣』）。このドイツ留学で、協同戦線、特に共産党との提携の困難さとともに、社会主義右派の現実主義的で国民的な傾向も理解した。そうして、一九二三年（大正十二）二月にヨーロッパを離れ、同年八月九日に春洋丸で横浜港に帰港し、欧州留学を終えたのだった（大正十二年八月十日付『朝日新聞』）。

帰国した森戸と妻和子は、母チカの待つ東大久保の自宅に戻ったが、帰国直後の九月一日には関東大震災が発生した。自宅は無事であったものの、森戸はこの日は鵠沼（神奈川県藤沢市）に出かけていたため、消息が一週間途絶え、安否が気遣われた。

そして、一家で兵庫県の芦屋（武庫郡芦屋町字毛賀八六八）に引っ越した。

三　大原社会問題研究所時代の研究——大正期——

研究の転機

森戸事件は研究上の転機となった。出獄後の欧州留学で、敗戦直後のドイツにおける社会主義運動を体験的に観察し、労働者教育・労働運動に関与することで、研究は実践的な方向に移っていった。

また、政治都市東京から産業都市大阪へと研究拠点を移したことで、社会主義運動や無産政党活動、および労働組合運動に直接的にかかわっていった。

マルクスへの傾倒

森戸は初期マルクスに着目し、ヘーゲルの観念論からマルクスの唯物論へという流れのなかで無政府主義を位置づけ、自らの研究上の連続性を意識しつつ、深化させていった。マルクス研究に傾倒した理由は、ドイツの保守勢力による社会主義運動への対抗を実見し、日本国内で弾圧を受けるなかで、国家主義・資本主義を否定して国家体制を即時に変えようという運動が大きな問題となること、それを避けて社会政策の実施による問題解決を図ろうと考える必要があることを模索し、無政府主義が過渡的体制を認めないのに対して、マルクスはその存在を認めている点に注目したのである。

その一方で森戸はマルクスの研究について、市民社会を土台とする近代資本主義国家が、最終的に階級闘争によって克服される道筋を明らかにしたものの、国家そのものの生成過程は考察していない、さらに貨幣研究によって市民社会を理論的に明らかにしたものの、政治的国家が無階級社会にいたる中間の過程でプロレタリア・労働者階級がどのような立場にあるのか、ということも明らかにしていない、と考えた。

このため、スチルナア（シュティルナー）の自我主義（エゴイズム）思想に着目した。なお、スチルナアは、師のヘーゲルを批判し唯物論の立場に立ったフォイエルバッハの哲学に影響を受けて、エゴイズム思想を展開した人物で、マルクスやエンゲルスにも大きな影響を与えた。

スチルナアの自我主義思想との出会いは、聖公会以来キリスト教に親しみ、新渡戸の薫陶を受け、社会に教養を還元しようという意思に共鳴したという経験と、学問として社会政策を志してきた森戸のイデオロギー観、および神・国家・人倫・秩序・法律・人間などが有する宗教的神聖性を見直す契機となった。

マックス・アドラーとの出会いもあり、新カント派（カントの観念論を復興して、自然科学的唯物論や実証主義に対抗しようとした学派）の社会主義に親近感を持っていた森戸は、マルクスの技術主義的・没理想主義的側面を「人間的なるもの」に置き換えていく方法を試み、手ごたえを感じていた。そしてスチルナアの「唯一者」として自我主義者組合を理想と

森戸の初期マルクス研究

しつつ、歴史的発展段階という限界のなかで現実を捉える視点をもってマルクスに傾倒していった。と同時に、階級「国家」と対峙し、社会主義社会のための社会的変革の必要性も確認していった。しかし、森戸が共鳴していたのは初期マルクスであり、革命論を中心とする後期マルクス主義には批判的だった。

それゆえ森戸のマルクス研究は、初期マルクスの思想を基礎から明らかにする試みであった。その成果が、関東大震災の混乱を経て大正十四年（一九二五）から、大原社会問題研究所で翻訳されたマルクスの『剰余価値学説史』（第一巻）である。翻訳にあたったのは、森戸と櫛田民蔵、久留間鮫造《くるまさめぞう》、大内兵衛である。森戸が担当した第一分冊は、この年の四月、「大原社会問題研究所パンフレット」第一九号として同人社から刊行された。

ついで大正十五年五月・六月に櫛田民蔵と翻訳した「マルクス・エンゲルス遺稿『独逸的観念形態』の第一篇「フオイエルバッハ論」」（『我等』第八巻第五号・六号、一九二六年）がある。そして昭和五年（一九三〇）三月・九月、昭和六年一月、『大原社会問題研究所雑誌』に発表した論文「Das Kommunistische Manfest の成立史に関する若干の史料」は、「共産党宣言」の成立過程に関する詳細な研究だった。「共産党宣言」とは、いうまでもなくロンドンで発足した共産主義者同盟の綱領で、労働者の国際的団結を呼びかけたものである。冒頭の「ヨーロッパに幽霊が出る――共産主義という幽霊である」の一節はよく知られている。

同時に、マルクス主義の多義的なイデオロギーについても分析・整理し、「イデオロギーは経済構造に対して相対的独立性を保ち、イデオロギー相互間に影響し合い、補足し、制限し合うとともに、政治・法制組織・経済構造にも反作用しつつ、「窮極において」経済構造によって決定される」と解釈すべきである、と結論していた。

当該期の森戸は、櫛田民蔵とともに、初期マルクス研究の第一人者といえる存在であった。

その一方で、東大時代に注目していたアントン・メンガーの研究についても、大原社会問題研究所に移ってのち、大正十三年（一九二四）にメンガーの全労働収益権・労働権・生存権を明らかにした『全労働収益権史論』（弘文堂書房）を翻訳・刊行した。

四　関東大震災と思想弾圧

関東大震災

森戸が留学先から帰国して一ヵ月も経ずして、大正十二年（一九二三）九月一日、死者・行方不明者一〇万人にもおよぶ関東大震災が起こった。それは「反動勢力の逆撃の烽火」でもあった（『思想と闘争』序）。

社会主義者の殺害と大杉栄の虐殺

関東大震災の混乱に乗じて多数の朝鮮人が虐殺されたほか、九月四日から五日にかけて、社会主義者の平沢計七《ひらさわけいしち》・川合義虎《かわいよしとら》ら一〇名が亀戸警察署に捕らえられ、習志野騎兵第一三連隊兵士によって刺殺されるという事件が起きた（亀戸事件）。

さらに九月十六日には憲兵隊司令部で、アナーキスト大杉栄《おおすぎさかえ》と内縁の妻伊藤野枝《いとうのえ》、甥の橘宗一《たちばなむねかず》の三名が、憲兵大尉の甘粕正彦《あまかすまさひこ》らにより殺害され、井戸に遺棄されるという事件が起きた（甘粕事件）。

甘粕事件が発覚したのが九月二十日、亀戸事件は十月十日であった。それから一ヵ月で森戸は「震災と社会思想と反動勢力」を書きあげ、年明け大正十三年一月に掲載された（『我等』第六巻第一号、一九二四年）。

この論文のなかで、新聞記事を丹念に分析し、「主義者」とされた大杉栄や川合義虎らが放火、および殺人や強盗、その他の「不逞行為」を行なった事実はなく、できる状態にもなかったことを明らかにした。そして、「不逞行為者」＝「主義者」＝社会主義者・無政府主義者とのイメージは、警察などによって作られたものであり、甘粕事件・亀戸事件などの白色《はくしょく》テロリズム（権力者側が政治的敵対勢力に行なう暴力行為）を行なった者の背景にある勢力を「反動勢力」とした。そして「将来の展望」として、社会運動が左翼的テロリズムに陥ることなく、小市民階級を背景とする進歩主義者との提携を視野に入れつつ、普通選挙制度にともない「労働運動に政治運動の道」が開かれることを期待した。

四月には、ドイツを事例に、政治的殺人の九五％が、右翼が加害者で左翼が被害者であることを紹介する論文を発表した（「国粋主義者と政治的殺人―ドイツ革命後に於ける政治的殺人の一考察―」『我等』第六巻第三号、一九二四年）。

同月、事件から半年が経っていたが、森戸は「大杉栄君の追憶」を発表している（『改造』第六巻第四号、一九二四年）。大杉が非常な勉強家であり多才であったこと、また、膨大な著作から、「実際運動家」大杉が歩んできた道を明らかにした。アナルコサンディカリスト（無政府組合主義者）として大杉の功績とは、「労働者階級の解放は結局労働者階級の仕事であらねばならぬ」とするものだったと結論づけている。

普通選挙法と治安維持法の成立

清浦奎吾《きようらけいご》内閣が護憲運動によって倒れると、大正十三年（一九二四）六月十一日、護憲三派（憲政会・政友会・革新倶楽部）の連立内閣が成立した。首相は憲政会総裁の加藤高明、政友会の高橋是清《たかはしこれきよ》と革新倶楽部の犬養毅《いぬかいつよし》が入閣し、衆議院議員選挙法が改正され、普通選挙法が成立したものの、社会変革を恐れた枢密院などの圧力により、同時に治安維持法が成立し、普通選挙法の公布より前の翌大正十四年四月二十二日に公布された。

治安維持法を、無政府主義・共産主義に留まらず、共和主義・社会主義・社会民主主義までをも対象とする可能性をもった悪法であるとした森戸は、この法律が「我国の社会運動労働運動は近時漸く現実化穏健化しつつある」なかで、「再び之を過激化しテロリズム化」させるようなものであると指摘し、「不要不当なる圧迫犠牲は、結局支配階級に投げ返されるのが、歴史の吾々に例示するところである」と主張した（「治安維持法と社会主義」『思想と闘争』）。

青年学徒に訴ふ

森戸は、東大新人会五周年や京都帝国大学学友会講演会など、各種講演会の原稿をもとにした論文「思想と闘争」を執筆し、大正十四年一月に掲載した（『改造』第七巻第一号、一九二五年）。そのなかで「社会科学を真実の科学たらしめ、それにふさわしい社会科学的技術を発見するための努力が、実生活上に於ける解放運動と、たとへ同列でなくとも、之に次ぐ重要な任務であることを確信したい」と述べていた。そして、社会科学不進歩の理由として次の点を挙げている。

第一が社会科学上における自由研究の直接的圧迫、第二が言論・報道の自由がないこと、第三が経済的圧迫、第四が社会科学者の心理的限界、「すなわち彼の支配階級的意識又は無意識」である。

だが森戸は、「階級的制約を超脱しようとする社会科学上の思想的努力」と「階級支配を超脱しようとする社会運動」が発展しているため、社会科学をして真の科学への道は開かれているとする。そして「現代の階級社会に於ては、真実に社会科学上に思想すると言ふことは、同時に主として観念の世界、思想の世界に於て、階級的に闘争することをも意味する」として、その闘争こそが「学問の進歩を使命とする学術団体の一員たる諸君青年学徒各自の本務」である、と主張した。この論文は改造社より著書『社会科学研究の自由に関して青年学徒に訴ふ』と題して大正十四年二月に刊行され、ベストセラーとなった。

しかし、青年学徒に社会科学の進歩を期待した森戸の思いむなしく、治安維持法が最初に適用されたのは大正十四年十二月以降、京都帝国大学などの左翼学生運動に対してであった。翌大正十五年五月二十九日には、岡田良平文部大臣により、学生・生徒の社会科学研究の禁止が通達された。

五　大阪労働学校の設立

労働学校設立の目的

森戸は大原社会問題研究所で研究を進める一方、大阪労働学校に関わることで、知識の実践を進めようとしていった。彼の教育は、大学生ら知識階層を対象とする社会科学の普及と、労働者教育という二つの方向性をもっていた。後者を主として担ったのが大阪労働学校である。

大阪労働学校での教育に献身的に取り組んだのは、森戸が教育を社会革新の精神的一翼と把握していたためで、後述する大学自治と学問の自由に対する認識とも共通していた。「教育は究極的には社会的存在によって規定されたところの、しかし同時に社会の進展において能動的に作用する不可欠の要因であるところの、観念的な社会力」（「序」『オウエン　モリス』）であった。

労働学校とは、大阪労働学校「宣言」にあるように、労働者に向かって、主として社会科学の教育を施す常設的教育機関である。目的は「権力と資本から独立に、無産運動の諸分派からも自由に、汎く労働者の立場に立つて、主として社会科学を教授し、専ら無産大衆の間に真実の科学的知識を普及せんとする」ものであった。

大正十一年（一九二二）六月に創設された大阪労働学校は、戦前期の多くの労働学校が三、四年程度で活動を停止するなか、前年の大正十年に東京で設立された日本労働学校とともに長期に活動を継続し、昭和十二年（一九三七）まで一六年間、年間三期開講する教育活動をつづけ、延べ一二〇〇人以上の人材を送り出した。これには、校長賀川豊彦の意思と、賀川が著書『死線を越えて』の印税から五〇〇〇〇円の財政援助を行なったことが決定的に大きかった。

大阪労働学校の学生は、大阪機械労働組合と大阪金属労働組合の労働者が中心だった。学生の就学水準は、労働者一般平均を多少上回っていたとされ、一七歳から三〇歳の青少年労働者が、学生の約八割を占めていた。学生の日給は、二円未満の者が八割を占めており、大阪労働学校の月謝は一円とはいえ、彼らにとって授業料や交通費は大きな負担であった。

森戸は昭和六年に刊行された『大阪労働学校十周年史』の巻頭で、賀川豊彦校長の後援、のちには高野岩三郎経営委員長の助力、さらに労働教育界からの校舎の提供によって労働学校の財政難を切り抜けることができたこと、経営委員や講師諸氏の犠牲的な応援なしには、学校は到底存立し得なかったと述べ、続けて次のように記す。

一日の労働に疲れた体躯を以て、苦しい経済的な犠牲も甘じて（本校生徒は授業料を支払ふのほか、多くの場合電車賃を払ひ多少の参考書をも買はねばならぬ）かつ屢々官憲と雇主の干渉と抗争しながら、不断に本校を支持し後援し来つた生徒校友の大衆的支持も亦、有力なる若干無産団体の好意的態度とともに、吾々は之を忘れてはならないのである。（後略）

学校運営の安定化

当初、学生委員の自治運営のもとにあった大阪労働学校では、校舎のあった安治川教会に家賃や電気代を払わず、講師への連絡はなされず、しばしば講義も行なわれない状態にあった。このため、学校委員長に就任した井上良二《いのうえりょうじ》を中心に、大きな制度的な変革が行なわれた。日本労働総同盟（友愛会が社会主義化して大正十年〈一九二一〉にこのように改称）が、関東大震災より二年後の大正十四年五月、内部で共産主義者と社会民主主義者とが対立して、第一次分裂を起こした前後のことである。

まず四月に井上良二が主事に就任したことで主事制が復活し、六月には大阪労働学校後援会の組織化がなされ、九月には大阪労働学校経営委員会が組織された。そして、経営委員長に就任した高野岩三郎の「不偏不党」「自由学風」との理念に根ざし、日本労働総同盟などの組合運動から中立化した存在となった。

このようななかにあって森戸は、経営委員として、また対外的に疑念を持たれてきた基金に関する会計責任者に就任し（大正十四年十二月二十五日）、改善に取り組んだ。高野岩三郎らが一五〇〇円余を拠出し、有島財団労働教育会から毎月二〇円の補助金をうけることになったことが財政を安定させた。校舎を友愛社事務所二階（消費組合、此花区江成町）から、同じ町内の大島新一氏邸の二階二間をへて、労働教育会からの資金と高野の尽力で、此花区吉野町の土地・建物を大阪労働教育会館として買収し、大正十三年十二月に移転できたことも、経営の安定化につながった。

森戸の講義内容

森戸は大正十四年（一九二五）九月十五日より開講した第一〇期より講師として、また病気がちの高野岩三郎運営委員長の代理として（高野は大正十五年〜昭和二年十一月は欧州・ロシアに滞在）、さらには農民運動に重点を移して労働運動から身を引いていた賀川豊彦にかわって、実質的な校長として無報酬で活動した。学生からは、「大阪労働学校の象徴」として慕われたのだった。

講義は主に「唯物史観」と「社会思潮」を担当した。残存している第三二期の講義要綱を見る限り、「唯物史観」では、無産階級独自の世界観として歴史弁証法・唯物史観を位置づけ、マルクス主義の思想的系譜を丹念に説明した。「社会思潮」のほうは社会思想史であり、自由主義より説き起こし、サン・シモン、フーリエ、ロバート・オウエンにいたる社会主義思想、さらにマルキシズムにおける社会民主主義と共産主義への経緯などを、「とうとうとして論じ去る」ものであった。トピックとしての「ファシズム運動」「労働統制」「戦争と経済組織」などでは、彼の著作にみられるような内容を持っていたと考えられる。森戸の講義は「常に啓蒙的で学生たちもよく理解し、喜んで聞いていた。所定の講義よりも圧巻だったのは、先生自らまた学生たちも歓迎した時事問題に対する講義であった。特に刻々に移る政治や経済の情勢について非常に精緻な分析と適格な判断があり、その見透しの正確さは常に学生たちの信頼感を集めていた」という（村上桃二「私の大阪労働学校時代」、法政大学大原社会問題研究所編『大阪労働学校史』）。

学生との関係は学内にとどまらず、下校時にも学生たちと話しながら歩き、芦屋の自宅にも学生が訪問するなど、公私にわたる広範なものであった。講義回数を具体的に見てみると、森戸が関与した第一〇期から第四五期までで一四八回にも上り、全講師のなかで一番多い。さらに第一〇期から最後の四五期に至るまで、短期講習も含めて、すべての期に講義を行なっているのは森戸だけで、しかも一度も休講がない。

大原社会問題研究所の他のメンバーと比較しても、高野岩三郎が一二回、大内兵衛が七回、櫛田民蔵と久留間鮫造が四回であり、森戸の大阪労働学校への貢献は抜きん出ていた。さらに開講式や修了式への出席も五四回に上り、第一〇期から第四五期全体の七七%にも及んでいた。修了式では、「校歌合唱のときやや調子外れのところもあったが、卒業まで残ったわずかな学生とともに、声を張り上げて力唱する姿」を学生に印象づけている（山崎宗太郎「大阪労働学校の思い出―塾風労働者教育―」『大阪労働学校史』）。運営委員会にもそのほとんどに出席し、経営の責任を担った。

大阪労働学校が生んだ労働運動指導者

労働者教育に熱心だったのは、このころの「特殊国主義」「精神主義」を特色とする日本の国家主義的な学校教育に対して、解放闘争の手段としての教育が重要と考えていたためである（「闘争手段としての学校教育」『改造』第八巻第一一号、一九二六年）。森戸は、労働運動の新しい指導者育成のためにも、労働学校は重要であると考えていた。実際、大阪労働学校は、関係者や生徒のなかから、西尾末広《にしおすえひろ》・西村栄一《にしむらえいいち》・大矢省三《おおやしょうぞう》・松沢兼人《まつざわかねんど》・井上良二らの労働運動指導者を生んでいた。

第四　労働運動と労働者教育

一　労働運動と社会主義政党の一斉検挙
――三・一五事件と四・一六事件――

日本労働組合同盟・日本労農党の結成

関東では大正十五年（一九二六）十二月四日、日本労働総同盟が第二次分裂を起こし、分離した組合が日本労働組合同盟を結成した。日本労働総同盟は社会民衆党と、日本労働組合同盟は日本労農党と関係が深かった。

昭和改元

その年、年の瀬がせまった十二月二十五日には、大正天皇の死により摂政宮裕仁親王が即位し、昭和と改元された。翌昭和二年（一九二七）十一月、高野岩三郎が欧州・ロシアの旅から、森戸と同じく社会主義政党の中間派に着目して帰ってきた。高野は森戸とともに、従来から無産運動に協力的であった。

昭和三年二月二十日、第一六回総選挙が行なわれた。この最初の普通選挙法下の総選挙で、初めて森戸は、一高の一級下の日本労農党河上丈太郎らの応援演説に立った。応援演説のメモには「全国で血みどろの闘ひ。同情、連帯　圧迫者に対する諸君の答へ　これらの兄弟同志を代表するもの　その一人河上君」と記されている。選挙後、森戸はその感想を、

初めて政談演説をやりました。従来は話をききに来るものばかり話していたが、今度は強いて聞かせるので勝手が違った。話が大衆と〃ピッタリ〃しないのを感じた。都市は一番やりにくい。農村の人は鈍感だが真面目だから有力だと思う。又運動の最初には理論的なことも聞くが、中程だれる。最後には〃ファン〃が来るから感情的になる。それで今後の運動には応援の編成が大体出来ることと思う。出演者は予め開催地の聴衆の種類を知らしたら有効だと思う

などと語った（昭和三年二月二十九日開催「政治経済学会報告」、A）。

三・一五事件

それから一ヵ月ほど経た三月十五日、社会主義政党（無産政党）の活動に危機感をもった田中義一《ぎいち》内閣が全国一斉検挙に踏みきり、労働農民党、非合法政党の日本共産党などの関係者約一六〇〇人を検挙した（三・一五事件）。

この事件を契機に四月十七日には、東京帝国大学が新人会に解散命令をだし、これに続いて各帝国大学でも社会科学研究会に解散命令が出された。東大新人会は翌昭和四年十一月七日、解散を声明することになる。

この昭和三年に起こった三・一五事件が、大原社会問題研究所に与えた衝撃も大きかった。事件の新聞記事解禁にあたって四月十日、『大阪毎日新聞』『大阪朝日新聞』などの各新聞が、大原社会問題研究所が捜索をうけ、その存立が問題になっていると報じたのである。大原社会問題研究所では、この報道を憂慮し、研究所は無関係であり、捜索は受けたものの、嫌疑はまったくなかったことを、森戸から大原孫三郎に伝えることにした。そうしたなか、大原自身が研究所の廃止と資産処分を考えている、との情報がもたらされた。

治安維持法の厳罰化

四月二十三日からは、普通選挙後の初の議会となる第五五回帝国議会が始まった。田中義一内閣は、最高刑一〇年だった刑を死刑へと厳罰化する治安維持法改正案を提出したが、異論が多く可決されることなく五月六日に閉会した。これに対し政府は六月二十九日、昭和天皇の裁可による緊急勅令をもって帝国議会を通さずに改正し、次の第五六回帝国議会で事後承諾を得ることにしたのである。

大原社会問題研究所の存続問題

こうした労働運動の締め付けが厳しくなるなか、高野岩三郎所長と大原孫三郎との会談が、三・一五事件から半年ばかりを経た十月三十日に実現した。このとき大原より倉敷紡績の業績不振を理由に、大原社会問題研究所への出資を打ちきりたいとの意思が示された。結局、しばらく問題を棚上げすることにして会談は終わったものの、大原社会問題研究所の存続が問題となっていく（『大原社会問題研究所一〇〇年史』）。

日本大衆党の結成

昭和三年の年の瀬も押し迫った十二月二十日、中間派無産政党である日本労農党、無産大衆党、日本農民党に、九州民憲党をはじめとする四地方無産政党が合同して、日本大衆党が結成された。左派でも右派でもない中間無産政党が合同したのである。その中央執行委員長に高野岩三郎が推薦された。高野は前述したように、前年の昭和二年十一月に、欧州・ロシアから帰国し、各国の社会主義政党の中間派に着目していた。しかし昭和四年一月十八日付け『朝日新聞』にあるように、党首就任は高野が病気のため、立ち消えとなった。なお、高野は昭和五年一月に顧問に就任した。

山本宣治の遭難

ところで、大阪労働学校の講師の一人に山本宣治《せんじ》（衆議院議員、労働農民党、日本共産党推薦）がいた。山本は第五期・第九期・第一一期に、京都宇治から二時間あまりもかけて通った。第九期には「生物進化論」と「群集心理学」の講義を一一回も行ない、第一一期にも科外講義として「生物進化論」を担当していた。山本は京都労働学校の校長でもあり、関西労働学校連盟の委員長でもあった。

山本宣治は昭和四年三月二日、治安維持法改正に反対する無産政党の一議員として、天王寺公会堂で行なわれた全国農民組合第二回大会での演説で「実に今や階級的立場を守るものは唯一人だ。だが僕は淋しくない」と述べた（佐々木敏二『山本宣治』下、不二出版、一九九八年)。その三日後の三月五日、衆議院本会議で治安維持法改正が承認(可決)された当日、山本は、右翼団体「七生義団」黒田保久二《ほくじ》のテロによって刺殺されてしまう。三月十五日、山本の追悼祭は京都で行なわれ、森戸が葬儀委員長となって大阪労働学校が主催した。大阪労働学校教職員一同を代表し森戸が読んだ弔辞は、

闘争的教育家山本君は吾々の間にあつては温顔慈腸の、その恬淡と諧謔と機智の故に極めて愉快なそして親しみ易い友人であり、相談相手であつたのである(中略)

私の眼の迷ひでなければ、君の遺骸の彼方に、白色テロルに憤激蹶起せんとしてゐる日本の無産大衆が見えるではないか。さうしてこの立ち上りつゝある我国無産大衆において蘇生つた我が山本君を見るのは果して私のみの幻覚であるか。然り、山本君は吾々の間に、我々の裡に生きてゐるのだ。だから吾々は恰も悲の闇を破つてらんとする朝暾《ちょうとん》に面するもの、やうに、解放を戦ひ取らんとする我国無産大衆の中によみがへつたところの、吾等の教師にして同志なる山本宣治君万歳を唱するの非礼を、しかし吾々にとつて此上なき光栄を、許して戴きたいのである(後略)

とするものであった(『政府はいかに思想を善導せんとするか』)。

大阪労働学校では、山本宣治の論文「思想善導の実践とその暴露」と、森戸の弔辞および「思想善導の理論的暴露」を収録したパンフレット『政府はいかに思想を善導せん

とするか』をこの三月に出した。

四・一六事件

この山本宣治刺殺事件に引き続いて、四月十六日に日本共産党に対する全国的な検挙事件・共産党事件が起きた。

この共産党事件に対し、大阪労働学校第二二期で「思想問題並に国家論」の講義を担当していた森戸は、学生に対して、次の三点「一、今回の共産党事件を如何に見るか」「二、将来再び起ると思ふか？」「三、今回の暴圧は当然と思ふか？」という質問を行なった。この三点の質問に対して、二八名の回答が残っている。

学生たちは、「一」に対しては、無産階級運動が進み、資本主義発達によって引き起こされた事件とする者が大多数であった。対象が日本共産党だからと言って検挙を認める者は二人だけだった。「二」については、例外なく、今後も起こると回答している。「三」に対しては、当該期の政府と立法のもとでは当然である、との答えがほとんどであった。学生は共産党事件に対する政府の行為を「暴圧」と認識し、不当と考えていた（「質問とその答え」、A）。

労働組合全国同盟・全国民衆党の結成

大阪では、昭和四年四月の日本労働総同盟大阪連合会大会で、左派と右派との対立が激化し、九月九日に第三次分裂という事態になった。このとき除名された左派の山内鉄吉らが労働組合全国同盟を結成したことで、大阪にも中間派が成立した。森戸はこの第三次分裂ころから、中間派との関係を強めていった（三輪泰史「森戸辰男と大阪の労働運動」。労働組合と主要政党の変遷表を巻末に掲げた）。

二　河合栄治郎との「大学顚落」論争

河上肇の京都帝大追放

昭和三年（一九二八）四月に入ると、文部省が三・一五事件にともない、「左傾教授」の休職処分を京都帝国大学に要求した。これをうけて荒木寅三郎京都帝大総長は、マルクス主義経済学者でベストセラー『貧乏物語』の著者である河上肇《かわかみはじめ》経済学部教授の辞職を求め、経済学部教授会も辞職要求に同意し、決議と同じ四月十八日、河上が辞職するという事件が起こった。

森戸の「大学の顚落」論

森戸は、河上肇辞任一年後の昭和四年六月二十九日、京都帝国大学で講演をし、それを雑誌『改造』に「大学の顚落《てんらく》」（第一一巻第九号、一九二九年）として掲載した。自身が東大を追われた森戸事件後、大学を問題とする論説を発表しだしたのは、この河上肇京都帝国大学経済学部教授の辞職からである。

この「大学の顚落」で、森戸は思想善導の帰結として、大学がマルクス主義に対する「反動的思想機関となりさがりつつある」と述べた。

河合栄治郎　肖像写真

森戸は、大学を「部分社会」とし、現社会のもとにあるととらえた。したがって、大学は現社会の階級性と学問の自由が根本的にないことに規定されている、そうであるがゆえに現社会を根本から理解する必要性があり、「プロレタリア社会科学のブルジョア社会科学に対する優越は絶対的である」と主張し、学問の自由に対する自己反省を欠いた大学の対応を「顚落」として問題視したのであった。

河合栄治郎の反論

この森戸の「大学の顚落」に、東京帝国大学経済学部教授の河合栄治郎《かわいえいじろう》が反論した。河合の主張は、大学の転落を防ぎ再建するためには「自由主義の傾向を促進するの外に路はない」とし、「その場合に自由主義者をして援助を躊躇せしめる失態を醸さないことが、マルクス主義者の義務」というものであった（河合栄治郎「嫌悪すべき学界の一傾向」『改造』第一一巻第一〇号、一九二九年）。これに森戸が『帝国大学新聞』紙上で反論したことによって、「大学顚落」論争が始まった。

「大学顚落」論争

森戸と河合は、ともに第一高等学校で新渡戸稲造校長の薫陶を受け、弁論部の先輩・後輩であり、森戸事件によって森戸が大原社会問題研究所に移ったあと、河合が農商務省から東大に異動してきたという関係にあった。

森戸は、昭和四年十月十四日付け『帝国大学新聞』で「大学の運命と使命」を著し、河合に対して「大学の顚落」を「考察分析の誤謬を指摘し私の確実した史的事実を否定する他の事実を確定し、もつてマルクス主義の虚妄を論証すべきであつたろう」と主張した。河合は一ヵ月半後、十二月二日・九日付けの『帝国大学新聞』に「大学の運命と使命　森戸辰男に答ふ」を著し、「大学とは学問研究の機関たると共に、学問教育の機関である。ここに大学なる部分社会が国家とか教育とかその他の部分社会に対する特異性が在る」と、大学の定義が森戸と河合とでは異なることを明らかにしたうえで、大学改革の主体は、マルクス主義者ではなく、自由主義者であると述べた。

この「大学顚落」論争は、二つの要因から成り立っていた。

一つは昭和三年の三・一五事件である。東大経済学部でも大森義太郎《おおもりよしたろう》助教授が辞任していた。森戸は大原社会問題研究所の所員でもあるが、森戸事件に連座して失職したものの、この時には復職していた親友の大内兵衛《おおうちひょうえ》経済学部教授とその周辺、経済学部マルクス経済学グループに近かった。河合はマルクス経済学グループと対立していた。そ

の大内が森戸に対し、「K（河合栄治郎）はしきりにウソを云ふ」と言い、また、

中央公論や大学新聞で河合君が大に大原の悪口や貴兄の悪口を云つてゐるのみならず盛場では特にそのことある由、伝聞してゐます。（中略）貴兄の方について何等かやる意思があるならばやられて差支がありませんが、あんなベラボウな男には真面目にやつては損をします。この点に注意を乞ふ。即ち悪罵かヒヤかしかより外はない。之でも彼をほめるやうなことハ損です。（後略）

と伝えていた（昭和五年四月二十六日付、森戸辰男宛大内兵衛書簡、B）。

もう一つの要因は、森戸と河合の思想上の対立構図の違いがあげられる。森戸は、国家主義（保守主義）に対して「無産運動」を基盤とするマルクス主義を想定していた。河合は、「保守主義」「自由主義」「マルクス主義」の三つから、「自由主義」と「保守主義」、「自由主義」と「マルクス主義」の二つの対立軸を考えていたのである。

論争の終結宣言

森戸は、さらに「大学の復興」を執筆し、河合の所説を、（一）理想主義哲学よりするマルクス主義哲学の論撃、（二）研究の自由に即して見た我が国の大学の現状認識ならびに対策に関する所説、（三）河合教授式自由主義の疏明、の三点に整理し、このうちの（二）に重点をおいて議論を展開した。

大学の保守性とは、「保守主義が新興ブルジョアジイの思潮」に対する「反動として

意識的に建設され」たもので、「大学の資本家的階級制とは必ずしも同一ではなく、しかも我々の重点が主として後者に置かれてあることはいふまでもない」と主張する。また「国家主義」を富国強兵主義と国体観念に分け、「国体観念を中心とする観念論的諸思想は保守主義として、我国大学が資本主義の最先端に立つことを妨げ」「富国強兵主義こそが我国の諸大学をして久しく我国文化の指導的地位を保ためしめた社会力」であると述べた。そのうえで森戸は大学復興を、河合の言う「自己反省」でなく、「現在の大学を顛落に運命づけたものが一定の社会的存在である以上、大学復興の道はこの社会的存在を一定の方向に向つて変革すること」しかない、と述べて論争終結を宣言した（昭和五年一月二十七日、二月三日・十日・十七日付『帝国大学新聞』）。

一方の河合栄治郎は、「大学の運命と使命　再び森戸辰男氏に答ふ」を著し、マルクス主義イデオロギーに対する理想主義的自由主義の優位性をあげる。そして「権力に媚びるなく大衆に阿るなく、孤筇《こきよう》（一本の竹杖）に杖ついて真理の山岳を分け登ること、これのみが大学の教授に課せられた任務であろうと思ふ」と述べた。そして河合も論争の終結を宣言した（昭和五年二月二十四日、三月三日・十日・十七日付『帝国大学新聞』）。こうして両者間の論争は昭和五年（一九三〇）に終結した。

共産党シンパ事件

しかし論争は終わっても、森戸が言う「大学の顛落」の状況は止まらなかった。昭和五年五月、東京帝国大学経済学部山田盛太郎《もりたろう》助教授と法学部平野義太郎《よしたろう》助教授が「共産党シンパ事件」で検挙され、大学を追われた。以後も同様の事件は続くのであった。

三　中間派による結集指導と労働者教育

無産政党の第一七回総選挙惨敗

前述したように、森戸は大正十四年（一九二五）に『最近ドイツ社会党史の一齣』を出版していたが、ドイツのように、日本においても無産政党（社会主義政党）の足並みが整わないことを予想していた。「縄張的割拠主義と指導者における個人的な感情対立」（『最近ドイツ社会党史の一齣』）による同士討ちのため、昭和五年（一九三〇）二月二十日に実施された第一七回総選挙で無産政党は惨敗した。この敗北から、無産政党間で合同気運が高まった。

この気運に対し、森戸は五月発行の『改造』誌上で、全合同の実現という歴史的な大事業について、「合理的な目標と希望ある努力を吾々の陣営内に育成せんことを欲するならば、眺めるに愉快なバラ色の夕栄えに見入ることではなく、それが如何に不愉快であろうとも、現に吾々の立つてゐる灰色の泥土を直視しなければならぬ」と説いた。全合同が客観的に困難であり、漸進的な中間合同を提唱したのである（「無産党全合同は可能なるか」『改造』第一二巻第五号、一九三〇年)。

この現実的な森戸の中間合同は、山川均《やまかわひとし》から同じ『改造』誌上で批判を受けたが(山川均「無産政党合同の可能と不可能」)、七月発行の同誌で山川の単一無産政党論を非現実的であると再批判している(「無産政党中間合同とその展望」『改造』第一二巻第七号、一九三〇年)。森戸は、ドイツにおいて共産党が統一運動の機運を「特定の方向に導いて、自党の発展に利用し」「共同戦線の(共産党の)目的は社会民主主義幹部の暴露と、その支配下にある大衆の奪取」であったことを知っていた。単一無産政党論を、共産党を含む合同ととらえていたのである。

昭和五年七月二十日、日本大衆党、社会民衆党から分裂した全国民衆党などによって全国大衆党が結成された。この中間派合同、全国大衆党の成立にあたっては、高野岩三郎とともに森戸が指導していた。

それを裏づけるのが、昭和五年三月十五日消印の、日本大衆党の河野密《こうのみつ》からの書状である。この書簡の最後で河野は「合同問題は夫婦喧嘩の仲裁と同じでありますのでどうぞ癇癪をおこさずに面倒を見て頂きたいことを呉れ丶もお願い致します」と記している(昭和五年三月十五日付、森戸辰男宛河野密書簡、A)。

大原社会問題研究所長事務代理になる

そうしたなか、高野岩三郎が胆石病で入院することになり、森戸は昭和五年六月から約三年間、大原社会問題研究所の所長事務代理を務めることになった。

次女のゆか誕生

なお、この年二月四日には、和子夫人とのあいだに、次女のゆかが生まれている。

この代理期間の昭和六年から、大原社会問題研究所では月次講演会が開かれるようになり、森戸は一月十三日、第一回目では「我国における女子職業の範囲及動向」を行なった。以降、第五〇回（昭和十一年三月十七日）まで、六回講演を行なう。

全国労農大衆党大阪府支部連合会の顧問

中間派の全国大衆党は、左右両派に対して熱心に統一を呼びかけ、昭和六年七月五日には、左派の労農党らと合同して全国労農大衆党が結成された。森戸は全国労農大衆党大阪府支部連合会の顧問となった。

四　満洲事変とその影響

満洲事変

アメリカの世界恐慌をもろに受けた日本は、深刻な経済危機におちいった。この昭和恐慌のさなか、昭和六年（一九三一）九月十八日、日本の大陸政策の先兵であった関東軍は、南満州鉄道の線路を自ら爆破し（柳条湖事件）、五ヵ月あまりで満洲（中国東北部）全土を占領した（満洲事変）。国民は過熱する新聞による戦争報道のなかで、鬱屈《うっくつ》した感情を外に向けていった。

全労によるストライキの敗北

恐慌下の大阪で、全国労働組合同盟（全労）はストライキ闘争を行なった。組織人員は増えたものの、昭和五年の大阪琺瑯《ほうろう》争議、翌六年の住友製鋼所争議などでの敗北により、組織拠点に大きな打撃を受けた。満洲事変報道にともなう国民的熱狂と、時局を理由とする官憲の弾圧のなか、戦闘的争議の拡大はむずかしくなっていった。全労大阪連合会では、戦闘的闘争をおさえ、消費組合の拡充などの建設的事業を展開して組織の維持を図っていった。

進む右派と中間派の戦線統一

昭和七年七月二十四日、社会民衆党と全国労農大衆党が合同して社会大衆党が結成され、九月には日本労働総同盟と全国労働組合同盟等の協議体である日本労働組合会議が結成されるなど、右派と中間派の戦線統一が進んだ。大阪でも昭和八年八月、全労大阪連合大会で右派に接近する方向を明らかにした。

こうしたなか、森戸は昭和七年から八年にかけて風邪から腎臓病を併発して自宅で静養していたが、大阪労働学校には一度も休講にせず講義を行なった（昭和八年二月四日、大阪労働学校「校報」第二二号、A）。

昭和八年二月二十日には、大阪市南区精華小学校講堂での大阪都民新聞社主催講演会で、中間階級がファシズムに流れやすい性質をもち、それが実は資本家を利するものであり、中間階級の利害に合致しないことを主張した。そのうえで、無産階級と連携の必要性を説いた（森戸辰男述「中小商工業者は何処へ行く」大阪都民新聞社、一九三五年二月）。

恐慌下、森戸は組合の組織維持を第一に、その整備に乗りだしていた。昭和九年三月刊行の『中央公論』に「社会主義思想の進展」を書き、反動の象徴としてナチスを取り上げ、そのナチスですら、国民社会主義独逸労働者党との正式名称から「社会主義」を標榜しており、アメリカの統制経済についても同様であると述べた。さらに、日本の急進的国粋主義ですら「歪曲された形においてであるにせよ、その（社会主義の）進展を意味する」とし、「自己の陣営における分裂の創痍を回復すると共に中層的大衆をも包容しうるところの思想的・組織的統一を確立すること、これこそ今日、無産階級運動に課せられた最も困難な歴史的偉業である」と主張した（『中央公論』第四九巻第三号、一九三四年）。

森戸は、恐慌のなかで全労のストライキ敗北と、満洲事変後の大衆動向を踏まえ、国粋主義化を警戒しつつ、右派・中間派の合同による労働組合活動の維持と労働者の保護を第一に考えていたのであった。

五　「学問の自由」——瀧川事件・天皇機関説問題——

森戸の瀧川事件の見方

昭和八年（一九三三）四月には、京都帝国大学法学部の瀧川幸辰《たきかわゆきとき》教授の著書二冊（『刑法講義』

『刑法読本』）が、内乱罪や姦通罪に関する見解が危険思想であるとの理由で、発売禁止処分になった。そして文部省は瀧川を、京都帝国大学法学部教授会・小西重直総長の反対を押し切って、文官分限令をもって休職処分にする事件が起こった。

この瀧川事件に最も早く反応したのが、河合栄治郎であった。「大学顚落」論争後、河合は昭和七年にドイツのベルリンへ再留学し、社会民主主義研究を行なうとともに、ナチスに対する洞察から、国家社会主義批判を展開し（「国家社会社会主義判批」を昭和七年一月に『帝国大学新聞』に四回に分けて掲載）、帰国後、瀧川の休職発令の三日後の五月二十九日付けの『帝国大学新聞』に「大学自由の問題」を発表した。河合はこの論文で「之は一京大法学部の問題でもなければ、一帝国大学の問題でもない。正に帝国大学全体の問題であり、更に全大学教育界の問題」であると述べた。

森戸も「「大学顚落」の新段階」と題する論文を、昭和八年七月の「京大紛擾事件総評」とする『中央公論』夏季特集号（第四八巻第七号）に掲載した。そのなかで、瀧川事件の本質を、行動ではなく、純然たる学説思想が問題にされたことで、弾圧の対象がマルクス主義から自由主義となった、大学における学問の自由の防衛戦は、マルクス主義防衛の第一陣地より、自由主義防衛の第二陣に移った、とした。そして、

全く河合教授の提説せられるところに唱和して、全国諸大学の教授が――官公大学も

私立大学も、文化科学部も自然科学部も共に――このたびの大学自治の侵犯が単に京都帝国大学全学の問題たるに留まらず、我国全大学界の問題たることを認識されるに至らんことを切望するものであるが、さらに一歩を進めて彼等がこの認識に照応する実践を以て反動勢力の侵犯に対して大学の自由を擁護するために結束蹶起せられんこと、これ筆者の――遺憾ながらかすかなると附言せざるをえない――希望であり、期待である、

と述べ、本論を通じて河合栄治郎・自由主義者との連携の必要性を主張した。

この主張の背景には、恩師の新渡戸稲造の死があった（昭和八年十月十五日）。森戸は追悼録に「晩年の先生が憂世愛国の至情に燃えつつ、しかも殉教の決意を以て平和主義を確持して軍国主義の克服に精進されたこの心事は、惰夫を立たしめるものがあるではないか」「私は自ら顧みていつも冷汗背を浸すのを覚える。吾々知識階級者の怯懦と意気地なさとお上品さと日和見主義とかこの重大な先生からの付託を有耶無耶の裡に葬り去りつつありはしないか」と書いていた（前田多門・高木八尺著『新渡戸博士追憶集』三二一頁）。軍国主義との対決を意識していたのである。

一方、河合栄治郎は、昭和八年十一月には「五・一五事件の批判」（『文芸春秋』）を著し、国家主義・軍部に対して正面から批判を行なっていった。

天皇機関説と国体明徴声明

昭和十年（一九三五）二月十八日には、貴族院で男爵議員の菊池武夫（南朝功臣の家系、陸軍中将）が、美濃部《みのべ》達吉《たつきち》東大名誉教授の唱えた憲法学説を攻撃する、「天皇機関説問題」が起こった。この学説は、大日本帝国憲法下、統治権は法人たる国家にあり、天皇はその最高機関として、内閣をはじめとする他の機関からの輔弼を得ながら統治権を行使する、とするもので、当時の通説だった。

当時、貴族院議員であった美濃部は二月二十五日、貴族院で反論したものの、結局は著書三冊が発禁処分となった。さらに政府は八月三日に国体明徴声明を出し、統治権の主体が天皇にあることを明示した。美濃部は九月十八日、貴族院議員を辞職した。政府は十月に、ふたたび国体明徴声明を出した。

森戸の講演内容

そのようななかにあって、森戸は十月九日、東大経済学部の経友会の招きに応じて、「教学の刷新と大学の自由」と題した講演を行なった。当日、司会を務めたのは河合栄治郎だった。河合は事前に（九月十六日）森戸へ宛てて、

> 経友会の集会部で学生委員の希望もあり私も至極賛成なのですが学兄に帝大で御講演をお願ひ致したひのです。御存じの通り大学の自由が危機に瀕してゐる時に何よりも大切なのは学生に大学自由への意識を不断に喚起して置くことだと思ひます。此の際学兄に是非御ひでを熱望するのですが如何でせうか（中略）

若し東京で御宿が必要でしたら拙宅で喜んで致しませう。何にしても大学の為に又私としても久振りに御目にかゝりたひといふ私情から折入って御頼み致しますとの書簡を出していた（昭和十年九月十六日付、森戸辰男宛河合栄治郎書簡、A）。

森戸はこの講演会で、先に触れた昭和八年に発表した論文「「大学顚落」の新段階」の内容を紹介し、美濃部達吉の天皇機関説までが排撃されるというように、自由主義憲法学説まで弾圧が進められていると述べ、瀧川事件・天皇機関説問題などによる国体明徴運動の進行により、大学の自治が危機に瀕していると述べた。このようななかで大学が「林の如き静けさ」のなかで無力に屈服していることを指摘し、改めて「大学は奪はれた自由の恢復に努めると共に、いまだ残つてゐる自由を断乎として擁護」することを求めた（森戸辰男「教学刷新と大学の自由」『中央公論』第五〇巻第一二号、一九三五年）。

しかし、森戸が「「大学顚落」の新段階」で唱和した河合栄治郎の「提説」は、彼の「希望」「期待」にもかかわらず実行されなかった。河合に対するマルクス主義左派からの攻撃は相変わらず続き、大学人の多くは、無力にも沈黙したままであった。

六　大原社会問題研究所時代の研究——昭和戦前期——

婦人労働問題

ところで日本では、繊維産業と炭鉱で働く婦人労働者の労働条件が劣悪であることが国際的な非難を浴び、労働問題のなかでも婦人労働問題が先鋭化していた。大原社会問題研究所は、設立者の大原孫三郎が倉敷紡績の社長であったことから重点的に調査研究を行なっていた。大正七年（一九一八）には、大原社会問題研究所から労働衛生部門を独立させて、東京帝大医学部卒業後に労働生理学研究を行なっていた暉峻《てるおか》義等《ぎとう》らが、倉敷に倉敷労働科学研究所をつくっていた。

森戸も東大時代以来、大原社会問題研究所に移っても婦人労働問題を研究した。そもそも博士論文はこのテーマで書くことを考えていた。昭和五年（一九三〇）、東京で開かれた国際統計会議の第一九回大会では、〝Female Labor in Japan〟との題目で報告を行なった。報告をその年十二月、『大原社会問題研究所雑誌』（第七巻第三号）に、「日本における女子の職業的活動——その範囲及び動向——」と題して発表した。

この報告・論文は、一〇年前となる大正九年（一九二〇）に実施された第一回の国勢調査と東京市などの民勢調査を駆使したもので、日本における婦人労働を総体として分析した最初の研究であった。森戸は、第一次世界大戦中から女性の社会進出が進んだ欧米と違って、日本では農業婦人が有業女子の六五・八％をしめ、工業部門でも紡績業に従事する婦人労働者が工場労働者の八一・九％にものぼっていること、そして有業女子の大部分が「家庭の人」であり、農業国を脱しておらず、「近代的職業及労働婦人」の多くが「結婚前数年間の過渡的」なものであり、「軽易にして長年の準備教育又は熟練を必要とせざる、多くの場合機械的な、且つ責任と創意と臨機の処置とを必要とすること少き、職業に従事している」とする。

先に触れたように、森戸はエレン・ケイの影響を受け、母性の保護と、婦人の社会的・経済的独立とを両立させようと考えていた。一方で、日本型の「良妻賢母」に取り込まれぬよう労働条件を改善し、男女間の平等をいかに進めるかを課題としていた。

内閣統計局家計調査、農林省農家経済調査、商工省工場統計表、大正十四年国勢調査などを利用した論文「婦人労働の推進力」では（『大原社会問題研究所雑誌』第九巻第一号、一九三二年）、第一次世界大戦後の婦人労働の拡大・定着の原因を、適齢期の女子人口が男子より過剰であるためとし、それは婚姻率の減退・晩婚化によって労働年齢期の婦人の増加、および「自足的家庭経済の崩壊」（農家）によることに求めている。さらに、都市新旧中間層の貧窮化による就労の必要性と、婦人の社会的覚醒と生活向上の要求からする社会進出という事態が、婦人労働を推し進めたとみていた。

日本の場合、特に産業合理化の過程で婦人労働が推進されたが、それは「より従順にして廉価な搾取対象として」婦人労働の「大衆的使用」がうながされた結果であり、男子労賃に較べて驚くべき低賃金であり、その理由として性的差別、組合組織率の低さ、個人賃金であることを国際的に比較しつつ指摘した。

さらに森戸は、「職業婦人の労働生活条件―婦人労働問題調査の一節」(『大原社会問題研究所雑誌』第一〇巻第一号、一九三三年)という論文のなかで、産業部門で働く職業婦人を旧式と新型に区分した。そして、新型職業婦人(事務員・店員・タイピスト)については、「中産階級出の年少未婚の女子がこの階級の疲弊と生活欲望の増進に促されて、結婚前の数年間に亘ってなすところの営利活動」であると分析した。このため、新型職業婦人も「家庭内余剰労力の家庭利用」であり、「従順な労働力」にすぎず、職業婦人として自立していないことを明らかにしている。

社会主義とキリスト教

森戸自身がそうであったように、日本の場合、キリスト教の影響をうけ、その後、社会主義者となった者が多かった。しかし、宗教を否定するマルクス主義が入ってくると、マルクス主義を受けいれた日本の社会主義者は、キリスト教と対立することになる。

森戸は、キリスト教と社会主義の結合と分離に関心を持ち、社会思想史として分析を試みた。それは、マルクス主義の影響をうけた自らの思想の遍歴を追うことでもあった。昭和六年（一九三一）、森戸は大原社会問題研究所で「我国における社会主義運動の生成と基督教との交渉に関する一調査」を研究テーマに選び、社会主義者のアンケート調査を行なった。そして一二五名の回答の分析結果を、「我国における社会主義運動と基督教との交渉」と題して『月刊大原社会問題研究所雑誌』に掲載した（第三巻第八号、一九三六年）。

この調査によると、社会主義の生成に関与した者の多くが、成長期には大都会に居り、そのほとんどが農村生活にあきたらない進取的青年であり、中産階級・知識階級の出身だった。全体の約七割がマルクス主義に関心を持ち、そのきっかけはロシア革命であった。社会主義者でキリスト教徒でもある者の年齢構成は高く、知識階級に多い。

キリスト教関係者では、信仰保持者の場合は、マルクス主義者より非マルクス的社会民主主義者が多く、離信者ではマルクス主義者が多いことが統計的に明らかにされている。離信者のほとんどが新教（プロテスタント）であり、離信率は教理に屈曲性の乏しい聖公会が最も高く、自由神学の立場に立つユニテリアン（プロテスタントの一派で、キリスト教正統派教義の三位一体説を否定し、神の単一性を主張する）は最も低い、という特色を明らかにした。離信者のキリスト教に対する態度は、マルクス主義者の約半数が「積極的排撃」であるが、そのマルクス主義者にしても、半分が無関心、ないし消極的反対にとどまり、約八割の者が社会主義的関心の発生に際して、キリスト教的生活が与えた影響を認めている。同時に、離信者の約七割の者が、社会主義的関心がキリスト教信仰の喪失に導いたという。無産階級運動とキリスト教との矛盾性については、「基督教と社会主義とを分つところのものは、両者の追及する社会理想であるよりは、むしろその実現手段にあるらしい」とした。キリスト教徒が社会主義的無産階級運動に参加することが望ましいか、という設問には、肯定する者のほうが多いが、マルクス主義的無産階級運動へのキリスト教徒の参加については否定する者の方が多かったことを統計的に明らかにした。

森戸のキリスト教と社会主義との史的研究

森戸は、昭和四年の岩波講座『世界思潮』「無政府主義」、および昭和八年の岩波講座『哲学』「我国における研究自由闘争史の一節」でも見られるように、歴史的な分析を通じて思想の原思想・原理論に近づくという方法論をとっていた。そしてこの調査をもとに、未完となったものの、先の大原社会問題研究所における調査を通じて現状を把握した「我が国社会主義史への瞥見（一）」（『大原社会問題研究所雑誌』第一〇巻三号、一九三三年）と「新興大衆運動における基督教的勢力の復興」（『月刊大原社会問題研究所雑誌』第三巻第二号、一九三六年）を発表した。

前者のなかで森戸は社会主義成立を、徳富蘇峰が民友社を設立した明治二十年（一八八七）

に求め、キリスト教と社会主義との協力共存関係を明らかにする。また自由党左派の運動をへて、労働組合期成会（明治三十年七月）、社会主義研究会（明治三十一年十月）の結成をもって、明治社会主義が成立したとする。労働組合期成会は、米国労働総同盟を模範とし、幹部にもキリスト教徒が多数存在していた。傘下の日本鉄道機関手を組織した矯正会が、禁酒主義とキリスト教入信を行なっていたことでも明らかである。社会主義研究会でも、キリスト教（ユニテリアン主義を含む）の影響は圧倒的であり、ユニテリアン協会の機関誌『六合雑誌』に毎号「社会研究会記事」として社会主義論文が掲載されたことから、教会の一事業として社会主義研究が存在しているようにみえるほど、関係が緊密であったと述べている。

平民社の成立と分岐

明治三十四年（一九〇一）四月、政府によって即日禁止された社会民主党でも、キリスト教の影響は圧倒的であった。明治三十六年十一月の『平民新聞』の創刊、平民社の設立から、唯物論的傾向が強まったものの、政府の抑圧により、キリスト教派と反宗教派に分岐し、前者は安部磯雄《あべいそお》・木下尚江《きのしたなおえ》・石川三四郎《いしかわさんしろう》を幹部とする雑誌『新紀元』（明治三十八年十一月創刊）に、後者は幸徳秋水《こうとくしゅうすい》・堺利彦《さかいとしひこ》の後援のもと、西川光二郎《にしかわこうじろう》・山口孤剣《やまぐちこけん》の編集する週刊『光』（明治三十八年十一月創刊）に結集していった。両者は、社会改造における人心改造と階級闘争、社会制度改革の手段について意見の相違があったものの、大同団結して、明治三十九年二月に日本社会党を結成した。明治四十年一月に『日刊平民新聞』が創刊されるなかで、キリスト教社会主義勢力は決定的に退潮し、幸徳秋水のアナキズム的直接行動論、普通選挙・議会対策・改良主義の立場、堺らマルクス主義者の「直接行動・議会政策併用」という三つ巴の対立に移行した。そして大逆事件によって冬の時代を迎えたという（「我が国社会主義史への瞥見（一）」『大原社会問題研究所雑誌』第一〇巻三号、一九三三年）。

大正期の社会運動

大正期の社会運動は、第一次世界大戦勃発後の大量の「新人」によって担われ、その中核的な役割を担ったのはキリスト教徒であった。森戸は代表的人物として、大正元年（一九一二）八月に創設された友愛会（次第に社会主義化し、大正十年〈一九二一〉に日本労働総同盟に改称）の鈴木文治《すずきぶんじ》と、キリスト教社会主義的教団「イエスの友の会」指導者の賀川豊彦《かがわとよひこ》を挙げている。そして吉野作造《よしのさくぞう》・大山郁夫《おおやまいくお》というキリスト教徒による大正デモクラシー状況下、大正十五年十二月に社会民主主義政党だった社会民衆党が樹立されたことも、キリスト教的要素が強いものであったと指摘する。大阪労働学校のように、学校にまで組織化し、維持経営にまで責任を果たしたのも、賀川豊彦を代表とするキリスト教徒だった（「新興大衆運動における基督教的勢力の復興」『月刊大原社会問題研究所雑誌』第三巻第二号、一九三六年）。

森戸は、代表的社会主義者をキリスト教との関係から、①キリスト教から社会主義に入り終生両者を信奉した安部磯雄、②片山潜《かたやません》・大杉栄《おおすぎさかえ》のようにキリスト教にひかれ社会主義者となったのち、信仰を捨てたタイプ、③社会主義を捨て信仰にもどった木下尚江、④自由民権運動の流れから入り、終始キリスト教に批判的だった堺利彦・幸徳秋水、と四類型化し、個別に分析している（「著名社会主義の対基督教関係に関する告白（一）（二）」『月刊大原社会問題研究所雑誌』第二巻第三号、第二巻第四号、ともに一九三五年）。

この、調査に基づくキリスト教と社会主義との史的研究は、昭和初期にも及ぶはずだったが、『大原社会問題研究所雑誌』の停刊により断念している。停刊の理由は、大原社会問題研究所の東京移転（後述）にともなう財政難であった。

第五　東京への移転と戦時下の大原社会問題研究所

一　激減する労働学校

満洲事変後に労働学校が激減

昭和九（一九三四）・十年の両年、森戸は、大阪労働学校における教育実践と、労働者教育問題に集中した。背景には昭和六年九月に起きた満洲事変以後、労働学校数が激減している事実があった。

昭和九年六月十二日、大原社会問題研究所月次講演会で、森戸は「我国における労働者教育」との題目で講演を行なうとともに、八月刊行の『月刊大原社会問題研究所雑誌』の第一巻第二号から、第四号までの三回にわたって同じ題名で、講演草案にもとづく論文を連載した。

労働学校の不振理由

この論文で、労働者運動における文化運動としての労働者教育、および労働学校の重要性を説くとともに、満洲事変後、労働学校が振るわない理由を、校数が激減し（特に大学関係の労働学校）学生数も減少していること、肉体労働者から未組織労働者やサラリーマン・市民層の割合が漸次増加していること（女性も参加していた）、独立系労働学校の開講期間が短縮されたのに対して「官的労働者教育機関」が発達してきたこと、をあげている。さらに不振の直接原因として、経営面では、労働組合の分裂にともない経営主体が消滅していることをあげた。資金難による行き詰まり、組織面でも講師難・校舎難と生徒募集難を列挙している。官憲・事業主らからの圧迫とともに、学生の厳しい労働環境も指摘した。

森戸は労働学校振興策を、反動・恐慌という「流れに抗して」、労働団体が労働学校に対する関心を高め、教課と教授法を改善し、「学校から労働者の方へ進出する工夫」などの「ただ不断の努力によつて切り拓かれる荊棘の道が、やがて吾々を勝利の山頂に導きうる」と述べていた。このために昭和十年二月には、イギリスにおける協同組合運動の指導原則としての「ロッチデール原則」を紹介するジョン・H・ニコルソンの論文を「英国における労働者教育」として訳出してもいた。

二　大原社会問題研究所の存続問題と二・二六事件の発生

大原社会問題研究所での活動

昭和九年（一九三四）四月、大原社会問題研究所は社会統計学院を付設し、委員長に高野岩三郎が、監事に森戸が就任し、社会統計講習会、経済統計講習会、社会事業講習会、簿記講習会、協同組合講習会などが開かれ、森戸は経済統計講習会で労働統計を担当した。

大原社会問題研究所の存続問題

そうしたなか昭和十年九月三日、大原社会問題研究所の出資者の大原孫三郎から改めて関係を絶ちたい意向が伝えられた。すでに昭和三年の三・一五事件後に、出資打ち切りの意思を示されながらも、棚上げ状態のままここまで存続してきたが、十月三日に大原と、所長の高野岩三郎、そして大原社会問題研究所の評議員でもあった柿原政一郎《かきはらせいいちろう》（衆議院議員、宮崎市長などを歴任）による三者会談が開かれ、直接、廃止の意向が伝えられた。大原は、社会改良の実践機関として研究所を設立したが、マルクス主義研究機関化したことと、倉敷紡績の業績不振もあり、撤退を決意したのである。

十月十日、大阪で委員会を開催し、高野は大原社会問題研究所の東京移転を提案し、全所員は退職し、森戸と権田保之助《ごんだやすのすけ》が大原孫三郎との交渉にあたることになった。森戸は交渉委員の中心として、東京移転後に大原氏が出資する金額とその期間、退職手当や移転費などについて粘り強く交渉し、昭和十一年七月二十五日に、移転後毎年二万五〇〇〇円、四ヵ年継続支出、研究所の土地建物の売却代金をもって退職金・移転費・新事務所購入費などにあてることで合意を成立させ、覚書が交換された。

基本財産を低く見積もることで、大原社会問題研究所の運営資金を得るべく交渉した森戸は、東京移転の書籍などの荷造り・発送、大阪府社会事業会館へ図書など七万余冊と、土地建物の譲渡交渉（実質的には売買）も担当した。そして研究所関係者の再就職斡旋なども森戸が担当した（昭和十一年十一月二十五日から昭和十二年九月二十九日付、久留間鮫造宛森戸書簡二一点、A）。

全日本労働総同盟の結成

この間の昭和十一年一月十五日、全国労働組合同盟（全労）と日本労働総同盟（総同盟）が合同して、全日本労働総同盟（全総）が結成され、二月二十日投票の第十九回衆議院総選挙では、社会大衆党が一八議席を獲得した。この総選挙での二大政党の議席数は、民政党が二〇五、政友会が一七五を確保した。

二・二六事件

この投票から一週間も経たない二月二十六日、急進的な陸軍青年将校が一四八三名の下士官・兵を率いて要人を襲撃した二・二六事件が発生した。大蔵大臣の高橋是清《たかはしこれきよ》、内大臣の斎藤実《さいとうまこと》らが殺害され、侍従長の鈴木貫太郎《すずきかんたろう》は負傷した。

事件前、森戸は、陸軍省が昭和九年十月に発行したパンフレット『国防の本義と其強化の提唱』に対し、発表することができなかった原稿のなかで、政治進出する軍部の社会的綱領の背景には、社会主義的な、そして反資本主義的な内容が含まれており、それが民衆の間に軍部に期待感をもたせた根本的な原因がある、と分析していた(「軍部社会主義論」、B)。結論で森戸は、軍部の国家社会主義「軍部社会主義」がそのままであれば、勤労国民・無産運動に対する脅威である、としていた。二・二六事件は、そのようなかで起きた。

事件翌月の三月には、森戸は「ラッサアルの政治的遺産」を著した。ラッサール(Ferdinand Lassalle)をドイツ社会民主党の創設者として高く評価しつつも、その現実政策的実効主義が、ビスマルクとの共闘と「侵略的・好戦的民族主義への転換」となったことを例に、国家観と国民観の理論的弱さを指摘した。そして、「マルキシズムの限界を逸脱するとき、それは急速にブルジョア的改良主義かファッショ的国家社会主義かへの転落の道を辿る」として戒めた(『改造』第一八巻第四号、一九三六年)。

三　大原社会問題研究所の東京移転と大阪労働学校の閉鎖

移転前の最後の講演

二・二六事件よりおよそ一ヵ月たった昭和十一年（一九三六）三月十七日、森戸は大原社会問題研究所の第五〇回月次講演会で、「総選挙における無産政党の進出」と題して講演した。自身の講演としては六回目で移転前、最後の講演であった。

四月には、この年二月二十日投票の第一九回衆議院総選挙を分析した「無産政党の躍進」を『中央公論』に発表した。二・二六事件により無産政党の躍進が消しとぶ可能性を強く意識したうえで、無産政党進出の理由を、①無産政党の「主義主張と不断の闘争の結果が最近の社会情勢の下に収穫」されたこと、②「既成政党に対する反感に動かされている小市民と、主としてファッショに対する反感に支配されている知識階級とは、必ずしもその共鳴し支持する条項を同じくしないとはいへ、両者が無産政党と無縁の衆生でない」こと、③無産政党運動自体、特に「合法政党は社大党に統一され、組合戦線また労働組合会議の結成と全労総同盟の合同により統一に巨歩を踏み出した」ことにある、と述べている（『中央公論』第五一巻第四号、一九三六年）。

また、この年十二月に『改造』に掲載された「国際主義と無産階級」のなかで、森戸は「非常時」「準戦時下」にあっても、世界平和のため国際主義の重要性を説き、そして国際連盟に基づく国際協調と着実な社会主義発展を信じていた（『改造』第一九巻第一号、一九三六年）。

デモクラシーを信頼し、国際主義とともに「専制と独裁」に対抗するものとして無産政党に期待し、近衛新党運動を「ファッショの穏和化によつて実現された金融資本との抱合にほかならぬ」と批判。同時に国体明徴が国民的対立をうながし、「国民精神の固定化・反動化・狭隘化」につながるとして注意を喚起し、無産戦線の分裂に警鐘を鳴らした。森戸は、労働者階級にのみ基盤を置くのではなく、中間階級も含めた無産階級の形成を説く。それこそが、資本主義に対する真の「革新」であると主張した（「革新勢力としての無産階級」『中央公論』第五二巻第五号、一九三六年）。

森戸は、都市化のなかで急増するサラリーマンにも着目していた。昭和十一年七月一日付け『大阪毎日新聞』に、「サラリーマン諸君の間には昔の夢を追って支配階級に属し、労働者よりは一段高い地位に立つ階級だとの考えが残っている、生活は純然たる労働者階級に低下しながら、意識だけが支配者だというこのギャップが現代サラリーマンの悲劇であり、問題もそこに」あると述べ（「サラリーマン組合夢を見過ぎる中間層」）、賀川豊《かがわとよ》彦《ひこ》・河上丈太郎《かわかみじょうたろう》・杉山元治郎《すぎやまもとじろう》（全国農民組合委員長）・田万清臣《たまんきよおみ》（社会党衆議院議員）・亀井貫一郎《かめいかんいちろう》（社会民衆党衆議院議員）・西村栄一《にしむらえいいち》らとともに、日本俸給者協会の設立に関与した。

告別講演会

ところで、大原社会問題研究所として東京への移転を告別する講演会を行なったのは、昭和十一年十二月一日のことである。午後六時半からの朝日会館公演場での講演には、聴衆一三〇〇人が集まった。

昭和十二年二月七日から九日までで図書などの発送は終了し、残務処理に一応のめどをつけ、二月十五日には大阪中之島の新大阪ホテルで、大原社会問題研究所高野岩三郎主催のおわかれの挨拶の会・流列会が開催された。森戸は久留間鮫造に「地味なしかし快い会としてすませました」と書き送っている（昭和十二年二月十六日付、久留間鮫造宛森戸辰男書簡、A）。

そうして大原社会問題研究所は新事務所を、昭和十二年四月十六日に、東京府淀橋区柏木四丁目八九六番地の山内多聞画伯旧邸を増改築して開所した。

大阪労働学校の労働組合講座

この大原社会問題研究所の東京移転が、大阪労働学校に与えた影響は大きかった。昭和六年の満洲事変以後、労働学校数や学生数が激減したが、大阪労働学校では、研究所の移転話が出る前、この状況を打開すべく、在阪の無産団体に呼びかけて「労働者教育について」の懇談会を開き、昭和十一年六月、全国の労働組合を対象に「労働組合講

大阪労働学校夏季講座修了記念（昭和12年8月10日）（広島大学文書館所蔵）

座」を開くことにした。この講座開催のため、第四一期は期間を短縮し、一期三ヵ月分の授業料も二円に減額した結果、新入生は倍増した。この労働組合短期講習会は、昭和十一年六月十四日から三日間、開催された。

大阪労働学校は第四三期の途中、建設にあたり森戸も五〇〇〇円を寄付した全国労働会館（大阪市西淀川区海老江上町）の運営を、大阪労働教育会館が委託事業として行なうこととなった。それにともなって昭和十二年三月十三日、全国労働教育会館内に移転した。その資金は、大阪労働教育会館の設立と同じく、森戸の妻の和子からの寄付金一万円をもとに、組合員の拠出金によってまかなわれた。

しかし七月に日中戦争が開始されると、第四四期と第四五期は短期講座となり、その年十月開講の第四五期が最後の学期となってしまった。直接の理由は、大原社会問題研究所の東京移転である。

大阪労働学校の閉鎖

昭和十三年一月十一日の新期第一二回経営委員会で、大阪労働学校は生徒募集を中止し、当分休講することになった。そして二月三日、東京で開催された第六回大阪労働教育会館理事会で、大阪労働学校の閉鎖が正式に決定され、森戸辰男によって在阪の関係者に伝えられた。

森戸の東京移住

森戸はその後も、全国労働会館内の大原社会問題研究所大阪事務所で大阪府との手続き（昭和十二年三月二十日に終了）を含め、移転後の残務処理すべてを担当した。森戸が東京に移ったのは、昭和十三年五月である。

森戸の恋

大原社会問題研究所の東京移転に際して、森戸個人の問題が新聞でセンセーショナルに報じられた。それは、妻の和子と二人の子（長男の望、次女のゆか）・母チカと森戸が離婚的別居をし、昭和四年春に知り合った婦人問題研究者の楳原《うめはら》岸子（本名、きし）と恋愛し、岸子と、その間に生まれた娘の洋子（昭和十年一月二十二日生まれ）とともに、東京に移ることになったとするものだった。

森戸は、「私の全責任です。如何なる非難も甘受する覚悟です」と語り、大原社会問題研究所の辞任も考えたが、「しみじみと人生の深さを体得させてくれた貴い試練であったと思います」と述べている。一方、芦屋に残ることになった和子夫人は、「子供や母の為にも今の処これ以上の道はないと存じかうしております」と述べ、実父の遺産から、大阪労働教育会館増改築資金や大阪労働学校の移転費用などとして二万円寄附し、森戸が主宰する日本俸給者協会の維持費を支出するなどした。昭和十一年十一月三日付け『読売新聞』は、「別居後も夫の仕事を援助している態度は今の世に珍らしい天晴れな貞婦と知る人を感激させている」と評している。

四　日中戦争下の知識人

日中戦争勃発

昭和十二年（一九三七）七月七日、中国北京で起こった盧溝橋事件に端を発する日中戦争の勃発は、森戸の意図を打ち砕いた。十月には、全日本労働総同盟はストライキ絶滅と戦争支持を宣言し、社会大衆党も、十一月に「国体の本義」にもとづいて運動するとした新綱領を採択した。戦争によって国民は高揚し、堰を切ったように戦争協力に流れていった。

満洲事変以後、戦争協力に流れる国民意識と軍の反資本主義的宣言、近衛新党の運動を受け、労働運動が退潮するのを、右派と中間派の合同、中間階級との提携、知識人階級への自由主義擁護によって防ぎ、国際協調とデモクラシーを守ろうとする森戸の考えは、実行することが難しくなった。

日中戦争の開始は、国家総力戦への移行を意味し、国家社会主義的な全体主義を国民に強いるものであった。

矢内原事件・第二次人民戦線事件

戦争に反対した知識人のひとり矢内原忠雄《やないはらただお》経済学部教授は、盧溝橋事件直後に『中央公論』（第五二巻第九号）に論文「国家の理想」を掲載したことがもとで、十二月に東大を追われることになった（矢内原事件）。翌昭和十三年二月には、これまで合法的存在であった労農派（非共産党系マルクス主義者）の学者や社会民主主義者たちにまで治安維持法の弾圧対象が拡大し、三八名が一斉検挙される第二次人民戦線事件と呼ばれる事件が起きた。このとき大内兵衛《おおうちひょうえ》教授、有沢広巳《ありさわひろみ》・脇村義太郎《わきむらよしたろう》両助教授が検挙され、起訴とともに東大を休職となった。そしてこの年十二月、日本無産党と日本労働組合全国評議会は解散させられた。

森戸は昭和十三年（一九三八）四月、ロバート・オウエンとウィリアム・モリスという二人の社会主義者を教育家とする著書『オウエン　モリス』を、岩波書店の大教育家文庫から出版した。先にも触れたが（六三頁）、教育を社会革新の精神的一翼と把握していた森戸は、オウエンとモリスが「教育普及の現実的促進者」であり、特に勤労大衆への教育の普及に努力したことを重要視した。また、二人が現実生活に即した全人的教育を唱導し、諸民族の国民性とその文化的特徴とを尊重して労働と教育との結合を実践したこと、しかも彼らが自由交通による民族親善と世界平和と世界文化の繁栄を理想としたことを高く評価したのであった。

「平賀粛学」

そうしたなか、十月に河合栄治郎《かわいえいじろう》も著書『ファシズム批判』（一九三四年刊行）などが発売禁止処分となった。このことが契機となって、河合と東大経済学部内で対立していた国家主義者の土方成美《ひじかたせいび》教授とのあいだで派閥抗争が激化し、翌年に平賀譲《ひらがゆずる》東大総長が経済学部教授会に諮ることなく両者を休職とし、反発した経済学部教授・助教授陣らが辞表を提出するまでに至った（「平賀粛学」）。昭和十四年二月に出版法違反で起訴された河合は、翌年四月から徹底的な法廷闘争を行なっていく（河合は昭和十九年二月十五日に急死）。

戦時体制下の発言

河合が発禁処分を受けたのと同時期、日中戦争開始以降は時局評論を一年あまり控えて沈黙していた森戸は、『中央公論』に「知的動員と知識階級」を発表した（『中央公論』第五三巻第一一号、一九三八年）。長期化が想定される戦争のなか、長期戦を「同時に長期建設」と理解し、「事変の深刻化に伴うて漸次その重大性を認識し、之を逃避せず之に圧倒されず、真向からこれと思想的に取り組んで自己了解を遂げんと励み且つ悩」み、

「平和・自由・文化の愛好、人道的・社会的志向、国際的なるものへの関心」を維持しようとする立場を明らかにした。森戸はマルクス研究を続けるために、逼塞するという立場をとらず、労働者と知識人の立場を擁護し、その生活が少しでも改善することを願って、あえて発言しつづけることを選択した。

日中戦争が勃発する二年ほど前のことになるが、昭和十一年七月五日、森戸は聖公会大阪教会で「現代社会と基督教会」という講演を行ない、プロテスタントに「theocratic type の伝統に忠実ならんがため、もう一度改革的基督教に甦生する道」、具体的には「人格の尊厳と自由の問題」「生活の安定の問題」「国際平和の問題」の三点を求め、その道を進歩的民衆とともに歩むことを求めた。それは、プロテスタントに自らの姿を仮託した森戸の進むべき道であったのではないだろうか（森戸辰男「現代社会と基督教会」『大阪教会月報』第二〇〇号、一九三六年七月十九日）。

昭和十四年三月発行の『改造』に「戦争と文化」を載せた森戸は、戦時下における戦争至上主義と、これに基づく戦争文化促進論を批判した。戦争が文化促進の条件を持つとすれば、生産力の発展と新興勢力の登場が必要で、新興勢力とは「労働・知識両階層の擡頭」であり、「新秩序」はそのためのものでなければならないと述べた。方法としては、文化の擁護であり、担い手としての知識人には、「国際的識見と人道主義的熱意とをも兼ね備へた新しき愛国者としてのインテリゲンチャに独自の使命」があるという（「戦争と文化」『改造』第二一巻第四号、一九三九年）。

さらに同年六月発行の『中央公論』では、戦時体制下の勤労国民の労働生活状況などについて、「保健状態は不良化し、その重要指標たる結核比率は依然として下がらず、災害率もまた甚だしく増大」し、「実質賃金は定額賃金において約二割五分、実収賃金において約二割の減収となった」事実を背景に、失業者は減ったものの、労働者の雇用制限、労働力の計画的配置により、労働力荒廃の危険が深刻化していると指摘した。そして、ドイツ並みの国民労働法の制定と国民的労働組織の建設が必要であり、勤労国民の生活の安定としての最低賃金制度の導入を提唱していた（「戦時社会政策論」『中央公論』第五四巻第七号、一九三九年）。

第二次世界大戦始まる

ドイツのポーランド侵攻に始まった第二次世界大戦が、全ヨーロッパを巻き込む直前の昭和十五年三月、森戸は、国際的にはドイツとイギリス・フランス間の和平成立を期待し、覇権にもとづく「暴力万能の平和主義」・強力的平和ではない「協力的平和」を提唱したが（「平和の構造」『改造』第二二巻第四号、一九四〇年）、ドイツ軍はヨーロッパ西部に侵攻し、さらに独ソ戦の開始により世界戦争に発展していった。

産業報国運動に期待した森戸は、昭和十五年十一月発行の『中央公論』に、社会的・

文化的国家への公道であるデモクラシーと階級闘争は、ともに封鎖されているが、高度国防国家は「非常時」の存在であり、また国防国家であったとしても、国家目的として社会的・文化的使命を有していると述べた。そして国民的生活協同体、国民的労働協同体、国民的業績協同体のなかで、産業報国運動が労働統制のみならず、新社会秩序の形成上重要であると主張した。ドイツ労働戦線が「反資本家フロント」に移行しつつ、労働統制の有効な組織であるとともに、社会政策上の組織ともなっていると指摘したのである（「『新体制』の世界史的進路」『中央公論』第五五巻第一一号、一九四〇年）。

さらに問題点として、労働運動家の鈴木悦次郎が、下からの革新の代表として大日本産業報国会の審議員・理事にもなれず死去したことをあげて、産業報国運動が革新官僚による上からの革新にすぎないものであると、ドイツと比較しつつ指摘した（「独逸労働戦線と産業報国運動」『改造』第二三巻第四号、一九四一年）。

五　太平洋戦争下の大原社会問題研究所

大政翼賛会・産業報国会が誕生

国民の意識が昭和六年（一九三一）の満洲事変により変化し、国内では既存政党に対する批判が無産政党の躍進にもつながったものの、それ以上に、軍部やナチスドイツのような国家社会主義へ期待するようになっていった。具体的にいえば、国民は近衛文麿《このえふみまろ》に期待し、近衛新体制から大政翼賛会と産業報国会がともに昭和十五年に誕生、対外的には、防共協定から日独伊三国同盟へと枢軸派として、英米両国に対抗した大東亜共栄圏への道を進んでいった。日中戦争は長期化し、中国国民党・蒋介石政権打倒のため、欧米からの援助ルート遮断を目的として、英米両国との対立をさらに先鋭化させていった。

太平洋戦争始まる

そのようななかで森戸は、産業報国運動を質的に変化させ、国際的には宥和を支持し、戦争に対して文化を対置して、できうる限りの抵抗を試みた。この姿勢は、昭和十六年（一九四一）十二月八日の太平洋戦争開始以後も、労務管理の重要性を指摘しつづけることで維持された（「経営協同体への労務管理」『統制経済』第八巻第一号、一九四四年一月、「勤労昂揚方策とその基礎条件―経営社会政策の重要性と限界に関する若干の考察―」『厚生問題』第二八巻第六号、一九四四年六月）。

このような森戸を、大内兵衛は、戦後（昭和二十三年三月十日）、次のように語った（大内兵衛「森戸辰男君の思想について」、B）。

（前略）私は昭和十三年から終戦の直前同じ家で戦災を喰うまで森戸君と同じ屋根の下で共同の勉強をした。当時森戸君は「中央公論」その他に幾つかの論文を発表していた。それは軍靴によって文化がふみにじられるのに憤慨、それに抗弁をしたものであった。文化は軍靴にふみにじられるべく、あまりに貴いものだというのが彼の主張であった。彼の論文は検閲当局によつてさんざんに削除された。彼はそれをいたく憤慨したが、そのため彼はますます反抗的になって次の論文を書いていた。彼の勇気はために百倍し、彼は弥々《いよいよ》検閲をのがれることに興味さえ覚えていた。彼の行動は勇気ある人のそれだと私は思つていた。（後略）

一方、大原社会問題研究所は、先述したように昭和十二年四月十六日に東京柏木に開所したが、高野岩三郎がこの東京移転に際して所長を辞したため、当初、所長は置かれなかった。しかし昭和十五年十二月二十三日の委員会で、所長制を復活させ、高野を所長に、常任理事に森戸、理事に久留間鮫造という体制を整えた。

大原社会問題研究所では社会問題研究資料を刊行し、森戸は昭和十四年六月に、第二集「科学研究所論」を執筆・刊行している。事業を縮小しつつも、研究所では『日本労働年鑑』の刊行を続けた。新事業として日本労働運動史の編纂計画を立てたが、実現しなかった。太平洋戦争下、学問研究の自由が圧迫をうけるなかで、厳しい検閲をうけつつ発行していた『日本労働年鑑』も、昭和十六年に内務省からの命令で停刊となった。

高野を中心に昭和十三年末から進めていた統計学の古典的文献を翻訳・出版する計画については、昭和十六年より敗戦まで、統計学古典選集として一一巻が栗田書店から刊

東京柏木時代　大原社会問題研究所所員（広島大学文書館所蔵）

行された（一二巻一九冊の刊行計画が、空襲により第七巻の組版が焼失し未刊行となり、第三巻のズュースミルヒ著、高野岩三郎・森戸辰男訳『神の秩序』は戦後に刊行された）。森戸はこの統計学古典選集に、エンゲル著『ベルギー労働者家族の生活費』（一二巻、一九四一年）、『労働の価格・人間の価値』（一一巻、一九四二年）、およびモリッツ・ウィルヘルム・ドロービッシュ著『道徳統計と人間の意志自由』（八巻、一九四三年）の三冊を翻訳した。

大原社会問題研究所が戦時下、存続できたのは、鮎川《あゆかわ》義介《ぎすけ》（日産社長、満洲重工業開発株式会社総裁、内閣顧問）が主宰する義済会から財政的援助をうけ（昭和十八年から二十一年まで）、栗田書店から、統計学古典選集だけでなく、ナチスドイツの労働政策、経済政策等に関する書籍を出版したからである。それが研究所存続の必要条件だった。

しかし昭和十七年を境に、森戸が筆を振るう場は、検閲強化と紙統制による誌面の大幅な減少によって極端になくなっていった。

そして昭和二十年五月二十五日、東京柏木の大原社会問題研究所も、森戸と大内の目の前で、Ｂ29の焼夷弾によって、書庫にあった研究所が収集した書籍十数万冊、労働運動に関する数十トンに及ぶ資料とともに、灰燼に帰してしまった。

高野岩三郎は、昭和二十八年五月十二日のことになるが、戦時中の大原社会問題研究所と森戸について、次のように述べていた。

森戸君は四十年来の私の最も信頼しうる弟子の一人である。私が東京帝国大学在職中においても、また大原社会問題研究所時代においても、常に私のよき理解者でありかつ協力者であった。

森戸君と私が長い間仕事を一緒にしてきた大原社会問題研究所は、日本における民間の社会科学研究機関として最も多くのそしてまた最も貴重な社会主義文献を所蔵するばかりでなく、優れた研究論文を発表しかつ進歩的人材を育成してきたことを私の一つの誇りと思つている。しかし、この意味でまた、同研究所は戦時中当局の厳重な監視の下におかれ、当時所長の私に代つて事実上の責任者の地位にあつた森戸君は研究所をあくまで継続するために並々ならぬ苦心を払つたのである。多くの民間の研究機関が官憲の圧迫と干渉によつて根本的に解組されるか、または閉鎖解消を命ぜられるか、という困難な情勢下にあつて、ともかくも研究所を終戦後の今日まで存続することを得たのは主として同君の努力によるものといつてよい。（高野岩三郎「森戸君のこと」、B）

日本全体が空襲により灰燼に帰していくなか、大原社会問題研究所は組織として残ったのだった。

敗戦の日の森戸家

昭和二十年（一九四五）八月十五日正午、流された玉音放送を森戸は、栃木県真岡の疎開先で聞いた。疎開先での生活は、森戸が釣りの最中に艦載機による機銃掃射をうけたりしたものの、岸子との間に生まれた娘の洋子と息子の泰《やすし》（昭和十七年二月二十八日生まれ）にとっては、はじめてといっていい団欒の日々であった。

玉音放送が終わると、すぐに岸子は森戸に上京するよう促し、一家は東京都杉並区上荻窪に居を定めた。以後、敗戦後の忙しい日々を送ることとなる。上荻窪の森戸家には多くの人が訪れ、そのなかには岸信介《きしのぶすけ》の姿もあった。岸は、敗戦が国家・国民にもたらす影響について尋ねにきたのだった。森戸は、当時の日本にあって、第一次世界大戦直後の敗戦国ドイツに留学した経験から、「敗戦」が政治・経済や国民の生活・意識に、どのような影響を与えるものなのかを知っている、数少ない日本人の一人であった。

第六　戦後、日本社会党に入党

一　森戸の戦後構想

敗戦直後の日本

敗戦により、日本の状況は一変した。昭和二十年（一九四五）八月三十日、連合国軍最高司令官のダグラス・マッカーサーが、厚木飛行場に降り立ち、連合国軍による占領と改革が始まった。

日本政府は、八月十四日に受諾した一三条から成るポツダム宣言に、九月二日に調印した（降伏文書）。その要求項目に基づき、国家主義者・右翼は退場し（公職追放）、軍部も解体された。反対に、非合法で組織が壊滅していた日本共産党が合法化し、再建された。右翼は勢力を失い、社会主義・共産主義のもとにある勢力は厚みを増した。

戦後日本の政治・思想状況は、第一次世界大戦敗戦後のドイツ——皇帝を退位させて帝政を廃止し、当時もっとも民主的な、共和制と主権在民、男女平等の普通選挙、議院内閣制を規定したワイマール憲法を制定したドイツ共和国——と同じような様相となった。むしろ冷戦とソ連の影響から、大きく左に中心軸がずれたと言ってよいだろう。そして連合国軍最高司令官総司令部（GHQ／SCAP）によってもたらされた民主化と自由化を基軸とする占領政策は、婦人参政権（昭和二十二年施行）、労働組合法（昭和二十四年制定）、農地改革（昭和二十二年～二十五年）のように、日本でも準備されていたものもあったことから、急速に実施されていった。

森戸の戦後構想の原則

森戸は、第一次世界大戦の敗戦国ドイツの姿を頭に描きつつ、日本の戦後を構想した。敗戦から翌昭和二十一年八月までの間に出された各種論文などから、その戦後構想を整理すると、一つの原則と四つの主張に整理できる。

原則については「対内対外に民族危機の緊迫せるにかんがみ、国家民族の再建復興をもつて最高の原則とする。この原則と調和し、これを助成するものとしてまたその限りにおいて、民主的社会的変革は力強く推進されるべきである」と考えた（「国家・民族再建につきメモ」、B）。

森戸の四つの主張

それは、ポツダム宣言の第一二条「日本国国民ノ自由ニ表明セル意思ニ従ヒ平和的傾向ヲ有シ且責任アル政府カ樹立セラルルニ於テハ聯合国ノ占領軍ハ直ニ日本国ヨリ撤収セラルヘシ」の実現、日本の独立が目標であった。

次にその主張だが、第一に日本の民主主義を拡充する必要を説いた。政治的かつ制度的な民主主義化は、連合国による占領政策として行なわれ、日本側の対応は受け身であった。森戸は、占領政策に並行して「民主主義的な文化革命」・民主主義を国民が自らのものとする必要を説いた。

昭和二十年十月九日に開催された座談会では、日本の国家主義・軍国主義の背景に封建制度があり、それが民主主義の発達を阻害していたという（座談会「日本政治経済の変革その過程と動向」『評論』創刊号、一九四六年二月）。そして民主化の担い手として、保守的な農民ではなく、都市の産業労働者が中心であるべきだと主張した。

第二には経済の社会化である。『放送』昭和二十一年一月号掲載の「民主主義の拡充」を見ると、「現代の民主主義は社会主義と結びついてのみ、よくその本領を発揮しうる」とし、財産と所得の分配のみならず生産にも進出し、国家管理の必要性を説いている。

第三に主張の中核となる文化国家論である。昭和二十一年五月七日付けの『毎日新聞』に、「資本主義的な営利文化のより多くの享受を求める受け身な運動から、民主主義的・社会主義的な労働文化の創造に努力する能動的な運動に転化」させ、日本は国際社会に、軍国主義国家でも経済的国家でもない、文化国家として復帰すべきと述べる。戦争の対極に文化を置き、昭和二十一年七月の日本社会党福山市支部の講演「文化国家の建設」で、「文化を理解し、文化に参加する民衆の支配」による民主的文化国家を目標とし、古い文化を継承しつつ、排外的な文化主義をいましめ、正しく民族の個性を活かし、世界性を持ったものにしなければならないと説いている。

第四として「平和主義国家」を主張した。平和国家は、昭和二十年九月四日の第八八回帝国議会における昭和天皇の勅語によって国是《こくぜ》（国政の基本方針）ともなったが、森戸は平和国家を「戦争できぬ国」と「戦争を欲せぬ国」の二つに分け、前者を推進する連合国の平和政策を「賢明なものとは言ひえない」という。そして「戦争を欲せぬ」平和国家こそが真の平和国家であり、「武力を持つ持たぬに係はりなく、自己の発意と確信において平和を選び、国民の全道徳力をあげてその実現に努力する国家」であるべきだと説いた。このためには、独立自由の国家であること、経済的に復興していること、「実践的・方法論的平和主義に進出すること」が求められた。

森戸は、弱小国であるがゆえに帝国主義国家・征服国家を非難でき、貧困であるがゆえに世界規模における計画経済の樹立を主張でき、敗戦の頽廃のなかにあるがゆえに民族文化の自立性に立つ協和的世界文化の創造に挺身できるといい、「敗戦によつて一弱小国となつたことのために、却つて世界平和のための最も権威ある指導的な思想国家となりうる」と述べた（「平和国家の建設」『改造』第二七巻第一号、一九四六年）。

森戸は日本社会党を選び、四つの主張を実現しようとした。そして、党の任務を「労働大衆の合理性を啓発して秩序と建設運動に向って指導すること」ととらえていた（「わが政党への構想」『雄鶏通信』昭和二十年十二月十五日号）。

戦中期に産業報国運動、大政翼賛会、翼賛政治会に参画していなかった森戸は、パージの対象にならなかった。戦前・戦後で様相が一変した動員される大学人・教授グループにあっても、抜きんでた存在だった。『放送』昭和二十一年一月号に掲載した「民主主義の拡充」で、「高い社会科学の認識と聡明な政治的手腕と思い切った勇断」をと主張した森戸自身が、それを必要とする理想の政治家像に、近い存在であった。

二　日本文化人連盟と憲法研究会

日本文化人連盟の設立とメンバー

森戸にとって、敗戦日本が文化国家として再生するための場所が、思想・イデオロギーの違いを越えて自由な討論・研究・提案ができる日本文化人連盟であった。戦後もっとも早く成立した民主的団体の一つである。

会の設立は、昭和二十年（一九四五）八月末に、杉森孝次郎《すぎもりこうじろう》・伊佐秀雄《いさひでお》（日本評論家協会理事）・秋沢修二《あきざわしゅうじ》（評論家、のち静岡大学教授）らが相談しはじめたのが最初である。室伏高信《むろぶせこうしん》（評論家）が、敗戦前から戦争終結について、イタリアのバドリオ政権（ムッソリーニのファシスト政権後の臨時政府）の日本版を構想していたとされる。九月に入って高野岩三郎・森戸辰男・新居格《にいいたる》（評論家・社会運動家）らが参加して準備会が発足し、準備委員会は四回開催された。馬場恒吾《ばばつねご》（昭和二十年十二月より読売新聞社長）はシャツに下ばき姿で参加し、パージになる前の山本実彦《やまもとさねひこ》（改造社社長、昭和二十一年より協同民主党委員長）・辰野隆《たつのゆたか》（フランス文学者、東京帝国大学教授）・有島生馬《ありしまいくま》（画家。有島武郎《たけお》の弟）・上田辰之助《うえだたつのすけ》（東京商科大学〈のち一橋大学〉教授）、軽井沢から参加した正宗白鳥《まさむねはくちょう》（作家）などが熱心な準備委員であった。九月末には、日本文化人連盟設立発起人会があり、少なくとも十月十日過ぎには正式な創立総会が行なわれ、十一月十三日、丸の内精養軒で結成大会が開かれた。

参集した会員は七〇名あまりで、高野岩三郎の開会の辞ののち、杉森孝次郎を座長に選んだ。伊佐秀雄が経過報告を行なった際、憲法改正案を準備・研究する憲法研究会（後述）の立ち上げや、連合国記者団との二回にわたる会談についても報告がなされ、森戸が日本文化人連盟綱領と当面の活動目標を説明した。「デモクラシーとヒューマニズムに基づく新文化の建設および世界平和文化の発展のための国際的文化活動の重要性」を主張したのだった（『日本文化人聯盟会報』第一号、一九四六年一月）。この連盟の中心は、委員長だった杉森・室伏・伊佐・秋沢・新居格、そして高野と森戸であり、リベラル（自由主義）と社会民主主義との合同団体であった。森戸はこの連盟の事務局長であり、専門部会のひとつ思想・社会科学部の部長でもあった。

日本文化人連盟の目標と活動

日本文化人連盟は、「平和と民主主義」を目標とし、そこに森戸の提案で「独立」が加わった。当座の活動目標は、「教育制度の民主主義的改革」「国語の整理統一、漢字の制限」「民主憲法の作成」「日本歴史の科学的把握」「芸術理論の研究」「新中国の政治経済思想文化状況の研究、日支の新なる文化的提携」「婦人問題特に婦人の人権問題」「協同組合の理論と実際、特に協同組合運動と文化運動との結合」であった（昭和三十四年四月十三日付、森戸辰男宛秋沢修二書簡、B）。具体的には、戦前に労働農民党の委員長を務め、アメリカに亡命していた大山郁夫の帰国招請などが行なわれた。

しかし日本文化人連盟は、活動開始とほぼ同時期、十一月に新生社より出版された月刊雑誌『新生』が好評で、室伏がこれに力を入れていったため次第に影が薄くなり、代わって高野と森戸が会の中心となるが、活動は数ヵ月で次第に衰えてしまった。

日本文化人連盟の衰退

のちに秋沢修二は森戸宛の書簡のなかで、連盟の衰退理由を、憲法研究会が「憲法草案要綱」の作成に心血をそそぐにつれ、会員たちが日本文化人連盟の活動から遠ざかっていった事情に加え、鳩山一郎《はとやまいちろう》らの日本自由党（昭和二十年十一月成立）、片山哲《かたやまてつ》を書記長とする日本社会党（昭和二十年十一月成立）、徳田球一《とくだきゅういち》が戦後初代書記長（昭和二十年十二月就任）となった日本共産党が出そろい、対立が激化した結果、日本文化人連盟でも会員間の共同歩調がとれなくなったと綴る。

高野岩三郎が昭和二十一年四月に、戦後初代の日本放送協会（ＮＨＫ）会長に就任し、さらに昭和二十二年六月に森戸が文化を管掌する文部大臣に就任したことが、決定的な痛手となったという。森戸が日本社会党に入党したことも含め、連盟が掲げた「平和と民主主義」という目標で、自由主義者（日本自由党など）と社会民主主義者（日本社会党）を一つに結び付ける文化運動の客観的な条件は失われたと述べている（昭和三十四年四月十三日付、森戸辰男宛秋沢修二書簡、Ｂ）。

共産党系は、昭和二十一年一月二十三日、連盟の会員でもあった小倉金之助《おぐらきんのすけ》を会長とした「民主主義科学者協会」（民科）を発足させて、連盟から離れていった。新居格や秋沢修二は、日本文化人連盟を日本社会党の文化団体として再編することも考えたが果たせず、自然消滅の状態になったのである。

憲法研究会の創立

敗戦時に受諾したポツダム宣言一〇条に示された「……日本国政府ハ日本国国民ノ間ニ於ケル民主主義的傾向ノ復活強化ニ対スル一切ノ障礙《しょうがい》ヲ除去スベシ言論、宗教及思想ノ自由竝《じゆうならび》ニ基本的人権ノ尊重ハ確立セラルベシ」のために、明治憲法の見直しが急務となった。一九四五年十月に、内大臣府（内大臣は木戸幸一）と政府で、憲法調査をそれぞれ開始した。それにともない、政党や民間研究団体でも憲法改正案の策定が試みられた。

森戸らは、先の日本文化人連盟の結成に向けて活動するなかで、憲法改正案も議論するようになり、憲法研究会を立ち上げた。メンバーには森戸のほか、高野岩三郎・馬場恒吾・杉森孝次郎・室伏高信・岩淵辰雄《いわぶちたつお》（評論家、馬場恒吾に師事）・鈴木《すずき》安蔵《やすぞう》（戦前は在野の憲法学者、のち静岡大学教授）がおり、熱心に改正案作成に取りくんだ。

憲法研究会で重視された点を、森戸は次の四点、「①天皇制」「②基本人権、生存権、経済社会的文化的基本権」「③憲法制定会議」「④レヴューの必要」とまとめている（「文化人連盟・憲法研究会について」、A）。

米国政治顧問団のインタビューに答える

十一月五日に第一回会合が行なわれ、その後も週一回程度で会議が開かれた。第一回会合の二日後の十一月七日、森戸はＰＯＬＡＤ（アメリカ合衆国政治顧問団）の担当官からインタビューをうけ、憲法改正について述べた概要は次のようなものだった。

一、政府と枢密院が憲法改正に注目しているが、重要なことは、国民自身が憲法改正を深く考えることである。（中略）今まで政府は、憲法学者のみに頼ってきたが、法の技術者に過ぎない憲法学者は、政治的社会的な観点から国民を代表することはできない。憲法学者の幾人かは、現在の憲法を改正する必要はないとさえ述べている。

二、最も重要なことは、憲法改正によって人民の権利が守られることである。現在の憲法は、私有財産を認めても、人民の権利については無視している。

三、内閣は、特権階級のものではなく、職能的な議員によって作られるべきであり、立法府に対して責任を持たなければならない。

四、天皇の政治的機能と儀礼的機能を分離させなければならない。人民の権利を守るとともに、天皇は道徳的象徴にすぎないものになるべきである。天皇の地位は、英国や、スカンジナビアの国王と同じようにしなければならない。天皇自身、自らの立場を民主化することを望んでいる。皇室に対する敬意が、未だ地方では強く残っている。このことは、終戦のあり方をみても判る。それゆえ、天皇制の急激な廃止は、国を混乱に導くものである。憲法改正は、天皇の政治的利用を防ぐものでなければならない。主権は、名目上、天皇にあったとしても実際には国民になければならない。天皇の権限は憲法によって制限されるとともに、内閣の承認によってのみ行動できるものとすべきである。

日本の状況を、森戸は「不安と失業により、ファシストと共産主義者を急激に増やす状況にある」との指摘もしていた（伊藤悟編『政・官・識者の語る戦後構想』）。

憲法研究会での議論

憲法研究会の論議をふまえ、鈴木安蔵が第一案「新憲法制定の根本要綱」をまとめた。

この第一案に基づいて十一月二十八日に議論が行なわれた。森戸は、大日本帝国憲法の改正か、新憲法制定か、という問題に対し、まずは現行憲法の改正を行ない、それに基づいてさらに新憲法を作るという、二度の憲法改正の必要性を主張した。それは、現在の改正では徹底的に民主的たりえず、また新しい民意を十分に反映しえないと考えていたためで、民主主義的新憲法の作成にあたり、一〇年後に新たに憲法制定会議を召集することを公約・宣言することも主張した（鈴木安蔵「憲法研究会の憲法草案起草および憲法制定会議提唱」）。

高野岩三郎は共和制を主張したが、森戸はこの主張を時機尚早と考え、天皇を日本国憲法における「象徴」とする意見を持っていた。

そうして第二案「憲法改正要綱」が作成された。憲法改正要綱という名称自体、森戸の意見を取り入れたもので、本案の最後に「十年後新たに憲法会議を召集し民主主義的憲法の制定をなすべきことを附加すること」も加えられた。十二月五日の会合でこの案が議論され、第三案が作成された（「憲法改正要綱」、A）。

憲法改正案の発表

公表用の草案作成を鈴木安蔵が担当し、十二月二十六日に森戸を含む七名が新生社に集まって検討し、若干の修正のうえ、鈴木がまとめた発表案を決定した。発表案は、第二案および第三案に比べて簡単なものとなっているが、それは根本要綱を示すことに意義があると考えたためとされる。

発表案を決定した十二月二十六日、総理大臣官邸におもむいて最終要綱を渡そうとしたが、首相の幣原喜重郎《しではらきじゅうろう》が不在のため秘書官に手交、二十八日に新聞に掲載された。この憲法研究会の「憲法草案要綱」は、最も早く発表されたもので、内容の進歩性と日本国憲法との関連性から高く評価されている。そして、マッカーサー草案にも強い影響をあたえたとされる。森戸はその後、昭和二十一年一月十八日、日本社会党においても憲法草案を起草することになる（後述）。

三　日本社会党から出馬

入党経緯

敗戦後、大原社会問題研究所をどのように維持するかが、森戸にとっても重要な課題であった。先述したように、戦時下に研究所が存続できたのは、日産社長であり、満洲重工業開発株式会社総裁などを務めた鮎川義介《あゆかわぎすけ》が主宰する義済会からの財政的援助があったためで、敗戦により資金援助がとまるのも時間の問題だった。空襲により多くの書籍・資料が失われたことも、再建を事実上、困難にした。

昭和二十年（一九四五）十月頃と推測されるが、大原社会問題研究所で議論がなされ、所員はそれぞれの志す道を歩むこととなった。

大原社会問題研究所から政界へ

大内兵衛《おおうちひょうえ》は、東京大学経済学部に復帰する（昭和二十年十一月に復帰）。久留間鮫造は大原社会問題研究所の伝統を守り、細川嘉六は日本共産党に入党した（のち参議院議員になる）。高野岩三郎は、権田保之助を片腕として、日本放送協会（ＮＨＫ）会長に就任することになった（大内兵衛『経済学五十年』下）。

森戸は、学んだ社会科学・社会政策の実践と、無産政党・労働運動・労働者教育を通じて労働者の生活向上に尽力した経験から、後述（一三三頁）の選挙演説にもあるように政界に転身することにした。日本社会党に入党し、活躍の場を求めた。当初は代議士となるまでは考えていなかった。森戸が『雄鶏通信』昭和二十年十二月十五日号に寄せた「わが政党への構想」には、党の任務を「労働大衆の合理性を啓発して秩序と建設運動に向つて指導すること」としており、さしあたり「声を揚げる」ことにしたという（『思想の遍歴』下）。

昭和二十年九月二十二日の旧無産政党各派の懇談会に出席し、日本社会党の創立準備委員として「日本社会党」の党名と綱領を定めた十月十五日の準備委員会にも参加。十一月二日の結成大会にも参加して正式に入党し、正式な党員となる。

日本社会党をとりまく状況

昭和二十年十一月二日、戦後新たに設立された日本社会党は（以下、略称の「社会党」を適宜用いる)、片山哲・西尾末広《にしおすえひろ》らの旧社会民衆党系(右派)を中心に、河上丈太郎《かわかみじょうたろう》・河野《こうの》密《みつ》・三輪寿壮《みわじゅそう》・杉山元治郎《すぎやまもとじろう》・浅沼稲次郎《あさぬまいねじろう》らの旧日本労農党系(中間派)、鈴木茂三郎《すずきもさぶろう》・加《か》藤勘十《とうかんじゅう》らの旧日本無産党系(左派)の三派の寄り合い所帯であった。

戦後第一回の総選挙に担ぎだされる

森戸は、戦前の人間関係から旧日本労農党系(日労)であった。その中心的な指導者だった河上丈太郎・河野密・三輪寿壮らが、大政翼賛会との関係からパージされてしまったため、森戸が旧日労系を代表していくこととなった。旧日労系候補者として広島県から、戦後第一回の総選挙に担ぎだされることとなったのである。

一方、指導者が残った左派の力が日本共産党とともに、強くなった。このため、森戸の政治的・思想的位置も、武力革命によらない漸進的な改革をめざす姿勢は、右派と目されるようになっていく。

日本社会党での憲法草案起草

年が明けて昭和二十一年一月十八日、日本社会党としても憲法草案を起草することになり、森戸は、党顧問の高野岩三郎・片山哲・原彪《はらひょう》(日本社会党結党宣言を起草)・鈴木義男《すずきよしお》(東北帝国大学教授、のち専修大学学長など)・海野晋吉《うんのしんきち》(日本社会党顧問、在野の弁護士)・黒田寿男《くろだひさお》(弁護士、のち労働者農民党初代主席)・中村高一《なかむらたかいち》(弁護士、のち第二次岸内閣で衆議院副議長)・水谷長《みずたにちょう》三郎《ざぶろう》(弁護士、のち片山内閣・芦田内閣の商工大臣)・松岡駒吉《まつおかこまきち》(片山内閣で衆議院議長)とともに委員に指名された。そして二月二十三日、「新憲法要綱」を発表した。

広島県から出馬

帝国議会、大日本帝国憲法下最後の第二二回衆議院総選挙は、別名GHQ選挙とも、終戦選挙ともよばれた。解散は昭和二十年十二月十八日、投票日は翌年昭和二十一年四月十日だった。この合間に公職追放が行なわれて前議員の多数が出馬を断念したことも、森戸の立候補をうながしたのであった。

森戸は昭和二十一年二月一日と二日、福山市公会堂で、「民主主義日本の建設」と「民主主義と教育」との講演を行なっている。この選挙は、昭和二十年法律第四二号によって女性参政権が認められた初めての選挙でもあった。総選挙を前に、講演「婦人参政権の意義」を行なった森戸は、民主主義は男女共通の課題であり、「軍国主義を本当に克服する力は目覚めたる婦人の愛」にあると、棄権・買収・情実を排して日本社会党への投票をよびかけた（日本社会党福山支部発行の講演冊子、一九四六年）。

立候補にあたり、森戸は次のような演説を行なっていた。

（前略）再三お謝り致しましたに拘わらず、繰返し熱誠をこめた御歓請に接し、遂に御懇情もだしがたく、不肖を顧ず平和応召の決意を以て、今回日本社会党から立候補致すことになったのであります。しかし、他面からしますと、私を公認した社会党は、私が三十年来陰に陽にその発達を助けて参った無産政党の結んだ実でありますし、今日の日本は、国運打開のために、私が四十年来勉強をして参った思想社会に関する学問を何よりも必要と致す時代に進んで参りました。かやうに考へますれば、この度の立候補は私の本懐でもありまして、私はひそかに確信と喜びとを新にせざるをえないのであります（後略）。（「選挙演説」、B）

民主人民戦線への対応

来たる昭和二十一年四月十日の第二二回衆議院総選挙に向け選挙運動の真っ只中にあった一月十二日、中国から帰国した（実際にはソ連を経由）野坂参三《のさかさんぞう》は「愛される共産党」を提唱し、皇室を信仰対象として認めるソフトな路線を明らかにした。日比谷公園で行なわれた野坂の帰国歓迎大会には三万人もの参加者があり、これを機に、前年十月十九日に日本共産党から日本社会党に申し入れられていた統一戦線問題が再燃することになった。昭和二十一年一月十五日には、山川均による広範な民主主義勢力の一大団結のためとする民主人民戦線の提唱もなされた。

日本社会党は一月十六日の中央執行委員会で、総選挙後は党が主唱した統一戦線を結成することを決めていた。山川の運動に対して社会党は、三月九日に不参加を表明していたが、翌十日に結成された山川の運動の世話人会には、高野岩三郎・石橋湛山《いしばしたんざん》・長谷川如是閑《はせがわにょぜかん》・大内兵衛・野坂参三らとともに森戸の名もあった。民主統一戦線について森戸は、昭和二十一年二月二十日付けの党の機関誌『日本社会新聞』第二号で、憲法改正における象徴天皇制を前提とし、日本共産党などとの提携も、「堅実な民主的社会的勢

代議士になる

街頭演説（広島大学文書館所蔵）

力」である社会党を中心に、共同綱領と「深い理解と友愛が〝紐帯〟」となるなかで進めるべきと主張していた（『日本社会新聞』はのち『社会新聞』に改称）。

ところで、森戸が出馬した広島選挙区は、広島全県区、定員が一二名という大選挙区で、大小さまざまな政党が入り乱れ、五〇人もの候補者が乱立する激戦区であった。四月十日、投票が行なわれ、森戸は一二人中六位、七万一一八三票で当選を果たした。地元福山市では、トップの一万四〇五票を獲得している。この森戸が代議士となった、戦後初めての総選挙において第一党となったのは、鳩山一郎を中心とする日本自由党だった。社会党は、第二党となった町《まち》田《だ》忠治《ちゅうじ》らの日本進歩党と一議席差の九三議席で第三党であった。

幣原内閣打倒

この結果を受けて鳩山一郎による組閣へと進むはずが、幣原喜重郎内閣が第二党の日本進歩党を与党として政権にとどまろうとしたため、反発した日本社会党は、日本自由党・日本協同党・日本共産党とともに、幣原内閣打倒共同委員会（四党委員会）を結成して、総辞職に追いこんだ（五月二十二日、総辞職）。

第一党の日本自由党・鳩山一郎総裁は、日本社会党との連立を視野に入れていたものの、五月四日、鳩山が公職追放となったことで連立は立ち消えとなった。片山哲委員長・西尾末広書記長らの社会党右派は、日本自由党との連携も視野に入れていたが、森戸は四月二十六日午後、在京の社会党有志代議士約三〇名とともに、日本自由党との連立内閣絶対反対の決議を行ない、常任中央委員会に伝達していた。

救国民主連盟の提唱

五月十一日の代議士会で、森戸は幣原内閣崩壊後の政治情勢を分析し、この政変における社会党の紆余曲折した態度の原因は、党自体の主体性が確立していなかったことにあると述べ、総選挙前からの党の公約、民主戦線結成のためにも「救国民主戦線」の即時結成を提案した。提案は採用され、五月十三日、共同闘争に対する特別委員会を「救国民主連盟特別委員会」とし、当面の目標を食糧危機突破、民主勢力を基盤とする社会主義政権の確立に置き、その指導精神などを森戸と鈴木茂三郎の二人に委任して、具体化させることに決まった。そして五月十五日には「救国民主連盟大綱」が発表され、五月十六日には特別委員会で指導精神案が決定した。翌十七日の代議士会で、指導精神案を森戸が報告し、続いて開催された特別委員会で組織問題について組合側の意見を聴取することとなった。

森戸の第一回総選挙後の政情分析

この間、五月二十日、GHQ・マッカーサーは、「暴民デモ許さず」との声明を出したため、革命機運に高揚した雰囲気は沈静化し、二十二日、日本自由党と日本進歩党の連立による吉田茂内閣が成立した。二十三日の代議士会では森戸が中間報告を行ない、左派からは反対意見も出されたが、五月二十六日、原案を決定した。

森戸は第一回総選挙の結果から、幣原内閣の総辞職と、第一党である日本自由党が日本進歩党と連携して資本主義政権をたて、日本社会党が在野反対党となることを当然とした。実際、日本社会党の得票率は一七・九％にすぎなかった。総選挙から四〇日も政局が混迷した理由を、第一に、資本主義政党が自分の陣営だけで安定した政権を作る自信を欠いていること、第二に、日本共産党が、議会勢力の予想外の不振から、重点を院外の大衆運動におき、しかも反民主的傾向にこれを動員するかの兆候を示した結果、保守政党が挙国内閣の形で、日本共産党は独裁を指向する少数内閣の形で、それぞれ社会党を引き入れようとした、と分析した。

そして日本社会党は急速に膨張し、新生の大衆政党として、まだ充分に統一された社会主義政党になりきらないさきに、このたびの政局にぶつかったとした。そのうえで、新政権の政策的行き詰まりを見通して、次期政権担当者として政策を科学的に基礎づけるため、調査研究をするべきであり、救国の党として、国民の信望をつなぎ、党自身の内面的な融和をかためるため道義の水準を高めるべきであると考えた。

社会党中間派としての森戸は、道義の乏しい政治上の辣腕や理論上の鋭さは、外に対し内に向って党をそこなう危険をともなうものであると左右両派を牽制し、一切の反民主主義的策動をいましめるとともに、観念的な反対党でなく、国家危急の事態に対して公共の利益を先にし、場合によっては特定の政策協定を結ぶだけの余裕と襟度を示す必要がある、と指摘した。森戸は、右に日本協同党、左に日本共産党を救国民主連盟の政治勢力として見すえつつ、日本社会党独自の民主戦線を提唱した（「野党としての社会党と民主戦線の新段階」『救国民主聯盟の提唱』）。

第九十回帝国議会本会議の憲法改正問題

昭和二十一年（一九四六）六月二十日に開院式が行なわれた第九十回帝国議会に、帝国憲法改正案が提出された。日本社会党代議士となった森戸は、六月二十七日の本会議で質問に立った。質問の要点は次の六点だった。

第一に、帝国憲法改正草案審議にあたり、修正として考えるのか、新たな新憲法制定として考えるのか。第二に、吉田茂内閣が草案作成にあたって国民の意思を反映する努力を行なったか。第三に、審議機関としての貴族院を問題視し、華族制度の廃止を提案した。第四に、日本社会党の主張として、草案にある民主主義と平和主義に加えて社会主義の生成という点を考慮し、社会的・文化的人権を加えるべきだと述べた。第五として国会を無休とし、第六として象徴天皇制について賛意を示し、天皇制と民主主義との平和的結合の重要性を指摘するものだった。

日本共産党との交渉打ち切り

総選挙直後、救国民主連盟を提唱していた森戸は、「社会党の右側にある広汎な民主的な諸勢力を捉へることが必要であり」「連盟の性格がひどく左に偏するかのやうな印象を与へることはよろしくない」と主張した。救国民主連盟が議院部と大衆運動部の両建制をとるものの、労農組合の中心的任務は社会的・経済的な面にあり、議員部・議会政党の優位を当然のこととした。日本共産党に対しては協定事項の格守、信義友愛の原則、運動における激発性の抑制を求めた（「救国民主連盟をめぐる諸問題」『救国民主聯盟の提唱』）。

森戸は七月十四日の社会党中央執行委員会で、党の主体性を維持するため、左派の反対を押し切るかたちで日本共産党との交渉を打ち切った。その理由に①共産党が救国民主連盟に対抗して民主戦線促進会を結成したこと、②中央機関紙「アカハタ」で社会党議員の戦犯嫌疑者を掲載したこと、③社共共同運動が展開された諸地方で社会党幹部が攻撃され、社会党にとって「成績は、概して非常に悪い」ことをあげた（「なぜ共産党との交渉は打ち切られたか」『救国民主聯盟の提唱』）。

母の死

そうしたなか、昭和二十一年七月二十二日、実母チカが、森戸和子に看取られて亡くなった。九六歳であった。

四 日本国憲法の制定と生存権

芦田小委員会

憲法改正作業は、本会議をへて七二名よりなる特別委員会の審査に移された。日本自由党の芦田《あしだ》均《ひとし》委員長のもと、昭和二十一年（一九四六）七月一日より審議が開始された。さらに具体的に修正意見などをまとめるため、小委員会が設置され、七月二十五日の第一回会合から八月二十日の最終回まで、一四回の会合がもたれた。小委員会は、委員長芦田を含め一四名の委員で構成され、日本社会党を代表して鈴木義男・西尾末広とともに、森戸も審議に参加した。

議事は懇談会形式で行ない、経過については芦田委員長がコミュニケ（公式声明書）を発表することにした。日本社会党による憲法改正草案修正意見は、次の四点だった。

①天皇の権限に、国会の承認などによる制限を加える（「第一章　天皇」第一条～第八条）。

②「第二章　戦争の抛棄《ほうき》」（第九条）については、「前文」に入れることも考える（社会党は「戦争の抛棄」を重要視し、第九条としてではなく、総則としての「前文」に入れようとしていたことは、改正時、社会党が「第九条」のような各条より「前文」を重視していたことを意味している）。

③生存権をはじめとする広範な社会権の獲得をめざす。

④「近代国家に於ては立法の指針並《ならび》に政府施策の約束として憲法中に之等《これら》の宣言約束を為すことが通例」として、「宣言約束」を具体的に憲法に書き込もうとした（社会党憲法改正特別委員会「社会党の憲法改正草案修正意見」、A）。

七月二十六日の第二回委員会では、憲法の条文の前で述べる総則・基本原則にあたる「前文」が、問題の中心となった。鈴木義男から、英文と無関係に修正するならばどこまで許されるか、また英文を無視できないとすれば政府提出の案文に手を入れることとなる、この二つの方法のどちらを選択するのか、との質問が出された。

森戸は、「前文」に限らず本文も徹底的に直していく方針をとるべきと考え、「前文がさう我々の勝手に変らないとすれば、一々の文字の穿鑿《せんさく》でなく、其の意味を捉へて、日本的なものに直して行くと云ふことも一つ考へられることではなかろうか」と述べた（以下、本節の出典は明記しないかぎり『帝国憲法改正案委員小委員会速記録　第九十回帝国議会衆議院（復刻版)』)。この森戸の意見を受けて、政府案(帝国憲法改正案、以下、改正案)を原案として、英文を参照しながら修正していくこととなった。GHQ案の翻訳だった政府提出案を根本から修正することは困難だったが、後述の生存権のように、民主的な内容である限り、一定程度の修正は可能だった。

「前文」第二項に、社会党側は「専制と隷従と圧迫と偏狭」に続けて、「酷使と窮乏」を入れようと試みた。森戸はその理由を第二回委員会で、専制と隷従は政治的なもの、圧迫と偏狭が精神的なもの、宗教・学問などの社会的なものを対象としており、経済的な問題が入っていないため、と主張した。七月二十七日の第三回委員会、八月一日の第七回小委員会でも議論したが、最終的に盛り込むことはできなかった。

七月二十七日からは、第一章から第一一章(第一条~第一〇〇条)まである各章の検討に入った。森戸は「第一章　天皇」において、「天皇の象徴の地位と云ふことを出来るだけ活かした方が憲法の趣意に副ふし、又皇室に取つても其の方が宜《よろし》いのぢやないか」と、実際政治にできるだけ関与しないようにすべきだ、と主張している

生存権問題

日本社会党は、改正案「第三章　国民の権利及び義務」(第一〇条~第三六条)の第二三条について、修正意見を提出していた。第二三条の条文案は「法律は、すべての生活部面について、社会の福祉、生活の保障及び公衆衛生の向上及び増進のために立案されな

ければならない」というものだったが、これに「すべて国民は、健康にして最小限度の文化水準の生活を営む権利を有する」という「生存権」の挿入を要求した。

社会的・経済的な基本権を規定することこそが憲法制定の重大な意義であると考える森戸は、消費面における国民の個々の生活の権利、生産面における国民の労働の義務がないと、民主憲法である意味が通らない、と頑強に「生存権」を主張した。

この社会党修正意見「生存権」について、森戸は翌七月三十日の第五回小委員会でも「現在の日本の情勢から考へて、憲法と云ふものが如何にも空漠な理論だけを宣言するものだと云ふ考へ方も相当多いので、さう云ふ事情を考へると、此の点（生存権を表示されること）は特に重要な点ぢやないかと私は思つて居ります」と述べた。

八月一日の第七回小委員会では、芦田委員長から、改正案第一三条について、第一二条「すべて国民は、個人として尊重される。生命、自由及び幸福追求に対する国民の権利については、公共の福祉に反しない限り、立法その他の国政の上で、最大の尊重を必要とする」と連関させた修正案が提示された。森戸は、自由権と人権保持の第一二条は一般的、総論的な条項であって、第二三条はこれに対応して具体的に書くべきと主張した。そして、改めて第一項を「総て国民は健康にして文化的水準に応ずる最小限度の生活を営む権利を有する」、第二項を「此の権利を保障する為に、国は総ての生活部面に付て社会福祉、公衆衛生の向上及び増進を図り、社会的生活保障制度の完成に努めなければならぬ」とする修正案を提示した。議論の結果、森戸の意見が採用され、政府原案(第二五条第一項)に「すべての国民は、健康で文化的な最低限度の生活を営む権利を有する」が書き加えられた。

生存権が認められたため、日本社会党側は、改正案第二五条(「すべて国民は、勤労の権利を有する。賃金、就業時間その他の勤労条件に関する基準は、法律でこれを定める。児童は、これを酷使してはならない」)、二六条(「勤労者の団結する権利及び団体交渉その他の団体行動をする権利は、これを保障する」)に加えて、社会権、労働権の確保を求めていたが、改正案第二五条に「休息」を挿入することで、第二六条以下に二条入れる修正意見を撤回した。

七月三十日の第五回小委員会では、改正案第二四条「すべての国民は、法律の定めるところにより、その能力に応じて、ひとしく教育を受ける権利を有する。すべて国民は、その保護する児童に初等教育を受けさせる義務を負ふ。初等教育は、これを無償とする」という三項に加えて、第四項として「才能あつて資力なき青年の高等教育は国費を以てする」の加筆を求める日本社会党案が議題となり、条文に「教育の根本方針はこの憲法の精神による」との語句を加えることを求めていた。

森戸は、教育については、新しい憲法に副うということがこの憲法で宣言されて、

「それに応じて新憲法下の「イデオロギー」、制度と共に、教育精神が茲《ここ》に打立てられると云ふことが非常に必要」であると主張していた。

改正案第八四条の皇室財産問題

七月三十一日の第六回小委員会では、改正案「第七章　財政」第八四条「世襲財産以外の皇室の財産は、すべて国に属する。皇室財産から生ずる収益は、すべて国庫の収入とし、法律の定める皇室の支出は、予算に計上して国会の議決を経なければならない」とする皇室財産を規定した条文が議論となった。第八四条に対しては、日本自由党・日本進歩党から修正案が提出された。

森戸は「（皇室が象徴となられたということは）其の地位を保つだけの御費用は十分差上げなければならぬし、他方では又陛下の御生活と云ふものが割合に明朗で、国民が見透せるやうな形であることが実は大変必要なんぢやないかと思ふのです」と、述べていた。

改正案第八四条の皇室財産問題とは、八月二日の第八回小委員会でも議論され、日本自由党・日本進歩党・日本協同党・新政会（戦後初の衆議院総選挙で無所属当選した代議士三二名が昭和二十一年七月に結成。九月に国民党となる）・無所属から「皇室財産から生ずる収益は、すべて国庫の収入とし」の部分の削除が求められたが、日本社会党が留保し、最終的判断を持ち越していた。

GHQのGS（民政局）のホイットニー局長より、日本自由党などからの改正意見が天皇権限の強化であると、皇室財産のすべてを国有とすべきとの再修正意見が出されたため、八月十二日の委員会で、皇室財産がすべて国の管理下に置かれることとなった。日本自由党内では、皇室固有の財産がなくなり、すべてが国有となることで皇室にとって「改悪」だという意見が大きくなった。

八月十七日に予定されていた憲法改正特別委員会は流会となった。芦田は同日、緊急小委員会を開催、午後五時に吉田に面会し、席上、吉田は小委員会修正案の承認を明言した。吉田は党幹部および政府関係者を説得し、翌八月十八日朝、日本自由党も小委員会の修正を受け入れることに決定した。結果、第八四条修正案は、日本自由党からすれば、政府原案である改正案よりも後退した内容となった。

八月二十一日、委員長芦田均より衆議院議長樋貝詮三《ひがいせんぞう》に帝国憲法改正案「報告書」が、同時に日本社会党からは追加単独修正案が提出された。この社会党の単独修正案は否決されたが、八月二十四日に憲法改正案は衆議院で可決し、貴族院に回付されて十月七日に同院でも修正のうえで可決。十一月三日、「日本国憲法」は公布された。

五　議会活動と政党活動

教育刷新委員会の委員になる

森戸は文教政策にも強い関心をもっていた。日本社会党代議士として憲法改正について吉田茂首相に質問した昭和二十一年（一九四六）六月二十七日の本会議でも、憲法に明記されていない教育権の確立について、新しい時代に処する教育の根本方針が憲法において、国民の代表たる我々の手で作られることが適当ではないかと思う、と述べていた。これに対して文部大臣の田中耕太郎は、教育勅語の維持、教育権確立のための根本法整備が必要と答えていた（第九十回帝国議会衆議院本会議議事録）。

日本国憲法に対応した教育の基本精神と基本法の必要性を主張していた森戸は、昭和二十一年八月十日、ＧＨＱの要請で内閣に教育刷新委員会（昭和二十四年六月に教育刷新審議会と改称）が設置されると、同日、首相の奏請・内閣の承認によって委員に任命された（文部大臣就任により昭和二十二年八月二日付けで辞任）。戦後教育の根幹をなす教育基本法や学校教育法などは、この教育刷新委員会の答申建議に基づいて制定されていくのである。

さて、森戸は九月十三日の第二回総会で、教育の指導精神について議題とするよう提案し、教育勅語が戦後の民主主義精神にあわないことを指摘した。そして九月二十日の

第三回総会をへて、教育勅語の取扱いと教育理念に関する第一特別委員会の委員に選出された（『教育刷新委員会・教育刷新審議会会議録』一）。

そして九月二十三日の第一回会合で、憲法改正にあわせて教育勅語の廃止を提案するとともに、教育に関する新勅語を出すべきであるとの議論も、新しい憲法との整合性から問題があると、他の委員を説得した。第二回会合（九月二十五日）でも、教育の基本理念を勅語とする動きを改めて問題視し、国会の責任で決定することを主張した（『教育刷新委員会・教育刷新審議会会議録』六）。

昭和二十三年六月十九日のことになるが、GHQの強い内部指導もあって、衆議院本会議で「教育勅語等排除に関する決議」が、参議院本会議で「教育勅語の失効確認に関する決議」が採択されることになる。この時の文部大臣は森戸であった。

国立国会図書館の創設

十月十一日の第九十回帝国議会（最終日）において、森戸は自身が提出していた国立国会図書館設置に関する決議案の趣旨説明をした。このころの国の施設としての図書館は、帝国議会各院に置かれていた貴族院図書館、衆議院図書館と、文部省に付属していた帝国図書館の三館（いずれも明治期に設立）だった。

国会図書館の設置は、憲法改正にともなって国会が国権の最高機関となり、国政審査において国会に強力な調査機能を備えた議会図書館が必要になったためであった。国会の知的水準向上のため、憲法第六二条「議院の国政調査権」を根拠に「国会図書館」を求めた森戸は、「単に広汎にわたる図書資料の蒐集に止まらず、研究調査の設備、専門的な相談係、行届いた索引等を備へた、国政のための実効ある「働く図書館」でなければならぬ」「斯様《かよう》な図書館の設置は、国会が付託された国政上の任務遂行のための必須な条件であるばかりでなく、実に文化国家として再出発しようとするわが国に取つて、最も喫緊な文化的使命なのである」と述べた。そして最後に、「我々が今日茲《こんにちここ》に此の決議を致しまする所以《ゆえん》は、実は単に物的設備としての一大図書館を持ちたいと冀《こいねが》ふだけではありませぬ、之に依つて国会が、徒《いたず》らな喧噪《けんそう》と策謀と暴力の支配を斥《しりぞ》け、真実を尊重し、正理に聴従致す所となり、……衆智の政治の府となり、斯《か》くて新議会の品位を高め、新政治に科学性を加へ、以《もつ》て平和と文化と人道を目指す、更始一新の民主政治を樹立致したいと云ふ、抑《おさ》へ難《がた》い熱意を中外に表明致すのであります」と説明し、全会一致で可決させた（第九十回帝国議会衆議院本会議議事録）。

決議から八日後の十月十九日、森戸は「新国会の性格」を脱稿し、国民主権・三権分立・議会制民主主義の確立とともに、参議院の職能代表的性格を強調し、国政を監視するため、国会の常時開設を主張するとともに、国会に道義性の確立を求めた（『法律新報』第七三四号に掲載、一九四七年）。国会図書館とともに併せて調査研究機関の設立も願っていたのである。こうして第九十回帝国議会は閉会した。

政務調査会長就任

議会会期中の九月二十八日から三日間行なわれた日本社会党第二回党大会で決定された運動方針は、森戸の考えを具体化したものだった。大会三日目、森戸が提出した救国民主連盟の結成促進の緊急動議に対して、日本共産党との統一戦線を進める立場から反対演説が行なわれて混乱したが、森戸の提案は採択され、運動方針となった。森戸は十月一日の中央委員会で中央執行委員となり、政務調査会長に就任した。

産別会議と日本労働組合総同盟

戦後、労働組合が復活し、昭和二十一年(一九四六)八月に、二一の産業別単一組合(単産)およそ一六三万名の組合員をもつ全日本産業別労働組合会議(略称　産別・産別会議)が組織された。産別は、日本共産党の影響を強く受けていた。この産別に対峙したのが、日本社会党からの支持を得た日本労働組合総同盟(総同盟)である。戦前の日本労働総同盟を前身とし、こちらも昭和二十一年八月に結成された(組合員数は八六万人)。

産別十月闘争

食糧危機とインフレが進むなかで、結成二ヵ月後の十月、産別の指導により、傘下の一二産業別組合が共同で、馘首反対・最低賃金制の確立などを求めた労働争議を展開した(産別十月闘争)。これ以降、一企業や組織で行なうストライキではなく、労働者が団結して全国的規模で行なうゼネスト路線のもとで、産別と日本共産党による政治闘争が激化していく。

一方、総同盟内部でも、左派は産別との共同闘争の道を選びつつあった。民間労組を中心とする労働攻勢の動きは官公庁へも波及し、十月二十六日には、全官公庁労組拡大共同闘争委員会（全官公庁共闘）が結成され、国鉄労働組合（国労）の伊井弥四郎《いいやしろう》が議長となった。

そうしたなか十一月六日夕刻、日本社会党の政策運営の中心にいた森戸は、大宮での労働組合の集会に出席した帰り道、乗っていた人力車に自動車が追突したため路上に投げ出されて転倒し、一時、意識不明になった。このため十一月中は、自宅で療養を余儀なくされた。

第九十一回帝国議会

総同盟の左派は十一月二十九日、全国労働組合懇談会（全労懇）を結成し、十一月二十六日に始まった第九十一回帝国議会に吉田内閣不信任案提出を要求した。しかし社会党右派は、党が院外勢力に引きずられることに反対し、野党三派（日本社会党・協同民主党・国民党）による国会解散要求とした。怪我から回復した森戸は、救国民主連盟の立場から、大衆闘争（下からの一般組合員を主体とする闘争）路線を抑制し、議会制民主主義のもとで日本社会党首班政権の樹立をはかる立場を守った。日本共産党と産別による大衆闘争による倒閣運動が高まるなか、吉田内閣は社会党との連立工作に乗りだしていた。

森戸の復帰は十二月二日。日本社会党本部で行なわれた救国民主連盟結成準備会からであった。党からは、森戸と西尾末広が出席し、日本農民組合（略称は日農。平野力三《ひらのりきぞう》・大西俊夫）、水平社（田中秋月）、民主人民連盟（三田村四郎）とともに、①経済再建による国民的危機の克服、②民主主義勢力の結集による救国民主政権の確立、という二点が決定された。日本共産党との提携については条件が熟していないという態度を維持し、吉田内閣、特に大蔵大臣の石橋湛山への批判を強めていった。

森戸による救国民主連盟は、経済危機にある日本にとって、日本共産党・産別の大衆闘争に比べて穏健な中道路線と、ＧＨＱのＧＳからも評価されていた。

しかし社会党と共産党との提携による民主戦線への言論・報道機関の期待は大きく、政調会長の森戸は、国民生活を直撃する食糧難、インフレ・生産の停滞という経済危機とともに産別・日本共産党による十月闘争にも立ち向かわざるをえなかった。

二・一ゼネスト

十二月二十八日には、第九十二回帝国議会が始まり、年が明けて昭和二十二年（一九四七）元旦、吉田首相がラジオ放送を行なった。この放送で、首相がゼネストを進めようとする労働者をさして「不逞《ふてい》の輩《やから》」と発言したのを契機に、吉田内閣打倒をはじめ、労働者たちの要求実現を求めて、一月十五日には、産別・総同盟・全官公庁共闘などの三〇組合、四〇〇万人の組合員からなる全国労働組合共同闘争委員会（全闘）が組織された。

一月十八日、全官公庁共闘は、二月一日午前〇時をもってゼネストに突入することを決定した。政府も事態の収拾に乗り出し、さらには事態を憂慮したGHQがゼネストの中止を勧告、日本社会党・総同盟はゼネストから離脱したが、日本共産党は勧告を無視して扇動を続けた。このさなかの一月二十三日、日本社会党は中央執行委員会で、吉田内閣が総辞職すれば次期政権は社会党主導のもと日本自由党・日本進歩党との連立内閣とする基本態度を採択した。

全官公庁共闘と産別は、二月一日のゼネストに突入しようとしたため、マッカーサーは、一月三十一日に中止命令を出した。このことにより、ゼネストによる大衆闘争路線は挫折し、労働運動は沈静化していったが、GHQは、これまで育成してきた労働運動を、日本共産党に扇動される存在として危険視するようになっていった。

ゼネスト回避の声明文

森戸は、ゼネストに根本的に反対だった。日本社会党は、中止に終わった二・一ゼネスト問題について、二月十日、『社会新聞』に党のとるべき態度として「特殊事情下ゼネストは回避すべし」との声明文を発表した。森戸が中心となって作成したこの声明文は、ストを強行しようとした日本共産党と、労働運動に対して強圧的な態度にでた吉田内閣を強く批判するものであった。

原案で森戸は、労働組合は今後「聯合軍の命令を尊重するとともに、経済的サボ等を行ふことなく、日本経済復興のために積極的懇意を示し、最低生活権確保の要求を合法的手段によつて貫徹することに努めることが望ましい」と記していた。そして、政治的労働運動に対しては「敗戦の窮乏と疲弊のどん底にある日本の現状において、国民の少数者が大多数の人々を戦争の破壊に導いたと同様な災禍の中に投ずるが如きことは、到底許されない」「根本的な反省と転換をなすべきであらう」としていた（「二・一ゼネストについての講演原稿」、A）。

二・一ゼネストが不発に終わった後、来るべき総選挙に対し、森戸は党政務調査会として「経済危機突破緊急対策」を作成していた。社会党の左右両派は、政権構想については大きく立場が異なるものの、経済政策では共通していた（「経済危機突破緊急対策」、B）。

連立工作失敗

森戸のもと政務調査会は、吉田内閣、特に大蔵大臣の石橋湛山の経済政策に対する批判を強めていった。日本自由党は、選挙法の改正による中選挙区制度の導入を図るとともに、日本社会党との連立による政権維持工作を強化した。ゼネスト後の時点で森戸は、総選挙を行なって社会党が第一党となったとしても絶対多数は困難で、保守勢力代表の日本自由党は幾分減少するにすぎないと予想し、日本進歩党が中間党となるか否かを問題としていた（「現状問題と政党再編につきメモ」、B）。森戸は、中間党との連立による政権を想定していた。

日本自由党・日本進歩党・日本社会党の三党間で行なわれた連立工作は、二月十二日の夜を徹して行なわれ、翌十三日午後、三党代表者に協同民主党・国民党の代表者を合わせた五党協議に発展したが、大蔵大臣である石橋湛山の留任をめぐって社会党は難色を示し、このため日本自由党を中心とする「連立」は絶望的になった。そして、二月十四日、本会議後に五党共同声明を行ない、連立工作は打ち切りとなった。

右派の西尾末広書記長が中心となって進めた連立工作に、社会党として踏み切れなかった要因を、昭和二十二年二月十四日付け『朝日新聞』は、左派だけでなく、中間派・旧日本労農党（日労）系の森戸らも、石橋の辞任を求めたためと報じている。

石橋財政とは、ケインズ理論を基盤としたインフレーション政策であり、復興金融公庫を創設して基幹重要産業（鉄鋼・石炭）の生産復興を資金融資で支えた。しかし、インフレは家計を直撃した。また、インフレ抑制策として預金封鎖と新円発行が行なわれたが、新円の流通にあたって不正が横行し、生活苦にあえぐ国民は不満を増進させ、その矛先は大蔵大臣の石橋湛山に向かった。

当該期、日本社会党は、インフレ抑制策として、第一次吉田内閣で閣議決定された傾斜生産方式を労働者の経営参画も含めた統制経済による生産力拡充政策として実施することで、党内が一致していた。それだけに左派は、連立を策する社会党右派を牽制する意味も含めて、インフレ政策で国民生活を圧迫しているなか、戦時公債利払停止を行なわず、新円所得者を優遇していると、石橋をターゲットにしたのだった。

中間派である政務調査会長森戸は、昭和二十二年二月二十日の衆議院本会議で、石橋財政の転換と石橋自身の辞任を求め、「石橋財政転換の最も代表的なものは、戦時公債の打切りと、新円所得階級に対する課税とであります。しかるにいわゆる協定案は、この重大な点が認められていないのであります」と述べた（第九十二回帝国議会衆議院本会議議事録）。

昭和二十二年三月三日付け『社会新聞』に、森戸は「石橋財政の非」を掲載し、来るべき総選挙に向け、戦時公債利払停止と新円所得者に対する課税問題をもって、「真面目な生産者中心の日本再建か、ヤミ屋中心の再建か」との対立軸を改めて作った。森戸は、日本共産党との連携を否定しつつ、吉田内閣批判を続けたが、それは石橋抜きの自由党との連立の可能性を残すものでもあった。

第七　片山哲内閣・芦田均内閣の文部大臣

一　日本初の日本社会党首班内閣の誕生

第二三回総選挙

日本国憲法施行直前の昭和二十二年（一九四七）四月二十五日、第二三回総選挙が中選挙区制度で行なわれることになった。森戸は政調会長として、三月五日には「経済危機突破緊急対策」を策定していた。このなかで、石炭と鉄鋼の傾斜生産と、経済計画の中心機関として経済安定本部と経済復興会議を置くことを明らかにした。この総選挙では差し迫る危機への具体的政策が闘争の焦点となると予想し、日本社会党は政権担当を意識した次の四点を論点として選挙を戦うことにした。

四点の論点とは、昭和二十二年三月二十八日付け『社会新聞』で明らかにされているが、国家統制による①生産重点化による産業復興、②労働組合などの拡大・健全化による危機突破推進力化、③戦時公債利払停止とヤミ取引の厳罰化などによるインフレ克服、④配給制度の確立などによる民生安定対策、である。そして、それを計画的に進めるには、重要基礎産業の国家管理、銀行経営・農業および中小企業の協同組合化が必要であるとした（「経済政策」、B）。

一方、この経済政策に対して、日本自由党の吉田内閣と連立してきた日本進歩党内でも、計画化、国家管理、資本と経営の分離、労使協調などが重要だとする少壮派が力を強めていた。彼ら少壮派は、日本自由党の芦田均を担ぎ出し、国民協同党（昭和二十二年三月八日に国民党と協同民主党とが合同して成立）の一部をくわえて、昭和二十二年三月三十一日、民主党を結成した。

広島三区でトップ当選

第二三回総選挙において、森戸は福山市で「新憲法下第二回の総選挙に臨み、われらはこの新たなる内外時局の要請にこたえる民主政権が、勤労国民大衆の基盤のうえに、その信頼と協力によってのみ確立さるべきである、との確信をここに改めて宣明する。さうしてかかる祖国再建の政治力たるの自信と誇りをもって、われらは平和日本をめざす民族独立と社会主義日本に備える経済自立の実現を期して、この選挙戦を闘い抜かん」との第一声をもって選挙戦に入った（「二度目の総選挙に向けて」、B）。

福山市を中心とする広島三区では、定数五名に対して一二名が立候補していた。四月二十五日、森戸は五万四四一六票でトップ当選した。福山市では、一万一七八一票を獲得しており、福山市有効投票の五五・六％を獲得した。同選挙区で日本社会党は、森戸を含め三名が当選した（得票数は三七％）。

総選挙全体でも日本社会党一四三、日本自由党一三一、民主党一二一、国民協同党二九、日本共産党四で、社会党は第一党となった。しかし保守政党の日本自由党・民主党の合計は過半数を超え、社会党は第一党であっても、連立工作は困難を極めた。

片山内閣誕生

片山哲首班をめざして党の結束を固め、幹事長の西尾末広が中心となって日本自由党・民主党・国民協同党との間で連立協議がなされた。政調会長の森戸は五月十二日、野田福雄と森本憲夫に、三月二十二日付け吉田茂首相宛のマッカーサー書簡をもとにした六項目からなる政策協定原案を作成させた。この原案をもって幹事長間の四党交渉が進められ、政策協定は五月十六日に成立した。しかし、「新円封鎖および国債利払の停止は行わず」の文言が入れられるなど、日本社会党も譲歩を強いられた。さらに、日本自由党から党内左派の清算を求められた社会党は、連立を離脱することにしたところ、民主党が、日本自由党を除く連立方針に合意した。こうして六月一日、日本社会党・民主党・国民協同党三党連立の片山内閣が成立した。五月二十四日に、片山一人だけの首相認証式が行なわれてから、九日が経過していた。

組閣にあたり、西尾から重要閣僚への就任が期待されていたにもかかわらず、森戸が希望したのは文部大臣だった。

片山内閣の閣僚（広島大学文書館所蔵）

片山内閣の経済政策は、生産力拡充とともにインフレの抑制を図るため、国民にも負担を強いるものであった。厳しい経済状況のなかで、国民が労働を通じて生産力を拡大するために一致団結する必要があると考えた森戸は、「新日本建設国民運動」を提唱し、六月二十日に閣議決定された。

森戸は六月三十日付け『社会新聞』で、「新しい国民生活に即し、しかも国民の間からわきあがる運動を政府は期待する」と述べた。「勤労意欲の高揚」「友愛協力の発揮」「自立精神の要請」「社会正義の実現」「合理的民主的な生活習慣の確

国会答弁中の森戸辰男（広島大学文書館所蔵）

立」「芸術、宗教およびスポーツの重視」「平和運動の推進」の七目標を掲げた。この方策は、各界代表者に協力を求め、それぞれの実践運動方策の答申を持ち寄って、各界のイニシアティブのもとで運動を推進するものであった。

計画では、中央の国民運動中央協議会と地方の各都市別国民運動討論協議会からなる全国的な運動として、各地域・職域・学校への浸透をめざすものであった。しかし、戦争中の国民精神総動員運動と同じような「文部省的な運動」、ヤミの撲滅やインフレ防止のような具体的な目的を欠いた官製運動、という非難をうけた（昭和二十三年二月十六日「再建運動の発條をどこにもとめるか（下）」『時事通信』第六七七号）。

政府は五〇〇万円の予算を計上したが（当初計画は八〇〇万円）、GHQの担当部局がCIE（民間情報教育局）と決まったのは約半年もあとの翌二十三年一月だったため、審査は進まず予算化が遅れた。結局、認められたのは地方に送付する一三九万円だけで、年度内の実施は困難となった（「新日本建設国民運動資料作成に関する事務の経緯」、A）。さらにいえば、こののち新日本建設国民運動は、三月十日の片山内閣退陣により運動推進の主体を失うことになる。

二　片山内閣の文部大臣として

片山内閣文部大臣

森戸は、戦後の日本を復興・再生させるうえで、文化の重要性を改めて強く認識していた。そして、その文化国家・平和国家としての再生の中心は、教育にあると考えていた。森戸は、文部大臣となることで、新渡戸教育の継承のもと、教養人の育成を念頭に、大阪労働学校での営為、教育機会の均衡・拡大をはかりたいとの思いは強かったのではないだろうか。

日本社会党出身の文部大臣として森戸に期待されたのは、教育の民主化であり、導入されたばかりの小学校六年・中学校三年の義務教育制度（六・三制）の完成、高等学校への定時制や通信制教育の導入、育英制度の拡充など教育機会の拡大であった。

文部大臣就任にあたって、森戸は文部省員に「（新日本の建設は新しい精神、新しい人間の育成を必須の条件としているのであり）国民の間にかような新しい心と新しい人間を育て上げることこそが、敗戦日本における文教政策の根本任務」「省員諸君は本省の掌る文教の仕事に対して矜持と確信を持っていただきたい」と述べ、日本国憲法のもとで民主的・平和的国家を建設するうえでの文教政治の重要性を説いた（「文部大臣就任挨拶原稿」、B）。

六・三制実施に向けて

新憲法施行に伴う第一回国会会期中、森戸は昭和二十二年七月二日の本会議で、学校教育の改革における当面の問題は六・三制の問題であり、新制中学の実行であると述べた。敗戦後の日本には多くの困難があったが、それでもこの学校制度をとったということは「日本が中外に対して、ほんとうに誠意をもつて、平和的文化国家になろうとする決意を示したもの」とも述べていた（国会会議録）。

義務教育を中学まで延長する六・三制を中核とする新学制は、森戸が文部大臣に就任する約四ヵ月前の昭和二十二年三月三十一日に成立した学校教育法に明文化され、四月八日発表の極東委員会「日本教育刷新に関する指令」でも明らかにされた、民主化促進の基本政策だった。

しかし、義務教育年限の延長に伴う新制中学校については、深刻な問題が山積していた。特に校舎の不足は深刻で、新制中学校で自前の校舎で授業が可能なのは、全体の四分の一にも満たなかった。公職追放や敗戦にともなう辞職で三分の一の教員が学校を去っており、薄給の教員に対する志願者数も減少していた。森戸は、国民的な期待も高い六・三制実施にむけて、国家予算の配分を受ける必要があったのである。前吉田茂内閣の昭和二十二年度予算で文部省が計上していた予算額は約六八億円だったが、大蔵省の査定額はわずか八億円だった。

発足した新制中学校は、地方財政を著しく圧迫させるなか、小学校の教室を借りた二部授業や、野外の青空学級などで対応していた。仮教室、二部授業、定員超過による学級数は、全体の六五％におよんでいた。

千葉県での視察を通じて二部授業の弊害を実感した森戸は、六・三制実施のため、七月下旬に地方起債許可とともに、四九億円の追加予算を要求した。大蔵省の査定は五億円だったが、森戸を陣頭に文部省は強硬な姿勢で臨み、七月十五日の閣議で三一億三〇〇〇万円に落ち着いた。この金額は昭和二十三年度の収容人口増加と、越冬困難な青空学級をなくそうとするもので、半分が国庫補助、半分は地方起債だった。

しかし十一月一日の閣議で、この二ヵ月ほど前に関東・東北地方を襲ったキャサリン台風のための災害対策費、追加予算の圧縮などにより、三一億のうち一四億五〇〇〇万円の国庫補助が、半分の七億に削減された。その削減された予算も、GHQ内部の対立もあって執行が困難となり、六・三制予算の成立は次年度に持ち越されてしまった。

教育機会の拡大

高等学校制度は、昭和二十二年度より発足していた。日本社会党としては、勤労青年に対する教育の機会均等を保証するため、定時制高校の設置を奨励し、内閣と森戸文部大臣はこれに対する国庫補助の措置を昭和二十三年度より講じた。勤労青年のために夜間大学、定時制高校、定時制夜間高校などの設置を奨励するだけでなく、通学の機会をえられない者のために通信教育制度を新設し、中学・高校・大学の各通信教育を発足させた。さらに、育英制度を拡充するために日本育英会の予算も昭和二十三年度より増加させた。

ユネスコ加盟運動

昭和二十二年八月十九日の衆議院文化委員会で、森戸は、文部省としても、外務省と協力して国際連合教育科学文化機構（ユネスコ）加盟への態勢を整えることに意欲を示していた。ユネスコ加盟を国連加盟・日本の独立につながるものとしても期待し、民間運動の活発化による国民的な態勢を整えるとともに、GHQにも積極的に働きかけた（国会会議録）。

森戸自身が初代理事長だった社団法人民主外交協会（現・一般社団法人日本外交協会、昭和二十二年）も民間活動の一翼を担い、また森戸も中心にいた超党派の国会ユネスコ協力議員連盟も、活発に活動していた。ユネスコも昭和二十二年十一月・十二月のメキシコシティーでの第二回総会、次のベイルートでの総会でも日本に関心を示し、ＧＨＱ内のＣＩＥの教育課長マーク・Ｔ・オア課長（Mark T. Orr）の協力もえて、ユネスコ駐日代表部の設置へとつながった。

教科書検定制度

教科書検定制度については、昭和二十二年三月、学校教育法が成立・公布されたことにより、国定教科書から検定教科書へと方針転換した。文部省では、ＣＩＥの指導の下に教科書制度改善委員会を設置し、六月に答申を作成した。ＣＩＥ教育課との協議過程で、地方の代表者からなる委員会の設置や、検定制度への早期転換などの点で軌道修正され、教科用図書委員会が十二月九日に設置され、その委員に日本教職員組合（日教組、昭和二十二年六月設立）関係者が多数選出された。

文部省は検定制度導入に前向きだったが、省内の組織維持と存在意義向上のために、文部省著作教科書の作成も考えていた。

第一回の教科用図書委員会では、主導権を握った日教組のもとで民間編集の検定教科書に絞ることが決定された。その一方で文部省は、現行の文部省著作教科書を暫定的に存続させることをＣＩＥ教育課に認めさせ、同時に検定制度の充実を図っていった。文部大臣としての森戸の存在は、文部省と日教組を決定的な対立に陥らせずに、教科書検定制度への移行を可能にした。

文部省の組織改革

森戸は、文化の問題と教育の問題については、文部省が一元的に対応する必要があると考えていた。しかし昭和二十二年十二月十日、行政調査部（昭和二十一年十月二十八日設置）は、「新憲法下の行政機構改革の方針」で、文部省の学術省・文化省への転換、教育行政の地方分権化、大学の自治などに対応した中央教育委員会の設置を求め、さらに翌昭和二十三年一月七日の「行政機構整理試案」でも、文部省の廃止と中央教育委員会の設置を改めて示してきた。

教育刷新委員会からも、前年十二月に続き、昭和二十三年二月七日に片山内閣に対して、文部省の廃止と学芸省の設置が申し入れられた。内務省が昭和二十二年十二月三十一日に廃止されるなか、文部省も、教育委員会にみられる地方分権化による廃止論が唱えられたのである。

これに対し文部省は、文化と学術を重視しつつ、教育面でも六・三制の導入などによる業務量の増大を理由に、存続を主張した。昭和二十三年四月十四日の衆議院文化委員会で、文部大臣の森戸は、ユネスコが教育と科学と文化の三つから成っていることを例に引きつつ、文化国家の再生として、「教育と学術と文化というものの均衡を保っていくところの組織とならなければならぬ」と、文部省の改組による対応を明らかにし、学芸省についても、その範囲が狭いことをあげて反対した（国会会議録）。

森戸は大臣退任後も、文部省無用論を「日本の現在にとつて非常に間違つたもの」「大勢に逆行するもの」と、昭和二十四年五月六日の衆議院内閣委員会文部委員会連合審査会で述べ、文部省設置法（昭和二十四年五月三十一日法律一四六号）を支持した。

国会図書館法の施行

国会法（昭和二十二年法律第七九号）の制定に伴い、国会図書館法が制定されたものの（一四九頁参照）、事態は進まず、アメリカから図書館使節を迎え、新たな国立国会図書館法が昭和二十三年二月四日両院で可決、九日に公布・施行された。森戸は、衆議院調査課の法貴三郎《ほうきさぶろう》と連絡を取っており、国立国会図書館の初代立法・考査局長には中島宗一《なかしまそういち》（東大英法卒。満鉄東亜経済局長、全国調査機関連合会理事長も務めていた）を推薦し、就任が決まった。昭和二十三年六月五日の開館式には、文部大臣・国立国会図書館連絡調整委員として参列し、昭和二十四年の納本制度に係る規程の全面的改定にも関与した。それから三〇年後、森戸は昭和五十三年十一月二十七日の国立国会図書館開館三〇周年記念式典では、日本図書館協会会長（昭和三十九年六月～昭和五十四年十月）として祝辞を述べている。

三　片山内閣の崩壊

片山内閣への国民の不満

大きな期待のもとに成立した片山内閣は、昭和二十三年二月十日に総辞職を決定する事態に陥り、八ヵ月という短命に終わる。

確かに片山内閣は、GHQの特にGS（民政局）の期待をうけて、民主化の促進に寄与した。その経済政策は、経済安定本部を中心に、食糧増産と配給確保、炭鉱国家管理に代表される傾斜生産方式による産業復興を基盤にしたものであったが、同時に、インフレーション抑制のため、物価新体系を設定し、賃金の上昇を抑止するものでもあった。国民に我慢を強いたのである。賃金体系が一万八〇〇〇円で固定化されるなか、国民世論は片山内閣に厳しくなっていき、労働運動が高まっていった。

社共の対立から片山内閣の崩壊へ

労働運動の高まりは、社会党系の総同盟と共産党系の産別との対立をもたらし、総同盟に支持基盤を置く社会党左派に危機感を与えた。社会党左派の鈴木茂三郎らは、労働者本位の社会主義的政策の実行と、このための社会党単独政権を主張し、四党政権協定の破棄と戦時公債の利払い停止を求めた。このため連立維持を第一に考え、片山内閣の中心であった社会党右派との対立が激しくなった。

そして、昭和二十三年度の予算編成を前にして、生活補給金「〇・八カ月分」の補正予算問題が焦点となり、その財源（鉄道旅客運賃の引き上げ）をめぐって左派の鈴木茂三郎衆議院予算委員長のもと、昭和二十三年二月五日、予算委員会で社会党左派が主導して政府原案の組み替え動議を可決した。社会党内の対立が明らかとなり、片山内閣は危機に陥り、二月十日に総辞職を決定した。次期政権は、連立を維持するため、民主党総裁であり、片山内閣で副総理と外務大臣を務めていた芦田均《あしだひとし》が二月二十一日に首相に選任され、三月十日までずれこんだものの芦田内閣が成立した。

片山内閣に対する評価は、日本社会党ではおおむね低い。これは、社会党がその後に左派中心となったことによる（『日本社会党20年の記録』『日本社会党の三十年』）。一方、森戸はのちに次のように語り、高く評価している（『遍歴八十年』）。

片山内閣は戦後の民主的な諸改革を、苦しい中でよく実行したと私は思う。内務省を解体し、官僚的官吏制度を改めて国家公務員制度を導入し、行政機構の民主化を図った。労働省を設け、失業保険や児童福祉法も作った。不敬罪や姦通罪を廃止したのも片山内閣の時だ。いずれも以前からの企画立案であり、占領軍の強力な指令による改革ではあったが、片山内閣はこれを受けとめ、自発的にその推進を図ったのである。もしも社会党が国民的運動をリードしながら、このような進歩的な民主政治を堅持しえたならば、連立内閣は案外長期に政権を担当できたろう。片山氏自身も当初はそう考えていたようだ。

森戸は片山内閣崩壊後、昭和二十三年三月三日付けの『社会新聞』に「政局危機と社会党の態度」を載せ、階級政党から国民政党への脱皮と、現実社会主義の方向性を示して左派をいさめた。この森戸の主張に、左派の鈴木茂三郎は、三月十日付けの『社会新聞』に「社会党の進むべき道」を掲載し、階級政党を主張して反論した。この対立は、のちの森戸・稲村論争に発展することとなる。この過程で、森戸は、平野力三《ひらのりきぞう》農林大臣罷免（平野事件、昭和二十二年十一月三日）と平野派の離党で弱体化した社会党右派を代表するようになっていた。

四　芦田内閣の文部大臣として――再任――

六・三予算の交渉

片山内閣から連立の枠組を引きついで昭和二十三年（一九四八）三月十日に成立した芦田内閣に、森戸は文部大臣として留任した。激しいインフレで予算の補正・追加を繰り返したため、昭和二十三年度の予算編成は、芦田内閣で行なわれることとなった（昭和二十三年度予算が成立したのは、昭和二十三年七月四日である）。森戸はまず、六・三制予算化にむけて仕切りなおすこととなった。

CIE（民間情報教育局）のオア課長より、文部省に「「芦田内閣は前内閣の方針を受継いで六・三制はどうしても実施しなくてはならない」旨の声明書（閣議）をつけて予算書を返して貰へば再考するとESS（経済科学局）は申している」との情報が伝えられた（「オア氏意見」、A）。文部省は、全国の教室不足数を徹底的に洗い出し、予算書の根拠を明確にしていった。

国民は新制中学校の設立を熱望し、市町村は教室不足解消のため校舎の建設を進めていた。経済的危機のなか、六・三制度の破棄・変更を求める声もあがったが、政治的にも社会的にも市町村が実施に向けて動いており、変更は不可能だった（「六・三制度の破棄又は変更に伴ふ影響」、A）。

六・三予算の成立

内閣は二十三年度予算残額六億四六〇〇万円あまりについて、昭和二十三年度四月分暫定予算に補正第一号として国会に提出し、森戸・文部省は六・三制実施費用を組み入れることに成功した。

文部省は五月二十三日、二十三年度予算として、旧物価体系、全額国庫負担で六三億円を要求し、二万二〇〇〇教室の増築を計画したが容れられず、翌二十四日に新物価体系下、半額国庫負担四七億円を要求した。経済安定本部は、半額の国庫負担二八億八〇

○○万に削減した。交渉は難航したが、文部省側要求が通らなかった場合、辞任を決意した森戸と文部当局の強硬姿勢もあり、五月二十八日、芦田首相の仲裁で、国庫負担額四一億円で妥協が成立、同三十一日に予算案として閣議決定した。これで六・三制維持のため、最小限度の必要数である一万九八三七教室の増築が可能となった（森戸退任後、この予算もドッジ・ラインにより大幅に削減され、六・三制が安定するのは国庫負担が義務付けられた昭和二十八年以降である）。

昭和二十三年度予算の成立により、校舎建設費の二分の一、設備費の三分の一が国庫補助となることが確定し、六・三制度を軌道に乗せるうえで大きな役割を担った。

さらに昭和二十四年度予算でも、経済安定本部は、二部授業を人口一万人以上の市で強制的に行なわせることなどで経費削減を主張した。文部省は、通学困難な地方、特に北海道ほか一一県の寒冷地では二部授業が不可能であり、校舎不足の深刻さを主張して対立した。国庫負担額は経済安定本部案の一九億円と、文部省案の三五億六〇〇〇万円との差は大きなものであった。森戸にとって予算交渉はより厳しいものとなった（昭和二十四年七月十一日、文部省管理局、「「六・三制予算問題」経過の大要とその解決策」、B）。この結果をみることなく、芦田内閣は総辞職することになる。

盲学校・聾学校の六・三制義務制の施行

六・三制以外の民主化を中心とする戦後教育改革について、以下では文部大臣期を前後しつつ、森戸が取り組んだ諸課題と問題を見ていく。

昭和二十二年十二月二十二日付けで盲学校・聾学校の要望・決議を踏まえた「聾教育盲教育義務制実施嘆願書」が提出されていた。森戸は昭和二十三年四月七日の政令第七九号をもって、特殊教育にも六・三制義務制を施行した。校舎・設備の整備、教員の養成が困難なことから、盲学校および聾学校については、学年進行で小学部一年生から義務制を施行することとし、国庫補助をつけて九ヵ年で計画的に進めることとした（「盲聾教育義務制実施について」、A）。

朝鮮人学校問題

昭和二十二年十月、GHQは文部省に、日本に残留した朝鮮人子弟に対して日本の教育基本法・学校教育法に従わせるよう、指令をだした。この指令を受け、文部省は翌昭和二十三年一月二十四日、この二つの教育法に従って、朝鮮人子弟を就学させ、朝鮮人学校については私立学校として都道府県知事の認可を受けるよう通達した。一月八日付けのこの文書案に、「但し、朝鮮語等の教育を課外に行うことは差支えない」との一文は、大臣決裁の段階で森戸が挿入したものであった（昭和二十三年一月二十四日官学五号「朝鮮人設立学校の取扱いについて」、A）。

しかし、日本の二つの教育法に従わせる文部省通達に反発した在日本朝鮮人連盟（昭和二十年十月十五日結成、のちに在日本朝鮮人総聯合会〈朝鮮総連〉へと発展）は、「民族教育を守る闘争」を全国で展開するように訴えた。

大阪府と兵庫県では、私立学校申請がなされなかったため、軍政部（占領軍内に設置された日本の地方民事行政を管轄する組織）からの勧告に基づき、朝鮮人子弟の日本人学校への編入にともなう措置として朝鮮人学校の閉鎖を命じた。

これに反発し、昭和二十三年四月二十三日、大阪では朝鮮人学校弾圧反対人民大会が開催され、大阪府庁の一部を占拠し、警官隊と衝突、死者負傷者を出し一七九名が騒優罪で検挙された。兵庫県でも四月二十四日、在日朝鮮人と日本人（日本共産党）が兵庫県庁に突入し、知事を監禁し、学校封鎖令の撤回、逮捕された朝鮮人の釈放などを強要、誓約させた。これに対して、兵庫県軍政部は非常事態宣言を発令し、突入者を検挙した（朝鮮人学校事件）。

この事件は四月二十七日の衆議院本会議でも取り上げられた。文部大臣の森戸は、「各地方の学校閉鎖に関連して、騒擾の事件をも引起すような事態になつたのは、返す返すも遺憾」としたうえで、これは隣邦朝鮮と敗戦日本の、両民族の間にある問題であり、これが民族感情の反撥にならぬよう努力しなければならない、東洋が平和な国として成長するには何よりも大事なことである、との旨を述べた（国会会議録）。

森戸は、昭和二十三年四月二十七日と三十日に在日朝鮮人団体の訪問を受けて意見を交換し、五月三日に覚書を提示して、五月五日に両者正式に調印。六日、付随事項について協議し、「お互いに民族的偏見を超越して、この問題を円満に解決することを約し」「在日朝鮮人は、日本の法律を遵奉することを前提として私立学校に認められた自主性の範囲内において朝鮮人独自の教育をなすこと」とした（「覚書」、A）。

この合意に基づき、五月六日、文部省学校教育局長名（日高第四郎）で、各都道府県知事に「朝鮮人学校に関する問題について」を通達した。このなかで、「善意と親切とを旨とし、両民族の将来の親善に寄与するよう取扱われたい」とし、朝鮮学校を私立学校として認可を促進させ、義務教育の最小限度要件を満たしたうえで、法令範囲内での朝鮮語、朝鮮の歴史・文化などの教育を認め、一般の小学校・中学校の放課後、休日などに朝鮮語などの教育を行なう各種学校の設置も認めたのだった（「朝鮮人学校に関する問題について」、A）。

新制大学の発足

高等教育については、旧制度で履修年数がまちまちだった大学、師範学校、専門学校を、学校教育法で四年制の新制大学に再編し（「第九章　大学」第八七条）、学校体系の民主化と一元化を図った。文部省は翌昭和二十三年一月には新制大学設置の認可に関する文部大臣の諮問機関として、大学設置委員会を設け（昭和二十四年に大学設置審議会と改称）、国土計画的な見地から調査研究を行なった。

私学などの一部、十数校が昭和二十三年度より新制大学として発足すべく、文部省へ申請があり、認可した。その他の官公私立校についても、昭和二十四年度から実施の見通しをつけることに成功した。これにより、学制改革を六・三・三・四制度として整備することとなった。

学生運動

一方で、戦時に抑えられていた学生運動が、大学で盛んになりつつあった。GHQの示唆のもと文部省が発表しようとした、各国立大学を対象とした大学管理法案（大学理事会法案とも）と授業料値上げ案に反対し、昭和二十三年六月二十三日、関東地方の大学・高等専門学校二四校でストライキ（授業放棄運動）が行なわれ、同月二十六日には、全国一一三校一斉ストに発展した。これを契機に、九月、全日本学生自治会総連合（全学連）が結成され、単一のナショナルセンターの役割を果たすようになっていく。学生運動に最も影響力をもった政治勢力は、日本共産党であった。

森戸は七月十六日に「教育復興と学生運動」と題するラジオ放送を行ない、学生ストを「全学生の総意によることなく、成心《ママ》をもつ少数者の意志に従って決定されるようなことは断じて許さるべきではない」「学生自治運動においてこそ、民主主義のモデル形態を造り上げてほしい」としたうえで、「「流れに抗して」も毅然として自分の意志を表明する確信と勇気をもってほしい」と語った。それは「日本のインテリにこの勇気の欠けていたことが、戦前戦時においてあの悲しむべき軍国主義の跳梁を許した重大原因の一つであった」という教訓を踏まえてのことであった（「森戸辰男氏　談話・放送・説示録」、A）。

GHQは昭和二十年十月三十日、教育界から極端な国家主義・軍国主義的な教職員の追放を指令し、文部省が、昭和二十一年五月六日に大臣官房適格審査室を設置して審査を開始したこともあり、約三〇〇〇人が不適格となり教職を追放された。それ以外にも陸海軍人の経歴を持つ者、審査前に退職した者もあり、合計で約一一万五〇〇〇人が教育界を去っていた。その後の補充もあったが、当該期の教員不足数は約六万人にのぼり、とくに六・三制の導入にともなう中学校教員が不足していた（百瀬孝著『事典昭和戦後期の日本』などを参照）。

教員不足の解消から教育公務員特例法へ

教員不足について、文部省と森戸は、一般の地方公務員より二号俸程度初任給の給与を高く設定し、昇給取扱いを一般官吏と同じにするなどの運用をうながした。官庁などの新規採用見合わせ、行政整理、一般企業も人員合理化を進めていたため、優秀な教員を得られると考えていた（「教員の不足状況及びこれが補充対策」、A）。

同時に、文部省と森戸は、教員を質的にも安定して採用できるように、教員身分法案の制定をめざしたが、GHQ・CIEの賛成を得られなかった。このため、国家公務員法の特例規定として、昭和二十三年六月三十日、「教育公務員の任命等に関する法律案」

を国会に提出した。しかし同法案は審議未了に終わった。

この「教員公務員特例法」は翌昭和二十四年一月十二日（法律第一号）、次の第二次吉田内閣で成立した。「教育公務員」を「国立学校及び公立学校の学長、校長（園長を含む）、教員及び部局長並びに教育委員会の教育長及び専門的教員職員をいう」（第二条）と定め、国立学校の教育公務員は国家公務員、公立学校のそれは地方公務員の身分を有することとなる（第三条）。その道筋は、森戸が文部大臣時代につけたものであった。

また教員養成機関については、戦前に小学校教員養成機関だった師範学校、旧制中学校教員養成機関だった高等師範学校を、新制の学芸大学、国立大学の教育学部などに改組する形で再編していった。

学術新体制

戦後の学術文化行政の新体制が整えられていったのも、森戸の文部大臣時代である。就任から約二ヵ月、昭和二十二年八月に学術体制刷新委員会が成立した。構成メンバーは、全国の各分野の研究者から民主的に選出された。この委員会の翌昭和二十三年二月二十八日付けの答申をもとに、日本学士院と学術研究会議をまとめて日本学術会議を設置することとし、七月十日に「日本学術会議法」が公布された。

設立について森戸は「科学者の総意の下に、わが国科学者の代表機関として、このような組織が確立されて、初めて科学によるわが国の再建と科学による世界文化への寄与とが期し得られる」と述べた（第2回国会文教委員会、昭和二十三年六月十九日）。なお、のちのことになるが、森戸自身も第三期と第四期（昭和二十九年一月〜昭和三十五年一月）まで会員に就任している。

五　日本教職員組合と森戸

日本教職員組合の成立

片山内閣の成立直後の昭和二十二年（一九四七）六月八日、日本教職員組合（日教組）が三つの組織（日本教育労働組合・教員組合全国連盟・全日本教員組合協議会）を統一して成立した。全国の国公立・私立の幼稚園・小中高校・大学などの教職員と教育関連団体の職員の組合である。日教組は設立にあたって六・三制の完全実施と教育復興を目的としており、森戸にとって協力すべき対象だった。

六月二十日、森戸は学校放送「教師の時間」で教員組合に対して、「その仕事の気高さの為に生活の現実的な基礎を見失う事なく、生活闘争の激しきのために聖い仕事への矜持と確信を乱されることのない組合こそが真の健全なもの」と述べている（「期待は新生教組　文相放送〝教育者に訴う〟」『時事』昭和二十二年六月二十一日）。

教育委員会法案の成立

ところで、このころ文部省は、アメリカ教育使節団報告書により、教育行政権限を府県と市町村に設置される公選による民主的な教育委員会に移管するよう、強く勧告されていた。教育使節団報告書そのままの実施を求めるＧＨＱと、教育委員会の設置単位や委員の選任方法などを日本の実情に合わせようとする文部省とで、意見は対立したが、ＧＨＱに押し切られる形で法案が作成され、昭和二十三年六月十八日、教育委員会法案が国会に提出された。

この法案の最大の問題は、教育委員の公選であり、アメリカの教育委員会の教育支配（レイマンコントロール）を前面に出したものだった。レイマンコントロールの直訳は「素人統制」だが、専門家の判断のみによらない、広く地域住民の意向を反映した教育行政を実現するというものである。森戸は、教育委員の公選導入が、政党色や特定組織の影響下に置かれる危険があると反対し、どうしても実施するのならば、ＧＨＱの「指令」とするように求めていた。

昭和二十三年六月二十四日の文教委員会では、被選挙権の制限について問題点が噴出し、森戸は苦しい答弁を行なった。結局、法案は国会で修正され、この教育委員会法で、都道府県委員会は七人、地方委員会は五人の委員で組織することとし、委員のうち一人は当該地方公共団体の議会の議員のうちから議会が選挙して決め、それ以外の委員は、日本国民たる都道府県または市町村の住民が選挙すること（第七条）にした。現職教員も当選後は兼職禁止にしたものの、被選挙権を認めることとなった。こうして七月十五日に公布、施行された。

教職員の争議行為禁止

その七日後の七月二十二日付けの芦田首相宛マッカーサー元帥書簡にもとづき、「政令第二〇一号　昭和二十三年七月二十二日附内閣総理大臣宛連合国最高司令官書簡に基く臨時措置に関する政令」（以下、政令第二〇一号）が発布（七月三十一日）された。この政令は、インフレと生活困窮を理由に八月七日に官公労（日本官公庁労働組合協議会）の左派を中心にゼネストを行なおうとする動きが生じたため、これを抑えるべく発せられたものだった。

これにより、公務員はストライキに代表される争議行為が禁止され、団体交渉権を持たないこととなり、従前の労働協約も無効とされた。日教組も例外ではなく、昭和二十三年八月十一日付けで、日教組中央執行委員長の荒木正三郎《あらきしょうざぶろう》宛に通達書が手交された。

八月七日に予定されていたゼネストは中止となったが、一方で産別会議を中心に、政令反対闘争が起きていた。日教組でも、七月三十一日付けで「日教組非常事態宣言」を明らかにして対決姿勢を示し、通達書手交の翌日には日教組幹部が文部省を訪れ、団体交渉ではない共同折衝を行なったが、日教組も政令の例外とはされなかった。

この政令が契機となり、森戸と日教組の関係は変化していった。

第一回の教育委員選挙

そうしたなか、十月五日に第一回の教育委員選挙が行なわれることになり、日教組では先に成立した教育委員会法に対し、「現職教員の委員としての立候補の自由を禁止或は制限しないこと」「教育長以下の職員選定については教員組合の意向をとり入れること」「教育行政職員の専門化が新しい独善官僚にならぬよう措置すること」などの修正意見を明らかにし、激しい対議会活動を行なっていた（「日教組の修正意見」、A）。

第一回教育委員選挙を前に九月九日、森戸はCIE局長ニューゼントと会談し、レイマンコントロールの概念が浸透していないことを理由に、日教組が進出する懸念を示した（「CIEに於いてニューゼント氏との会談録」、A）。十月五日に行なわれた選挙の結果、当選者の三分の一が教員出身者で、選挙は地方財政をより圧迫することになった。

こののち日教組は、教育委員選挙への教員立候補をめぐるGHQ地方軍政部の干渉もあり、占領政策の反動化として文部省とも対立を深めていくこととなった。それは、森戸が期待していた職能的な団体としてではなく、政治性をおびた労働組合運動の一翼を担うものへの変化であった。

六　日本社会党の進路——森戸・稲村論争——

芦田内閣の退陣

芦田均内閣は、昭和二十三年（一九四八）二月の首班指名にあたり、芦田は参議院で、日本自由党総裁の吉田茂につぐ第二位になるなど、発足当初より不安定であった。芦田均首相のリベラルな姿勢は、ＧＨＱのＧＳ（民政局）の支持をえていたものの、国民からの支持率は低調であった。

四月には、閣僚や政府高官らが、昭和電工株式会社の日野原節三《ひのはらせつぞう》社長より政治献金を受けとっていた贈収賄事件が発覚し、六月には副総理で日本社会党書記長の西尾末広が、土木建築業者から献金をえていた事件で起訴され、芦田内閣は二つの政治スキャンダルに見舞われた。昭和電工事件は、日野原が復興金融金庫からの融資をえるため政治献金をした問題だが、経済安定本部総務長官の栗栖赳夫《くるすたけお》が九月三十日に現職閣僚のまま逮捕され、十月六日には西尾がこの事件にも関与し逮捕されたことにより（昭和三十七年、無罪）、翌七日、芦田内閣は総辞職を表明した。七ヵ月ほどの短命内閣だった。

事件の捜査は芦田にまで及び、現職国会議員一〇名を含む六四名が逮捕された（芦田は十二月に逮捕、起訴された。昭和三十七年に無罪）。

日本社会党の政調会長だった森戸は、西尾献金問題で第二回不当財産取引調査特別委員会に証人として出席し、西尾から一〇万円を個人として受領し、そのお金を政務調査会において公的なものとして使用した、と証言している（国会議事録）。

第二次吉田茂内閣の成立

芦田内閣崩壊後、第二次吉田茂内閣が十月十五日に成立した。吉田首相は少数与党だったため即時解散を望んだが、敗北必至の野党の反対により、GHQ主導のもと十二月二十三日、衆議院は解散し（馴れ合い解散）、一ヵ月後の翌昭和二十四年一月二十三日に第二四回総選挙が行なわれることになった。

三度目となる総選挙に出馬した森戸は有権者に、社会党の憲法調査委員として「生存権」を憲法に盛り込み、文部大臣として教育の民主化を推進したことを訴えつつ、マルクス主義と共産党の主張には反対する立場を明らかにした。

選挙の結果、日本社会党は四八議席、前回選挙の一四三議席と比較すれば一〇〇議席近く、改選前議席でも半分以下という大惨敗を喫《きっ》し、元首相の片山哲、西尾末広も落選した。広島県三区の森戸も大きく得票を減らし、三万一四三一票を獲得して当選したものの最下位の五位で（得票率九・七％）、次点との差はわずか一五一五票だった。

日本社会党の党内対立

第二四回総選挙における大惨敗は、日本社会党に大きな打撃を与えるとともに、その後の進路をめぐる党内の対立を、より鮮明にさせた。片山内閣の崩壊以降、党内の左右両派の対立は、マスコミ報道もあって先鋭化していった。その対立の場となったのが、日本社会党第四回党大会運動方針をめぐる昭和二十四年三月十四日の社会党運動方針起草委員会であった。

左派は選挙惨敗の原因を連立内閣に求め、右派は社会党の基本的性格が確立されていないことに求めた。左派の鈴木茂三郎政調会長のもとで作成された運動方針書をめぐり、右派は二度にわたり修正意見をだした。西尾献金問題、平野力三農林大臣の罷免問題などで勢力を減退させていた右派は、森戸が意見をまとめ、森戸案を作成した。

森戸・稲村論争

この森戸案をめぐって、左派の稲村順三《いなむらじゅんぞう》・山川均《やまかわひとし》らと論争となった。稲村の起草した「科学的社会主義に立脚する党」「行動的階級政党」とするこの運動方針書に対して、森戸は右派を代表して「勤労国民を基盤とする大衆政党」による日本社会党再生を主張した。

論争は、曖昧な基本綱領しかもっていなかった日本社会党の方向性を決めていく、本格的な議論となるはずであった。右派は「社会民主主義」を、左派は「科学的社会主義」を唱え、革命方式をめぐっては共産党との関係性から平和革命か暴力革命か、そして党の性格としては「国民政党」か「階級政党」か、が論点であった。

森戸も稲村も、議論の継続と理論的な深まりを期待したものの、第四回党大会における運動方針にあたって、党の性格は、勝間田清一《かつまたせいいち》による「階級的大衆政党」という造語によって先送りされた。それは、マルクス主義の評価を別にすれば、経済復興政策・政策的生産力拡充を中心とする労使協調的経済政策に関して左右両派の間に政策的対立がなかったためでもあった。

四月十五日に採択された昭和二十四年運動方針は、結果として左派色が強いものの、森戸案の内容も取り入れていた。それでも森戸は、論争の継続による議論の深まりを期待し、同年十一月には「マルクス主義と対決する社会民主主義―社会党運動方針書をめぐる論争―」を日本社会党中央機関紙『社会思潮』で明らかにした。

森戸は、保守政党および共産党と対立する日本社会党の性格の明確化を求めたのである。特に、共産党との闘いはマルクス主義との闘いであり、マルクス的階級闘争主義との対立であると主張した。あえて国民政党とはせず「勤労大衆政党」と称したのは、労働者階級とは必ずしも利害が一致しない「農民・中小業者・知識階級等」との連携を重視したためであった。

しかし、結局は森戸・稲村論争は深まらず、社会党の性格はあいまいなまま、左右両派の対立・抗争を解消することもできなかった。これが後の日本社会党の分裂（昭和二十五年）と再統一（昭和三十年）、右派の西尾末広らによる民主社会党の成立（昭和三十五年）につながり、ドイツ社会民主党やイギリス労働党などのような政権を担う政党になることができずに凋落・解体にいたる遠因ともなった。そして、森戸には、共産党と決別できない左派への失望を与えたのではないだろうか。

第八　広島大学学長時代

――大学の管理運営と国際化――

一　新制広島大学の発足と学長選出

広島にあった旧制の官立大学

昭和二十二年(一九四七)三月三十一日、学制改革による学校教育法(「第九章　大学」)が公布され、旧制度で履修年数がまちまちだった大学、師範学校、専門学校が、四年制の新制大学に再編されることになり、翌四月一日から施行された。

森戸の郷里である広島県では、①広島文理科大学(官立旧制大学、昭和四年〈一九二九〉設立)、②広島高等学校(官立旧制高校、大正十二年設立)、③広島高等工業学校(官立旧制専門学校、大正九年〈一九二〇〉設立)、④広島市立工業専門学校(公立旧制専門学校、昭和二十年〈一九四五〉一月設立)、⑤広島高等師範学校(官立旧制高等師範学校、男子教員養成機関、明治三十五年〈一九〇二〉設立)、⑥広島女子高等師範学校(官立旧制高等師範学校、女子教員養成機関、昭和二十年四月設立)、⑦広島師範学校(官立旧制師範学校、昭和十八年設立)、⑧広島青年師範学校(移管により官立旧制師範学校、昭

和十九年設立）を包括して新制広島大学が発足することに決まった（正式に新制国立大学が発足するのは昭和二十四年五月三十一日公布・施行の国立大学設置法からである）。

難航する新制広島大学の学長選出

昭和二十三年十一月二日、新制広島大学の初代学長の選考が開始された。翌年度に新制国立大学の発足することが閣議決定されていたこともあり、初代学長の選出が何よりも課題となっていた。当時、新制国立大学の学長は、大学設置委員会の審議を経て、文部大臣が任命することになっていた（羽田貴史・金井徹「国立大学長の選考制度に関する研究」）。

地元の『中国新聞』は十二月三十日、中央と交渉しうる政治力と「広大《広島大学》を新しく築いてゆく学部の核心と方向が政経学部にあるとすれば初代総長は政経畠から求めるのが至当」とし、進歩的な思想の持ち主であるとともに「過去の因縁情実に捉れることなく」第一級の人物を選ぶべきだ、という社説を掲載した。

年が明けて昭和二十四年二月九日、広島綜合大学設立推進本部では、学長候補者を一二名に絞った上で、全教官による投票を行なった。設立推進本部事務局長の藤原武夫《ふじわらたけお》は、包括校八校から各二名を世話人として出し、この世話人会で候補者の立案を行なうことにした。広島女子高等師範学校・広島師範学校・広島青年師範学校・広島市立工業専門学校・広島高等学校の五校は、森戸を第一候補とした。このときはすでに文部大臣を退いていたが、文部大臣時代に自ら諸大学の学長斡旋を行なってきたこともあって辞退し、この一二名の候補には含まれなかった。

二月十日投票、十二日に開票が行なわれ、得票順に一位が長田新《おさだあらた》（広島文理科大学長）、二位に安倍能成《あべよししげ》（元文部大臣）、三位が羽田亨《はねだとおる》（元京都帝国大学総長）となった。この三名に永井潜《ながいひそむ》（東京帝国大学教授）、末川博《すえかわひろし》（立命館大学長）、恒藤恭《つねとうきょう》（大阪商科大学総長）を加えた六名を適格者として、推進本部は文部省に申し入れた。

森戸を学長に推す文部省

文部省側は、得票第一位の長田新の初代学長就任には、戦前の活動から難色を示し、文部次官の伊藤日出登《いとうひでと》が羽田亨の交渉にあたるが固辞された。

昭和二十四年五月十六日、文部省学校教育局長の日高第四郎《ひだかだいしろう》から長田に、学長候補辞退の勧告がなされたが、長田は拒否した。同二十日、改めて日高を中心に、文部省と推進本部との間で、大学長選任に関して審議が行なわれ、席上、文部省側から森戸が適任であるとの意向が伝えられた。文部省は、省の継続性を維持しつつ理想の実現をはかった前文部大臣を評価したのではないだろうか。大勢は森戸の次期学長招請という方向となり、二十四日、長田は候補辞退を明らかにし、候補者は森戸にしぼられた（「初代学長選任事情」、B）。

このとき社会党運動方針書をめぐって党内左派の稲村順三らと論争の渦中にあった森戸は、学長就任を決断できなかった。しかし、大内兵衛《おおうちひょうえ》（法政大学学長）の説得、広島県出身の伊藤文部次官をはじめとする文部省側の強い推薦もあり、年が明けて昭和二十五年三月に入って、ついに代議士辞職と学長就任を決意した。

ここにいたった思いを、昭和二十五年八月刊行の『読売評論』「政治と教育―国会から大学へ―」（第二巻第八号）で、政治の世界は必ずしも身に合った世界ではない、政治家の仕事が個人の人間生活・家庭生活を脅かすものとも考えていた、と述べている。実際、政治資金を作る「サイカク」のなかった森戸を、妻の岸子は自分の着物等を質に入れて支えていた。

衆議院本会議での辞任発言

森戸は昭和二十五年四月八日に日本社会党を離党した。離党に際して社会党右派が強く慰留したが、その意思は固かった。

四月十八日の衆議院本会議で、森戸は特に発言を許されて、代議士を辞職して広島大学に行く理由を、郷土からの就任要望、「日本の再建は青年の向背にかかる」という確信、「平和都市広島にふさわしい大学」を創りたい、という三点をあげて語り、

祖国再建の精神的基礎をなす教育刷新の大事業は（中略）制度的にはほぼ完成いたしました。ただ、最後の、しかし重要な一環をなす標準義務教育費に関する法律と大学管理法とがまだできていないことは、何としても心残りでございます（中略）教育革命の大業が制度上完成される日の近づいたことを思いながらここに政治を去

ることは、私の一つの大きな喜びであり慰めでもあるのでございます
と述べ、標準義務教育費に関する法律と大学管理法の立法化を信じ、最後に祖国再建と議会民主主義確立、文教の復興と推進に協力を求めた（国会会議録）。

森戸は、教育の重要性を考え、文部大臣になった。六・三制の基礎が固まり、次は高等教育という思いがあったのであろう。広島の五つの学校からの推薦もあり、郷里への思いもあった。森戸は、日本の再建と四つの主張を、教育を通じて広島で実践しようとしたのである。

ユネスコ決議案

代議士を辞する四ヵ月ほど前のこと、最後の議会となった第七国会で、森戸はユネスコ決議案の成立に尽力していた。昭和二十四年十二月一日の衆議院本会議で、ユネスコ運動に関する決議案についての提案趣旨説明を、各党有志の代表として行ない、敗戦後のわが国はユネスコの精神にのっとって再建されたと言っても過言ではない、と述べたあと、

世界平和を実現しようとするユネスコの企図に全幅的な賛意を表し、全国民一人々々の心の中へ、この精神の普及徹底を期することは、新憲法の前文に示されているように、恒久平和を念願し、人間相互の関係を支配する崇高な理想を深く自覚し、平和を愛する諸国民の公正と信義に信頼して、われらの安全と生存を保持しよ

うと決意した日本国民の総意を代表するわれわれ国会議員の、当然の責務と申しても よいのではあります

と語った。この決議案は、共産党を除く多数により成立した。

ユネスコ精神の普及

「心の中に平和のトリデを」、森戸は広島大学の学長に就任してからも、中央の学術政策や大学行政に精力的に関わっていく。森戸のユネスコ活動についてまとめてふれておく。

森戸は赴任直後の昭和二十五年六月二十三日、「国際平和とユネスコ」と題した広島市における第二回ユネスコ講演会で、「人間の心の中に平和のトリデを築く」とのユネスコ精神の普及による平和を唱えた。ユネスコ運動に平和を見出していたのである。なお、この講演の二日後の六月二十五日、朝鮮民主主義人民共和国軍が(北朝鮮)、北緯三八度線を越え、大韓民国を攻撃したことにより朝鮮戦争が始まった。

森戸の平和論とは「現実的平和主義」であった(後述)。昭和二十五年八月六日の『中国新聞』に載った「平和の危機と現実的平和主義」によれば、「暴力主義者の革命的平和主義」と「一国平和主義」ではない、構成員として応分の協力を惜しまない「国連中心主義」を主張している。

ユネスコ加盟

日本は昭和二十六年六月二十一日、パリで開催された第六回ユネスコ総会で加盟が認

被爆直後の広島文理科大学
（川本俊雄氏撮影／川本祥雄氏提供，画像データ提供・広島市平和記念資料館）

められ（七月二日署名）、国際社会への最初の復帰の場となった（この約三ヵ月後の九月八日にサンフランシスコ平和条約を締結、国際連合加盟は昭和三十一年十二月十八日のことである）。

日本はこの加盟にともない、政府および民間が積極的にユネスコに協力すべく、翌昭和二十七年六月には「ユネスコ活動に関する法律」を公布、八月には「日本ユネスコ国内委員会」が文部省の機関として設立された。森戸は設立準備委員として、国内委員会設置後は昭和二十七年から同三十四年まで副会長、昭和三十四年から三十六年まで会長として活動した。文部大臣を経て、世界最初の被爆地広島で学長を務める森戸は、戦後日本の教育とユネスコが共鳴すると考え、昭和三十五年にはユネスコ双書第一号『国際理解教育の基本的理念』を著わすなどの普及活動も続けた。

また、森戸は、ユネスコ総会に日本政府代表として二度参加し（昭和二十九年十月二十二日、第八回総会〈ウルグアイ〉・昭和三十一年十二月二十五日、第九回総会〈インド〉）、昭和三十三年十月十四日の第一〇回総会（フランス）にも政府代表顧問として出席している。

二　新制広島大学の初代学長に着任

新制広島大学の開学

新制広島大学では文学部・教育学部・政経学部・理学部・工学部・水畜産学部が設けられ、昭和二十四年（一九四九）六月に各学部で入学試験が実施された。そして前述した事情により、学長が決まらないまま七月十八日に第一回入学宣誓式が行なわれ、九月より授業が開始された。

広島大学初代学長

森戸は衆議院本会議で自身の辞任について発言した翌日、すなわち昭和二十五年四月十九日に文部教官に任命されるとともに、広島大学長に補され、二十三日に着任した。開学から一年後に初代学長が着任し、同年五月二十五日の入学式に臨んだ。

壇上には、大正九年（一九二〇）の森戸事件でともに罪に問われた大内兵衛の姿もあった。

森戸の広島大学長就任は広島市のみならず県民からも歓迎され期待された。

建学の精神

少し時期は下るが、昭和二十五年十一月五日、開学時に学長不在で挙行できなかった開学式が行なわれ、森戸は「変革期の大学」と題する講演を行なった。「大学の指示する道は、暴力と流血の道ではなく、平和と協力との道であります。ユネスコの示しているような、教育と科学と文化の道であります。しかし、それは大学が真理の究極の勝利を確信するからであり、変革と革新の基底が人間革命にある、との信念に立つからであります」と語り、広島大学を「自由で平和な「一つの大学」」とした。この言葉はのちに建学の精神となる。キャンパスが分散するなかでも、一つの共同体としての新制広島大学をめざし、世界最初の被爆都市広島の大学としての個性、自由と平和をもって戦後日本を象徴する大学とする、との意図がこめられていた。

森戸の広島大学三原則

この開学式で、広島大学三原則も明らかにした。①中国・四国地方の中心大学、②地域性のある大学、③国際性のある大学、である（『変革期の大学』）。

「中国・四国地方の中心大学」とは、旧帝国大学に匹敵する総合大学として、中国・四国地方に位置づけることを意味していた。方向性としては、学部編成を充実させ、学問研究の拠点としての大学院を充実させることであった。そして、たこ足大学と呼ばれた分散キャンパスを「一つの大学」にまとめることであり、昭和二十六年から三十六年にかけて、東千田キャンパスへの統合を具体化させていった。

「地域性のある大学」とは、広島大学が県民の献金などの協力により創設されていたこともあり、職業教育、学問研究による地域への奉仕を意味した。政経学部第二部の設置、公開講座の開催、地方への教員出張講義や、地方の産業開発への協力など、地域社会との連携の推進を意味していた。昭和二十五年九月一日より通信教育部を開始し、通信教育講座の開設により教育機会の拡大を図った（昭和三十三年度末廃止）。

「国際性のある大学」とは、被爆後の平和都市広島における文化的精神的中心に広島大学を位置づけることをめざしたものであった。

「教員養成」の充実と教育学部

森戸が学長として努力したことの今一つは、教員養成の充実である。新制広島大学が昭和二十四年に発足した時、教育学部は、広島高等師範学校および広島女子高等師範学校・広島師範学校・広島青年師範学校など各師範学校を包括した一学部として設置された。設立当初、教育学部は三つの分校（東雲分校・三原分校・福山分校）、一〇校の附属学校を擁していた。

教育学部は発足時から高等学校教育科を設け、一般教育を教養部に、教科専門教育を文学部・理学部・政経学部に委託して、相互補完的な体制をとった。このことが教職専門教育の研究・教育、教科教育学の発展につながった。教育学部長の皇《すめらぎ》至道《しどう》（のち広島大学第二代学長）を中心に、通信教育部（昭和二十五年九月一日より開学、昭和三十三年度末廃止）で教育機会の拡大を図るとともに、教員指導者講習会、社会教育主事講習会など、現職の教職関係者を対象とする各種講習会を開催した。森戸はそれを積極的に支援し、昭和二十八年三月に大学院教育学研究科を設置している。

教育体制を整える

新制広島大学には、森戸の文部大臣期から設置が希望されていた、夜間大学としては国立大学最初の政経学部二部も予定されていた（昭和二十五当年度発足）。また、広島県立医科大学の統合による医学部設置が予定されていたが、これは昭和二十七年度に持ちこされ、国家予算成立後の昭和二十八年八月のこととなった（附属病院の移管は昭和三十一年四月）。森戸は、医学部設置により総合大学としての教育体制を整える一方、理論物理学研究所に加え、昭和三十六年四月に原爆放射線医学研究所を設置して研究体制の強化をはかる。図書館も復興させ、広島高等師範時代からの伝統を引き継ぎ、昭和三十四年まで広島県民一般にも公開した。

人間形成としての「一般教育」と教養部

実は、旧制広島高等学校を前身に置く教養部は、他学部との間に、一般教育と専門教育という担当の違いだけでなく、前身校を念頭に置いた対立意識が存在していた。

森戸は昭和二十五年六月二十二日、広島大学教養部の学生に対して「新制大学の使命—学生運動のありかたにふれて—」と題した講演を行ない、新生日本が「新しい人間」

の育成を求め、これに対応する新制大学の特質を一般教育とした、と述べた。
続けて、近代文明の科学的・技術的偏向は知性偏重に根源し、人間の専門化・部門化、その自己分裂と自己喪失は避けがたい結果にほかならない、と語った。そして近代文明の最も根本的な問題は、自然科学と技術の驚くべき進歩に対して、社会科学と政治をマッチさせ、さらに、これらに比べて進歩の著しく遅れている人間の内面を捉える叡智と、全的人間をその奥底から動かす技術を急速に推し進めてゆくことに存している、と主張した。これが「新しい大学の教科の編成において、近代文明の基本的な問題が知的な面から捉えて「一般教育」という言葉となって現れたものと私は考えている」と述べ、学園共同体のなかで「一般教育」を担う教養部の重要性と、学生自身の積極的な協同としての学生運動の必要性を挙げた（森戸辰男『変革期の大学』）。

教養部教官へ人間の育成を要望

また森戸は、昭和二十五年十一月二十二日の教養部教官会での懇談会で、次のように述べた（広島大学教養部「雑録」昭和二十四年四月～昭和三十九年三月）。

新制大学は学問と人間育成の殿堂だと思う。統一された全体的な人間を育てることに目的があると思う。……よい日本をつくるためには大学がやらなければならないと思う。その中でも教養部の教官は特に重要なる地位にある。新制大学の教授はそういう面をもつてもらいたい。大学教授の資格の半分は教育である。ただ単に学術研究者であるということだけではよいとしない。しかし教育者だから研究者ならずともよいとはいい得ない。山下（山下覚太郎）教官のいわれるような学者のみの尊重傾向は間違いであると思う。……もちろん大学は学問を中心としているが、同時に人間育成についてもよろしくお願いしたい。……

森戸のこれらの発言は、このころ大学で盛んになりつつあった学生運動と関わっている。

イールズ事件

森戸が学長に就任する前年、昭和二十四年七月十九日に、ＧＨＱのＣＩＥ（民間情報教育局）顧問のウォルター・クロスビー・イールズ（Walter Crosby Eells）が、新潟大学での講演で共産主義教授の追放を訴えたのをきっかけに、大学教授や学校教職員の公職追放（レッドパージ）が始まり、これに反対する学生の抗議運動が起こった。

学生運動への考え方

それは広島大学でも同様で、森戸は学長就任前から危惧していたことだった。着任直前に行なわれた、昭和二十五年五月十一・十二日の『東京新聞』掲載の座談会「各学長に聴く」では「逸脱した学生運動に対しては、学校管理者は処置をとるべきである」「（大学の先生方は）はっきりした態度を表明すると、反動とかファショとかいわれるので、なすべきことをしていない」「学校の先生方は研究者であるだけでなく、人間の育成者であることが、新制大学の先生方の大きな役割で、この点に十分自覚を持ってもらうこ

学生運動への対応

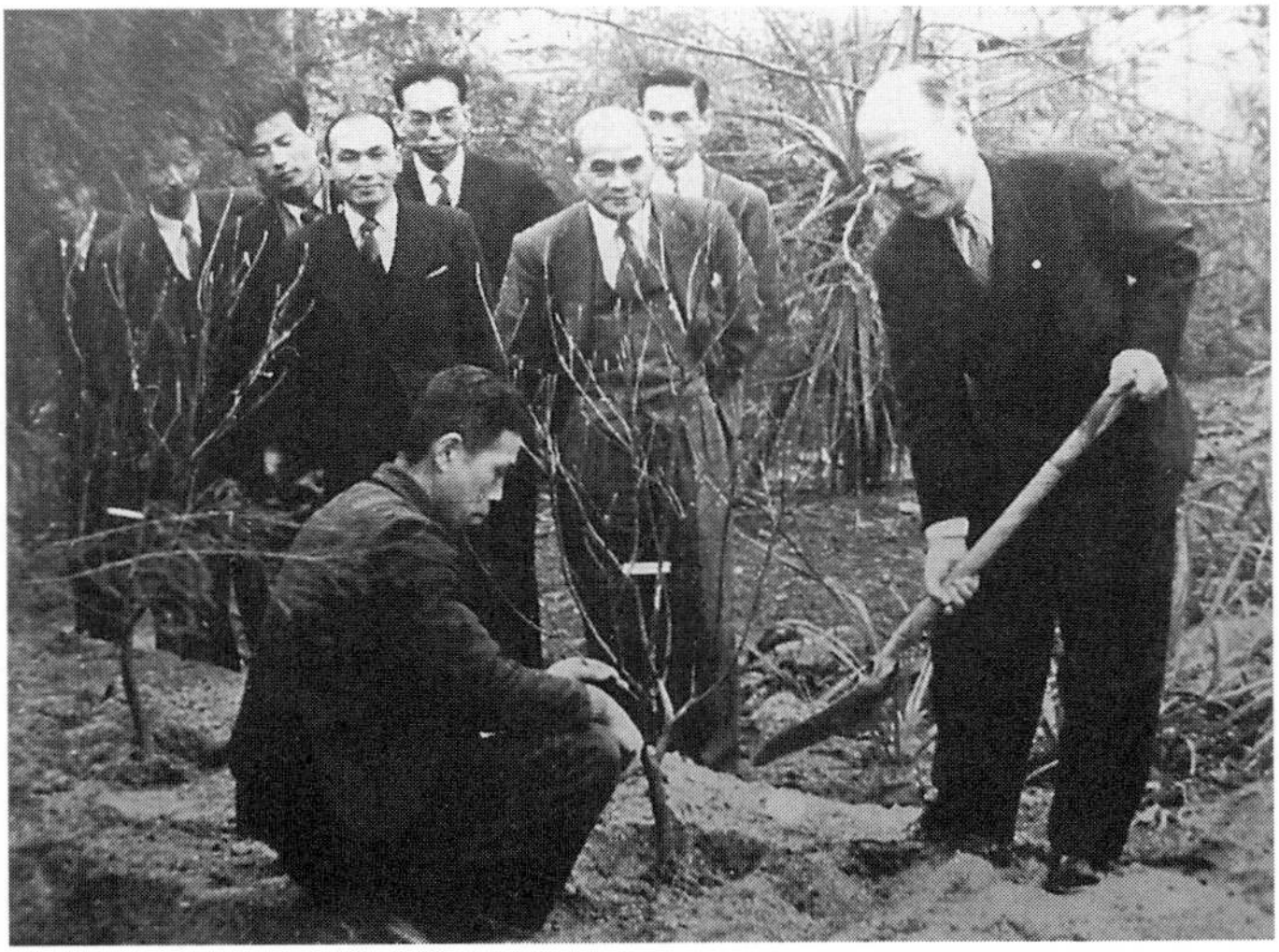

植樹する森戸辰男（広島大学文書館所蔵）

とが必要」と発言している。そして逸脱した学生運動に対し「あらゆる努力をして大学を一つの協同体」とする必要性を主張していた。

五月二日にはイールズが講演することになっていた東北大学で、学生が「大学の自治、学問の自由」を求めて抗議行動が起こしていた。森戸は、五月十六日、最初に出席した第一五回評議会で、イールズ事件・学生の抗議活動について「計画的に一貫して起こっている政治的意図をもつ問題である。大学の自治を守るにはこの事態を起らぬようにする必要あり。政府の干渉はよくないが、大学としては大学の教官がすべてをおさえなくてはならない。自治を守らなくてはならない。補導部だけの責任とすべきではない」と発言し、震源地でもある「教養課程の先生は自信を失うことなく、実質をよくすること」と要望している（広島大学所蔵「評議会議事録」）。

「緑色」の平和

昭和二十六年一月、森戸は世界各国の大学に手紙を送り、広島大学の復興再建への協力を依頼した。平和都市の「平和の大学」建設に、世界各国の大学が協力することは、国際理解を進め、世界平和に寄与するものと考えたからであった。そして第一に、平和問題研究所の設立をめざして平和問題に関する図書の寄贈を、第二に、大学緑化への協力を依頼した。

送られてきた図書は「平和文庫」として図書館で整備され、また、送られてきた苗木、種子および現金により大学の緑化計画が進められた。このような森戸の考えは、校章にフェニックスの葉をあしらい、校旗の下地を緑色とする理由ともなった。

森戸は、国際主義的な平和論の立場から、広島は「平和都市」であるべきであり、「被爆地」のもつイメージを「負」のものととらえていた。昭和二十六年八月六日の『中国新聞』「座談会〝平和祭〟を語る」のなかで、原爆遺跡の保存を不要とし、「平和の殿堂をつくる方により意義がある」と発言していたことでも理解できる。

昭和二十六年一月末から約四ヵ月、日本教育視察団の一員として渡米した森戸は、アメリカの大学の成人教育に触れ、大学教育が広範に普及していることを再確認した。

三 「現実的平和主義」

サンフランシスコ平和条約と日米安全保障条約

第二次世界大戦後の講和は、ヨーロッパについては一九四七年にパリ講和条約が結ばれていたが、日本と連合国との講和は、昭和二十六年（一九五一）九月四日からのサンフランシスコ講和会議、七日の吉田茂首相の平和条約受諾演説を経て、八日に四九ヵ国が条約に署名して締結された（翌年四月二十八日発効）。また同日、日米安全保障条約が結ばれ、米軍の日本駐留などが定められた。

国内では講和について、すべての交戦国と和解すべきと主張する全面講和論（日本社会党・共産党や南原繁《なんばらしげる》や大内兵衛ら）と、冷戦下ではアメリカおよび西側陣営と講和を結び、まずは主権を回復すべきと考える片面講和（単独講和）論が叫ばれていた。

片面講和を評価

森戸は、全面講和と片面講和で国論を二分したサンフランシスコ講和について、昭和二十六年九月十四日の『中国新聞』掲載の佐藤尚武《さとうなおたけ》との対談「講和後の日本の進路」で、次のように述べている。

日本としてはいろいろと希望はあるが、この条約は客観的情勢からいっても、無条件降伏した立場からみても不利ではない。公正です。……一部の人々が条約のなかの希望にそわぬところをとくに大きくとりあげて、国民を失望させるようなことがあってはならないし、この講和が望ましくないものだというような考えが国民の間にひろがるようなことはあってはならないと思う。

森戸は平和憲法である日本国憲法とサンフランシスコ平和条約を合わせて日本が独立してこそ、「平和主義の現実的前進」があると考えていた。昭和二十七年四月二十七日の『読売新聞』「日曜評論　平和主義の現実的前進」では、占領軍の武力による「援護」によって安全が保障されていたため、観念的な平和主義が不思議にも現実的なものとして機能したという。機能した背景とは、連合国からの日本非武装の要請と、これに照応する国民の諦観、軍国主義に対する感情的な反駁と国民大衆の平和願望である。しかし独立により、平和は現実的な性格が必要となった。森戸は①絶対平和主義に対する相対的平和主義、②孤立的中立的平和主義に対する世界的平和主義、③現状維持的平和主義と暴力革命的平和主義に対する、平和革命的平和主義、を主張した。

現実的平和主義

森戸の「現実的平和主義」とは、第一に一部の人・階級・国家の利害に規定されない普遍的なものでなければならない、第二に観念的、抽象的なものではなく、現実的・具体的なものでなければならない、第三に高度の平和主義ではなく、一般国民もその運命を託することができるものでなければならない、とする。そのうえで日本は、国際連合の立場に立つ平和主義でなければならないと説いた。

この国際連合の平和主義は、東西冷戦下で困難な「中立又は孤立平和主義」に対して、国際協力により平和の実現が可能になる、ゆえに国際連合の集団安全保障を受けいれて世界的な平和を希求すべきである、と主張する。その平和の思想的基礎こそがユネスコであり、その憲章の冒頭の「人間の心の中に平和の砦を築かなければならない」という原則を平和精神として振興しなければならないとした。さらに国際連合の「世界人権宣言」を基盤に、平和の経済的基礎として先進国と発展途上国との南北問題、資源問題、開発問題などを平和協力の中心として進めなければならないという。

その意味で、独立日本の平和的努力とは、「国際連合の線にそう（現実的な）平和主義を確立・強化してゆくことを意味する」と結論していた（森戸辰男著『国際連合と平和主義』）。

離婚

この頃、森戸の二重生活は、昭和二十六年八月二十日に和子夫人との間に協議離婚が成立し、八月二十三日には楳原《うめはら》岸子（きし）と婚姻届を出している。そして昭和二十七年の夏休み、家族とともに広島市草津南町の学長官舎に入った。

四　学生運動と大学運営

破防法反対運動

昭和二十七年（一九五二）四月十七日、政府はサンフランシスコ平和条約の発効を目前にして、国会に破壊活動防止法案（破防法）を提出した。これは、公共の安全の確保を目的に、暴力主義的破壊活動を行なった団体に対する刑罰規定などの規制措置を定めるものだった。これに対し、憲法が保障する思想・信条の自由、集会・結社の自由及び言論の自由などの基本的人権を侵害するとして、大規模な反対運動が起こった。四月二十八日、全学連による破防法反対ゼネストが行なわれた。

六月十日、森戸は広島大学長名で「大学が教育と研究の場であるにかんがみ、本学は破防法反対ストを認めない。よって授業は平常通り行う。学生諸君は、大学の使命と学生の本分を認識して学業に専念することを要望する」と掲示した（昭和二十六年十一月二十七日付、第四五回評議会議事録「評議会議事録（要録）」）。

五月一日のメーデーで、デモ隊への発砲により死者を出したことから、破防法反対運動などの学生運動が活発化するなか、広島大学では七月一日に第五九回評議会が開催され、政経学部自治会の全学連加入をめぐって議論がなされた。森戸は、「政府としては共産党を禁止していない現在、学連を禁止さすことは出来ない。各大学長の意見は、大学としては全学連はこのましくなく、参加させないようにする意見である」と述べていた。なお二〇日後の七月二十一日、破防法は公布、施行となった。

森戸はこののち昭和三十四〜三十五年、第二次岸信介《きしのぶすけ》内閣時の日米安全保障条約改定反対運動（六〇年安保闘争）でも、ストライキや授業放棄を指導する教養部学友会の学生らに対し厳しい姿勢で臨んだ。このため森戸学長期、大学にはビラや立て看板が林立し、「モリトはモーロク」などと書かれはしたものの、学生運動は激しいものとはならなかった（昭和四十年一月一日『中国新聞』「中国人物山脈」）。

原爆死没者慰霊碑の碑文をめぐって

昭和二十七年八月六日、広島平和公園内に建てられた原爆死没者慰霊碑（正式名称　広島平和都市記念碑）除幕式が行なわれた。昭和二十年に米軍の原子爆弾が投下された広島市は、昭和二十四年に特別法「広島平和記念都市建設法」を施行して復興財政支援を得ると、慰霊碑建設を世界平和のシンボルとする国家的事業と位置づけた。三年後に建てられた慰霊碑は、設計が丹下健三《たんげけんぞう》、碑文に刻まれた「安らかに眠って下さい。過ちは繰り返しませんから」は、広島大学教養部で英文学を専門とする雑賀忠義《さいかただよし》教授によるもので、広島市長の浜井信三《はまいしんぞう》から依頼されて作成、揮毫したものだった。碑には「原爆死没者名簿」が納められた。

十一月三日、極東国際軍事裁判（東京裁判）でインド代表判事を務めたことで知られるR・B・パル（Radhabinod Pal）博士がこの地を訪れ、広島市民に過ちはなく、「落としたものの手は清められていない」と碑文を強く批判した。このことが発端となって碑文論争が起こった。

森戸は十一月九日付けの『毎日新聞』で、碑文の意味を「投じたものも、投じられたものも含めて、人間はもうこんな過ちを二度と繰り返すまい。という世界市民らしい祈りは平和の都にふさわしい碑銘ではあるまいか」と高く評価した。そして、パル博士を「深奥心理には何かしらアジヤ人の白人にたいする憎悪と反感が、前者の後者に対する反抗と闘争を期待する激しい心の片鱗が感ぜられないであろうか」と批判した。

大学管理法案の不成立

ところで、森戸は自身が代議士を辞めるときに、大学管理法がまだできていないことが心残り、と演説したほどその立法化を望んでいた。昭和二十六年三月、第十回国会に国立大学と公立大学のそれぞれ大学管理法案が提出されたが、この時も成立せず、同年の第十一回・十二回の臨時国会でも審議未了となった。

学長の立場になって大学管理法の制定に期待をかけたのは、教養部の制度的安定を保証し、同時に大学の管理運営と責任を明確にすると考えたからである。

広島大学において森戸は、事務局を大学運営の原案作成機関とし、学長が議長として評議会を主導、教員人事を含む大学全般の管理運営を掌握し、指導力を発揮した。それは大学管理法ができるまでの暫定的なものであった。その指導力は、学者・政治家としての見識と、地方大学としては破格の予算を獲得し、キャンパスの統合を進める実行力の結果、「せいぜい地方銘柄の一つに過ぎなかった広島文理大株が〝社名変更〟とともに急に全国的な一流株」とした実績に基づくものであり、「広大に過ぎたもの」(昭和三十年一月五日の『毎日新聞』「大学の顔①広大森戸学長」)と評されるカリスマ性によるものであった。しかし、森戸は、学長の制度的な位置付けが必要と考えていたのである。

中央教育審議会の専門委員になる

学内行政でも多忙ななか、昭和二十八年九月十日、森戸は中央教育審議会(中教審)専門委員に就任した。中央教育審議会は、前年六月まで内閣に設置されていた教育刷新審議会が廃止になるのを受けて、新たに文部大臣の教育諮問機関として文部省に設けられた。教育、学術、文化に関する基本的な重要施策について、大臣の諮問に応じて調査審議、建議するのを職務とし、委員(二〇名以内、任期二年)のほかに、臨時委員、専門委員を置くことができた。

このときの文部大臣は、第五次吉田茂内閣下の大達茂雄《おおだちしげお》(自由党)、後任は第一次鳩山一郎内閣下の安藤正純《あんどうまさずみ》(日本民主党)だった。森戸は昭和三〇年一月二十五日までの第一期のみが専門委員で、以降は第九期任期の昭和四十六年七月三日に退くまで、一八年近くにわたって中央教育審議会に、委員として関わることになる。昭和三十八年六月二十四日から昭和四十六年七月三日まで（第六期～第九期）は会長を務めるが、他の期でも特別委員会の主査を多く務めていく（『中央教育審議会答申総覧〔増補版〕』）。

森戸にとって中央教育審議会委員の就任は、文部大臣として関与した戦後教育改革の総仕上げとともに、改革の定着を願ってのことであった。また、文部省にとっては、政治家、文部大臣経験者として、学者・教育者・広島大学長として教育現場の実践者でもあった森戸の穏健な識見を高く評価しての任命であった。

「国立大学の評議会に関する暫定措置を定める規則」の影響

審議未了のため大学管理法案が国会で不成立になると、国立大学協会などの要望により、国立大学の評議会に関する暫定措置を定める規則（昭和二十八年四月二十二日付、文部省令第一一号）が定められ、国立大学に評議会が置かれることになった。評議会は、学長の諮問に応じて、学部ごとに置かれている教授会の意向を調整し、全学的な立場から大学運営に関する重要事項を審議することとされた。

しかし、学長である森戸が議長となって、最高決議機関として機能していた広島大学の評議会は、学長の諮問機関と決議機関との中間のような曖昧な組織として運用されることになってしまった（昭和二十八年五月二十六日付、第七一回評議会議事録「評議会議事録（要録）」）。

また、文部省令では、教養部が他の学部より一段低く見られることとなっていた。森戸は教養部を重視し、教養部を学部と同格に扱ってきたため問題化したが、文部省令第一一号の評議会の構成員として、附属図書館長とともに教養部長と教養部教授二名（文科一名、理科一名）をこれまで通りに加えて対応した。

この文部省令第一一号にともなう十月一日付けの広島大学評議会規程改正によって、昭和二十四年九月十七日制定の広島大学評議会規程で明記されていた評議会審議事項が削除されると、早くも十月十四日に開催された第一回評議会で問題化した。学部長の選考、教員人事などが、全学的な観点から行われていたが、工学部長選考内規の承認にあたり、政経学部の評議員より学部教授会の自治により、評議会の承認は不必要との主張がなされた。さらに、学部長選考と同様、これまで慣習的に評議会への報告・承認事項とされていた教員の資格審査についても、学部ごとに行なうこととなった。森戸のもとで一体的に運用されていた大学の管理運営機能が各学部教授会を主体としたことで分散し、森戸の指導力を拘束するものとなったのである。

五　森戸の平和観と国際大学協会

森戸は広島大学を、世界最初の被爆都市広島の大学として、自由と平和をもって戦後日本を象徴する大学とする、という意図から「自由で平和な一つの大学」を建学の精神としたことは、先にも述べた。

森戸は昭和二十九年（一九五四）八月号の『文芸春秋』に「平和の建設と反省」を載せ、原爆被害者の訴えは謙虚なヒューマニズムに基づくべきと主張した。これに対して広島大学理論物理学研究所所長の三村剛昂《みむらよしたか》教授は、七月二十四日の『中国新聞』（「読者の会議室」）で、被爆体験の有無を前提とする批判を行なった。

森戸は八月二日の『毎日新聞』に「三村教授の『原水爆と日本人』にたいして」を掲載し、「原水爆の問題が国際関係の問題」であるとしたうえで、「運動」を「国際的な権力闘争や反感敵意を挑発する手段」から、「信頼・協力・寛容を促進することによって平和的な国際関係を樹立することに向けられなければならない」、その根底にあるべきは「謙虚なヒューマニズム」である、と反論した。

原子力への考え

森戸は、原子力の平和利用に関しては積極的であった。被爆地広島でも原子力の平和利用への理解を求めた。同時に被爆に関して、広島市の比治山頂に施設を建て、治療を行なわず、調査のみを行なっていたアメリカのＡＢＣＣ（原爆傷害調査委員会、一九四六年設立）について、昭和三十一年二月二十日の第二回ＡＢＣＣ日本側評議会で、個人的な意見であると断ったうえで次のように語った。

（前略）現在、原子力の平和利用が進展して居る情況から考えますと、ＡＢＣＣは強化されねばならないと思います。原爆の災害の研究の継続と並んで放射線の人体或は生物に及ぼす影響の基礎的研究を加えること。放射線医学の教育計画を本格的に取り上げること。又この分野に関しては医師の再教育をこれに包含せしめること。これは研究と教育と原対協の治療対策とが関連させられて広島大学の協力の下にＡＢＣＣが medical center となって、やることが望ましい（後略）

と述べ、広島大学医学部との協力によるＡＢＣＣの治療機関化を提案した（「第二回ＡＢＣＣ日本側評議会議事録」、Ａ）。

学長退官後になるが、昭和四十三年八月六日の『中国新聞』に「メッセージ（平和都市広島と原水爆禁止運動）わたくしの回想と期待」を発表し、核の拡散が進み、核不拡散条約が国際的議論にあるにもかかわらず、原水爆禁止と世界平和への広島市民の関心が低くなっている事実を指摘した。主たる原因は、原水爆禁止大会が「闘争の大会」となり、三つの陣営に分かれて対立抗争を続けていることで広島市民の関心と熱意が冷却したと見ていた。「永続する平和の基本は恐怖の均衡ではなく、諸国民間の理解・信頼・寛容による連帯精神の確立にある。それゆえ、平和をめざすこの運動は、困難な、そして場合によっては、相当に長い射程を持たねばならぬ」と述べた。

国際大学協会の初代日本代表理事に就任

国際大学協会第２回総会開会式における森戸辰男（広島大学文書館所蔵）

森戸は昭和三十年、ユネスコのもとに創設された国際大学協会（ＩＡＵ）の第二回総会（五年ごとに開催）に参加した。国際大学協会は一九五〇年（昭和二十五）に、世界全域にわたる教育の発展と、そのための高等教育研究機関相互の組織的な協力の発展を目的として設置された国際的な機関で、事務局はパリにある。

この第二回総会はイスタンブールで開催されたが、このとき日本は一四理事国の一つに選任され、森戸は初代日本代表の理事に就任した。以後、昭和四十年まで二期一〇年にわたり理事を務めることになる。広島大学は国際理解の実験校にも指定された。

こうして森戸は広島大学に限らず、日本の大学の国際化を志向し、ギリシア、カイロ、ポンペイ、タイ、フィリピン諸国の大学を視察するなど積極的な交流を行ない、大学教育に限らず、アジア全体の教育水準の向上を念頭において活動していった。昭和三十三年九月には、国際大学協会理事会に出席するとともに、英連邦大学会議やアメリカ知的交流委員会の招きでアメリカの各大学を視察。日本と欧米、日本とアジア諸国間の学術交流の問題点を調べ、学術交流の発展について意見交換をしている。

また同時期、森戸は学術会議国際交流委員会の委員長として、東側諸国、ソ連・中国との学術交流の促進も進めていた。

国際大学協会日本協力会の設立

森戸は、国際大学協会の日本代表理事の任期がくる前年の昭和三十九年、国内組織として日本協力会を設立し、日本から継続的に理事を出し、総会や理事会に出席するようにした。

ユネスコ活動とともに、その下部機関の国際大学協会での活動をも重視したのは、社会制度の一部としての大学が、文明の進歩、人類の福祉上、重要であると、森戸自身が考えていたからである。大学がかかる人材の供給源であるとともに、知識人たる大学人が国際共同体の一員として平和の基盤であり、大学間の協力が科学と文化の面で政治的制約を越える存在であると考えていた（森戸辰男「ユネスコ・平和・大学」『国立大学協会会報』第八号、一九五五年六月）。

大学と教員養成

昭和三十二年六月には「大学と教員養成」（『大学基準協会創立十年記念論文集　新制大学の諸問題』大学基準協会、一九五七年）を発表し、森戸は戦後の教員養成制度改革の特徴を、「師範型教育の廃止」と「教職の近代的な有識専門職化」の二つをあげた。明治期の初代文部大臣森有礼《もりありのり》による師範学校教育が、人物の育成に力を入れ、広い推薦制と人材確保のための給費制度を設けたことを評価した。戦後の有識専門職化については、大学で教員養成が行なわれることになり、昭和二十四年に公布、施行された国立学校設置法で具体化されたが、問題点があると指摘している。それは、①人的・物的・施設面。特に学芸大学・学芸学部で不十分であったこと、②大学教育の目的として教員養成が明確化されていないこと、③当初存在した二年課程の問題、④教職専門課程の軽視、⑤教員免許制度の改善と研修の必要性、⑥教員の組合運動により有職専門職化が意識面で阻害されていること、の五点である。

森戸は教員養成大学の充実、教職専門教育の強化、一般教育の重要性、高等学校教員の養成課程などを提案し、問題点を広島大学教育学部での実践から解決していった。

沖縄と森戸

ところで、森戸は国立大学協会副会長として、昭和三十三年（一九五八）一月十七日から同二十六日まで、琉球大学と沖縄県教職員会主催の第四次教育研究中央集会などの講師に招かれ、各地で講演を行なった。広島とともに太平洋戦争で甚大な被害を受けた沖縄の教職員会長は、のちに初代知事となる屋良朝苗《やらちょうびょう》であった。屋良は、広島大学の包括校の一つである広島高等師範学校出身だった。当時、広島大学には沖縄から一五名の学生が学んでおり、教育学部を中心に教員・学生交流も盛んであった。

講演は「戦後教育改革の反省と展望」「激変期における大学の課題」「良い教師とは何か―教師像の回顧と展望―」「私の時代と諸君の時代」「民主主義と教育」「平和と教育」であった。戦後教育の問題点も含めて、日本と沖縄の一体化を前提とした内容だった（森戸辰男『沖縄教育の原点』）。

「ひめゆりの塔」「建児の塔」など戦跡に広島の菊花を供え、全琉球戦没者追悼式にも参列した森戸は、琉球大学の学生との座談会も行なった。学生運動を行なっていた琉球大学生たちに、政治活動の自粛を求め、基地経済からの脱却、復帰後における沖縄の経済的自立化を勉強するように求めていた（昭和三十三年一月二十六日から二十九日連載「森戸学長と琉大生　座談会」『琉球新報』）。

こうして沖縄への関心を深めていった森戸は、沖縄教職員共済会館の八汐荘（昭和三十五年四月に竣工）の建設に際し、屋良朝苗に依頼されて、かつて大蔵省主計局長を務めた福田赳夫《ふくだたけお》代議士を紹介し、国費での予算化をサポートしている（昭和三十三年五月二十八日付森戸辰男宛屋良朝苗書簡、B）。

労働科学研究所理事長

昭和三十四年三月四日、森戸は労働科学研究所の第二代理事長に就任し、昭和五十五年まで務めることになる（森戸辰男「労働科学の役割―理事長就任に際して―」労働科学研究所出版部）。

労働科学研究所（現、公益財団法人大原記念労働科学研究所）は、大正八年（一九一九）に設立された大原社会問題研究所の社会衛生部門が、翌年に独立して設置された倉敷労働科学研究所が出発点である。戦後、労働科学研究所を文部省所管としたのは、文部大臣時代の森戸であった。

統計学・社会調査や社会政策を専門としていた森戸は、所長であった暉峻義等《てるおかぎとう》とも親交があり、労働問題の解決に客観的な基準を提供できる労働科学研究を高く評価していた。戦時中に大日本産業報国会に統合されていた労働科学研究所は、GHQから執拗に解散を迫られ、財産を没収されるなど苦難の道を歩んだ。講和発効の翌年となる昭和二十八年八月、旧財産が橋本龍伍《はしもとりゅうご》（元厚生大臣）の尽力で戻るが、この年、労働省から国立労働衛生研究所への移管を打診され、その条件に社会科学部門排除があったため断っている。

森戸は、職場・職業に限られていた研究・調査対象を、社会と国民により開かれたものとするため、理事長として職場災害から産業公害へと研究・調査を進めさせていった。また理事会の構成を、学識経験者、産業界中心から、労働関係、官公庁関係の参加をうながし、労働・産業・国家三者の協力体とすることで経営を安定させた。同時に、労働科学の学術的な交流を通じて国際親善にも寄与している。森戸は晩年まで、理事長として川崎市への研究所移転などを含め、研究所の充実に尽力した。

百働会

ところで、森戸は昭和三十年に広島の眼科医深川喜久雄の発案で発足した「百まで働こう会」（百働会）の会長でもあった。楽隠居などは考えず、自分の生きがいとなる奉仕の仕事を一〇〇歳まで働こうという会で、熱心に活動した（後述）。

趣味は魚釣り

釣りをする森戸辰男
（広島大学文書館所蔵）

その一方で、もともと、第一高等学校進学前に水産講習所に行って遠洋漁業に行きたいと希望するほど、父鸞蔵の影響で魚釣りが好きだった。文部大臣時代に、「釣り人社」の竹内順三郎らと作った釣魚振興会は、川と海を清澄に保ち、魚族を守り、釣り道徳を振興するものであり、釣りのＭＲＡ（道徳再武装運動）と呼ばれた。森戸は広島大学長時代から、釣りを存分に楽しみ、釣りがセットになっていれば、どこへでも講演に行ったという。広島の日本レクレーション大会に釣り団体として初めて参加するなど、釣りの振興にも熱心であった。全日本釣り団体協議会の名誉会長（昭和四十五年三月七日就任）など、各種釣り団体の会長、顧問等を歴任している。

森戸は、忠海（広島県竹原市忠海）に釣りに行った帰り、まったく釣れず家族にアナゴを頼まれ、魚屋で買って帰ったことが噂になったり、また、釣りがセットになった講演だと「ほとんど釣れることもありません（笑い）……どうも魚を釣ってかたき討ちに魚で釣られるわけなんです（笑い）」と述べていた（「放送ＲＣＣ」昭和三十九年十二月）。日米文化教育会議で訪米した際も、会場の庭池でブラックバスを一匹釣っている。

友釣りを好み、日本友釣同好会の名誉会長でもあった森戸は、総合的な国土開発との協調のなかで、水質改善が必要であると考えていた。日本の国魚は錦鯉だが、日本にしか生息しないアユこそが国魚にふさわしいとも考えていた。広島県・島根県にかけてアユ釣りに適した川が多く、シーズンともなると、広島大学長時代は、釣り仲間とともに出かけた。友釣りだけでなく、遠投釣りでキス・カレイ・アイナメを、忠海ではタイ・スズキ・メバルを船釣りで楽しみ、月に一・二回は、釣りを楽しんだという（藤田宣彦

妻岸子の死

「百歳釣記録」上、私家版、一九七六年）。

昭和三十五年四月六日、二人目の妻の岸子が、すい臓がんにより広島市日赤病院で亡くなった（享年五一）。たいへん聡明で美しい女性であったが、あえて地味な服装で通したという。荒廃した広島復興のため有花会を作り、森戸を支えつづけた。告別式は四月十日、広島市中央公民館で行なわれた。

六　中央教育審議会（第四期）の四つの特別委員会の主査と「三八答申」

大学教育の再構築

学生紛争が激しさを増し、高等教育の量的拡大（マス化）が進むなか、大学教育の再構築が必要となっていた。昭和三十五年（一九六〇）五月二日、第二次岸信介内閣下、文部大臣の松田竹千代《まつだたけちよ》は、中央教育審議会に「大学教育の改善について」の諮問を行なった。新制大学発足から一〇年たっての見直し作業であった。

このときは中央教育審議会の第四期（昭和三十四年四月十四日〜昭和三十六年四月十三日）にあたった。森戸は第二期より委員になっていたが、諮問にともなう第一五特別委員会（大学の目的性格）、第一六特別委員会（大学の設置・組織編成）、第一七特別委員会（学生の厚生補導）、第一八特別委員会（大学の財政）という四つの特別委員会に属し、そのすべての主査だった（『中央教育審議会答申総覧（増補版）』）。第五期（昭和三十六年四月十四日〜昭和三十八年三月三十一日）の文部大臣は、池田勇人《いけだはやと》内閣の荒木万寿夫《あらきますお》（のち灘尾弘吉《なだおひろきち》）で、森戸は第四期の任がそのまま継続となり、中間報告を作成し、答申取りまとめの中心となった。森戸自身、大学管理法が未成立に終わり、大学の管理運営に困難を感じていたことも、中央における教育行政に深く関与させる要因となっていたと思われる。

第一五特別委員会主査として「大学の目的・性格について」を審議する際、森戸は、大学を「象牙の塔」、すなわち現実離れした閉鎖社会ではなく、社会制度として位置づけた。森戸は、戦前から大学を社会制度の一部（部分社会）と理解していた。戦後は、学問の自由が憲法によって保証されたことで、森戸は、新渡戸稲造の影響、自らの大阪労働学校での努力のように、大学とは教育を通じて社会に貢献する組織であるべきだと考えていた。同時に、学問の自由が大学の努力によってもたらされたものではなく、敗戦を契機に戦後の民主化のなかで与えられたものであるだけに、より強く、社会と結びつくことが必要であると考えていた。

昭和三十六年七月十日の中間報告では、大衆化の進む高等教育機関を類別し、教育内容を設定し、博士課程を研究者養成、修士課程を職業人養成とし、新制大学の特色として、一般教養の重要性を強調した。

答申の中心は第一六特別委員会で、「大学の設置・組織編成」と大学入試についても議論された。設置・組織編成では、大学の都市集中が問題視されるとともに、総合大学では、学問の専門的高度化に対応することが求められている。また、学部では学科目制、大学院では講座制を採用し、教養部の制度的定着が求められた。入試問題については、共通的客観的なテストの実施を提言した。この「共通」という概念を使用したのは森戸である（昭和三十六年九月三日、第三一回）。

最大の問題だった大学管理運営については、二二回も会議を重ねた。昭和三十六年七月三十一日の第一六特別委員会の第一回委員会で、森戸は学部教授会自治を基礎とする法制上の問題点と学長権限の弱さと、大学管理運営については責任が不明確であることを指摘した。委員会では、国立大学協会、大学基準協会、日本学術会議などの意向も聞いた。特に、森戸が副会長を務める国立大学協会との調整が問題であった。


日米文化教育会議の日本側首席代表を務める

ところで、昭和三十七年一月二十五日から三十一日まで東京で、第一回目の日米文化教育会議（教育および文化の交流にかんする日米合同会議）が開催されることになり、森戸は日本側首席代表を務めることになった（第五回会議まで日本側首席代表）。

これは、昭和三十四～三十五年の第二次岸信介内閣時の日米安全保障条約改定反対運

日米文化教育会議における森戸辰男（広島大学文書館所蔵）

動（六〇年安保闘争）によって、日米関係が危機に陥ったことを問題視した両国が、昭和三十六年六月に池田勇人首相とケネディー大統領とが会談を行ない、この会談にもとづき、両国間の文化教育の交流協力によって改善すべく開催されたものだった。

第一回会議は、終始なごやかな雰囲気のなか、日米の文化・教育の当面の諸問題、人事交流、図書・資料の交換、芸術の交流、日米相互研究、語学教育などが審議され、「勧告」として具体化されていった。昭和三十七年二月八日付けの『中国新聞』に掲載した森戸の「日米文化教育会議になにを期待するか」を見ると、対等な関係から図られた交流を、森戸は、新渡戸の意志を受け継ぐ「太平洋の橋造り」と考えていたことがわかる。この日米文化教育会議（通称カルコンCULCON）は、現在も続いている。

国際教育交流

翌昭和三十七年四月二日から十一日まで、日本で開催されたアジア地域ユネスコ加盟国文部大臣会議にも代表顧問として参加し、実質的にホスト国の代表として尽力した。この会議はユネスコと、国連経済社会理事会の下部機関であるアジア極東地域経済委員会などとの共催で、アジア新興国の文化的・経済的発展のために企画され、アジア近代化の成功事例として、日本が開催地に選ばれたのであった。

森戸は、アジア・アフリカ新興国の大学への援助と協力の重要性も認識していた。

大学管理法再検討

昭和三十七年五月二十五日、首相の池田勇人は、七月一日に行なわれる第六回参議院選挙をひかえ、自民党演説会で「現行の大学管理制度を再検討したい」と言明し、大学管理の再検討を政治争点化させた。

このときの中央教育審議会は、先述したように第五期の半ばで（二二二頁参照）、大学教育を課題とし、森戸は第一五・第一六・第一七・第一八の四つの特別委員会のすべての主査を務めていた。池田のこの発言は、大学管理運営について中間報告の最終段階に入りつつあった第一六特別委員会の議論にも影響を与え、国立大学協会が法制化に消極的になった。そして、六月中旬以降、学生自治会や大学教授、日教組などが、それぞれ大学管理制度改定反対運動を起こした。

中教審の会長は、このとき自由学園理事長の天野貞祐《あまのていゆう》（京都大学名誉教授、元文部大臣）で、六月二十日に大学の管理運営についての答申原案を作成し、中間報告では「総論」において、大学を社会制度としての使命を考慮した大学の自治を提言した。学長は大学管理の総括的責任者として位置づけられ、学長補佐機関の設置、その選考は教授による投票が望ましいとされた。また評議会への権限集中、そのもとでの学部長・学部教授会を位置づけることを求めていた。

第一七特別委員会の議題は「学生の厚生補導」であり、第一八特別委員会の議題は「大学財政」である。森戸は、人間形成の場としての大学という観点から、学生自治の限界を指摘している。「大学財政」では自立化を前提に、一般会計化と寄付金などの手続き簡素化、産学協同体制確立のための整備方法が議論され、国立大学協会が昭和三十七年六月二十二日に求めた国立文教施設整備費の増額および教官研究費の増額が盛りこまれた。

森戸は、昭和三十七年七月九日、第一六特別委員会第二八回会議で「責任のない自由というのは民主主義の自由ではない。そういう意味で大学が自治を主張し自由を主張するのは、どういうところに責任があるのかということを明らかにする必要がある」と学長権限と責任所在の明確化を説く、中間報告に近い意見であった。しかし、国立大学協会の中間報告案と調整した結果、十月八日、最終の第三六回会議で学長選考方法、学長権限の範囲、文部大臣と大学との関係を確認したものの、学部自治を学長権限下に明確に置くことも、文部大臣の拒否権も明記できなかった。

「人づくり」

首相の池田勇人は参議院選挙遊説の第一声として、昭和三十七年八月十日の臨時国会、衆議院本会議における所信表明のなかで「文教の高揚とその刷新に努め、国づくりの根本たる人づくりに全力を尽くす決意である」「なかんずく、青少年の育成については、徳性を涵養し、祖国を愛する心情を養い、時代の進運に必要な知識と技術とを身につけ、わが国の繁栄と世界平和の増進に寄与し得る、よりりっぱな日本人をつくり上げることを眼目とする考えである」と述べた（国会会議録）。

「人づくり」は流行語ともなった。池田は「人づくり懇談会」を発足させ、森戸はその委員に就任する（他に茅誠司《かやせいじ》・安岡正篤《やすおかまさひろ》・松下正寿《まつしたまさとし》ら二〇名あまり）。委員になるのを承諾したのは、「人づくり」を人間形成と読み替えつつ、民主教育の再構築を図り、「物作りよりも人造りを」として戦後教育の再検討を行なう、一つの契機と考えたからであった（「政治と人間形成」徳島県教育委員会、一九六三年）。

森戸にとって「人づくり」は、人間形成・人格教育という点で新渡戸教育を継承するものであり、良識ある市民の育成と健全なナショナリズムを形成する好機と考えていた。しかし、識者を含め、「人づくり」は、「非科学的で明治的で自民党的」との批判がなされていた（「人づくりの正体」『東京新聞』昭和三十七年十二月十六日）。

昭和三十七年十二月六日付けの『東京新聞』は、十二月五日に首相官邸で開かれた第一回「人づくり懇談会」の会合で、「理想的人間像」「道徳教育」「教員養成、環境整備」などが提案されたと報じている（「人づくり懇談会初会合」）。これらの提案は、後に中央教育審議会の諮問・答申に反映されていく。

森戸は、池田首相がつくった「人づくり懇談会」の目的を、各界の意見を集約するのではなく、いろいろな意見を政府の施策に取りいれてもらうことにしていた。「一番政府のやっていただく適当なことはムードを作る、条件を整えて、そして指導者になる人が育つようないろんな条件を整えることが大事である」と意見をしたと、のちに述べている（昭和三十八年九月九日、中央教育審議会第十九特別委員会第一回会議）。

三八答申

年が明けて昭和三十八年一月二十八日、中央教育審議会第九二回総会で答申が手交された。昭和三十五年五月の諮問から答申まで二年九ヵ月、森戸は七三回におよぶ総会・特別委員会すべてに出席し、答申をまとめることに尽力した。答申は、高等教育機関の種別化（大学院大学など）、人間形成としての一般教育の重視、大学管理運営組織の強化、学生の厚生補導、大学入試の改善、大学財政の長期計画に基づく充実など、大学問題が網羅されていた。しかし、大学の管理運営に焦点が集まり、この点で、「後退」「骨抜き」と評価されたことに対して、森戸は、昭和三十七年十一月三日と四日付けの『朝日新聞』で、「はばをひろげた、とみるべきでしょう。断じて、後退じゃない」、大学を社会制度として位置づけることによって大学の閉鎖性を打破する方向性を明らかにした、と述べている（「森戸構想」上・下）。

この三八答申で「志願者の学習到達度および進学適性について、信頼度の高い結果をうる方法を検討・確立し、この方法により共通的・客観的テストを適切に実施」するための「研究・実施機関」が勧告された。この機関として、昭和三十八年一月に設置されたのが財団法人「能力開発研究所」であり、森戸は理事長に就任した（後述）。

七　広島大学を去る

広島大学退官

森戸は、憲法調査会長への就任要請（昭和三十二年）や民主社会党の党首への就任要請（昭和三十四年）、昭和三十七年には広島県知事選への出馬を要請されたものの、いずれも辞退し、広島大学長でありつづけた。昭和二十五年に初代学長に就任し、昭和三十八年三月三十一日に二期任期満了（昭和三十年一月「広島大学長選任規程」制定、一期四年で二期まで。それ以前は官選として数えず）によって広島大学を退官するまで、一三年間その職にあって、原爆による廃墟から大学を再建し、大学を人間形成の場として「自由で平和な一つの大学」とすることに心を砕いた。

学長としての手腕

学長室には、広島県出身の版画家の朝井清の作品「釈迦八相図」のうちの「修道の場」が掛けられていた。釈迦が悟りの道に精進している姿である。学問の道を志す者は、あらゆる難関に処して、いつもかような静かな、しかも強靭な精神力をもつように、自ら励ましたいと願ったからであった。学問人として、知識・技能とともに、知恵と良識が必要と考えていた。

昭和三十八年三月二十五日、自らも最後となる第一一回卒業式の告辞で学生に「報恩」と、科学研究者・民主的人間形成・平和の「人づくり」の重要性を説き、広島大学と広島を後にした。

昭和三十年四月三日付けの『読売新聞』「新・人物風土記」の記事からは、一三年ものあいだ学長の職にあった理由が、廃墟と化した広島で、タコ足大学とも呼ばれた統一感のない大学をまとめて統合整備を行なううえで、「学界の政治家」とも呼ばれた「行

広大を去る森戸辰男（広島大学文書館所蔵）

政的手腕」が必要とされたためであることがわかる。代議士、文部大臣を経験し、国際大学協会の日本代表理事や中央教育審議会の委員を務める森戸に、対抗馬など事実上いなかった。

森戸三原則

森戸は自らの三原則に基づき、広島大学を「文化や産業の中心から離れ、地理的な悪条件を克服」して総合大学として大きく発展させた。昭和三十八年三月二十五日の『朝日新聞』は「前途に大きな痛手　森戸学長退任と広島大学」と題して、森戸の業績をとりあげた。森戸三原則から見れば、「国際性のある大学」については、国際大学協会の日本代表理事でもあり、フルブライト奨学金（アメリカの上院議員フルブライトによって提案された交換留学や財政支援の制度）の獲得にも熱心であり、惜しみなく推薦状を書き、広島大学の国際化にも大きく寄与した。しかし新制国立大学にあって、「中国・四国地方の中心大学」は、大学教授たちからは「八番目の帝大」をめざすものと理解されて中央志向・研究至上主義となり、政経学部第二部（現夜間主コース）や通信教育部の設置などで森戸が努力した「地域性のある大学」との関係は、二律背反になってしまった。

地域との連携

このことを自覚し、「教育界の実力者」であった森戸は、中央教育審議会などを通じて、新制大学全体の問題として大学の類別化や、社会制度としての大学として地域社会との連携の必要性を三八答申に盛り込んだ。また、広島大学の地域特性として原爆放射能医学研究所（原爆放射線医科学研究所）を設置するなどしたのであった。

森戸は広島地方だけでも広島県教育会長、広島日印・日独・日伊文化協会長、財界でも広島商工会議所顧問、中国生産性本部理事など三四もの諸団体の会長、理事、顧問を兼ねて地域との連携を保とうと腐心した。広島大学にあって、広島大学の包括校出身者でなく、国際的な広い視野とバランス感覚をもち、学内対立に公正であったことも、一三年もの間、学長であった理由である。

また、森戸は、地域文化と教育の発展に貢献したとして、昭和三十八年十二月十日に広島市名誉市民となり、昭和四十六年十一月十日には、福山市名誉市民にもなった。

第九　中央教育審議会の会長に就任

――「第三の教育改革」四六答申まで――

一　各役職への就任

東京へ転居

森戸は広島大学退官直後、昭和三十八年（一九六三）四月十二日、広島の草津南町にあった官舎を引き払い、東京に居を移した（東京都杉並区西田町）。二番目の妻の岸子が亡くなって三年、そのあと身の回りの世話をしていた娘洋子もこの年の五月十九日に嫁いだ。東京での生活は、次男泰との二人暮らしで始まった。

日本放送協会学園高等学校の校長に就任

四月、森戸は日本放送協会学園高等学校（ＮＨＫ学園高校）の初代校長に就任し、大学の学長から高校の校長になった。それとともに日本育英会の会長の職にも就くことになった。

恩師の高野岩三郎がＮＨＫ会長となったこともあり、これまでもＮＨＫ関係の仕事を引き受けていた。学校法人として東京都国立市に開校した日本放送協会学園高等学校は、教育の機会均等のため、昭和二十八年からのNHKラジオによる「通信高校講座」、同三十五年からのNHK教育テレビ（現在、Eテレ）での「通信高校講座」を引き継いだ日本最初の広域通信制高等学校である。協力校が全国にあり、地域ごとの合宿スクーリングも開かれ、生徒が全国で作っている学習グループも当時三〇〇ほど存在していた。NHK学園高校は、教育機会の拡大という点で、森戸が常に目指していたものであった。

森戸の仕事は、通信教育の内容を高めるため、国や産業界の理解と協力をえることだった。昭和三十六年から放送教育研究会全国連盟理事長（昭和四十四年以降、全国放送教育研究会連盟）でもあった森戸は、視聴覚教育と呼ばれたメディア教育がめざすものは、技術ではなく人間形成にある点を明確にしたいという意図のもと（「人間形成と放送」〈一九七四年十一月十五日「教育と放送」〉、A）、大会でたびたび「人間形成」をテーマとしていた。

生徒に対しては「温故知新」「初心忘るべからず」「終生学習」などの言葉とともに、「青雲の志」（青雲を求める初志）の貫徹を求めた。森戸は、苦学力行した自らの過去を重ねるように、通信制の学生に対して「諸君は貧乏の中から志を立て、働きながら厳しい生活の中で勉強しているのです。しかもいわゆる有名校の入試のためにではなく、よりよい人生を開拓するためであります。少し大げさですが、人間到る處に青山ありの覚悟で勉学してほしい」と願った（森戸辰男「立志成学」『NHK学園』昭和四十四年四月号）。

生徒と直接会う機会を大切にした森戸は、卒業証書は生徒一人一人に直接手渡した。卒業式の訓示では、「学校は卒業しても、勉強は止めてはならない」などの希望を述べた（昭和五十三年、第一三回卒業式校長訓示）。終生、校長として勤め、入学式・卒業式に欠かさず出席した。

第二・三回日米文化教育会議

昭和三十八年十月十六日から二十二日まで、第二回日米文化教育会議がワシントンで開かれ、森戸は日本側首席代表としてテレビ教育番組の交換センターの設置や、両国文献の翻訳促進などの勧告作成に尽力した。これを受けて日米教育テレビ・センターやアメリカ研究振興会など関連推進機関の設置、テレビ・フィルム交換に対する国庫補助など、着実に成果をおさめていった。

舞台芸術の交流も具体化されるなか、森戸が引き続き日本側首席代表を務めた第三回日米文化教育会議では、「日米相互理解のための大学の役割」を議題として、昭和四十一年三月二日から七日まで東京で開催され、大学の一般教育などが審議され、両国間の教育制度の比較調査などで合意した。

教育美術振興会会長

ところで森戸は、東京に居を移した昭和三十八年以降、教育美術振興会の会長として実務に関与するようになる。教育美術振興会は昭和十二年（一九三七）、サクラクレパスの創始者である佐武林蔵《さたけりんぞう》が中心となり、美術教育の進歩と普及をめざし発足した。佐武に請われて会長に就任したのは、文部大臣を退任後の昭和二十四年だった。大正十一年（一九二二）から続く全国教育美術展（開始時は「全国図画展」）の開催と、昭和十年創刊の機関紙『教育美術』の発行に加え、昭和四十年には東京で開催された国際美術教育会議に協力し、協賛事業として国際教育美術展を開催するなど、同会の国際化に貢献し、美術教育の普及にも尽力した。

佐武が私財を投じて基金を強化したこともあり、森戸は文部省、外務省、美術教育会からの運営参加を促し、教育美術振興会の公益性を高めることに努め、「教育美術・佐武賞」と佐武文庫（佐武林蔵の絵画コレクション）の創設も行なっている。

森戸は美術教育の意義を、ハーバード・リードを中心とする英国美術教育協会の運動、ユネスコ・国際美術教育協会との連動で、「新しい人間の形成を、新しい社会を、新しい文明を招来しようとする」ものであり、人間形成に資するものとした（「人間形成としての美術教育」『教育美術』一九五八年）。同時に、科学技術の進歩のなかで、美的感覚と豊かな情操、創造力の育成にあたり、人間性という点で美術教育の必要性を唱えた（「普通教育における美術教育の役割」『教育美術』一九六九年）。

育英会会長

昭和三十八年四月、森戸は日本育英会の会長（昭和四十七年三月まで）に就任した。育英会に対しては広島大学長時代に、制度の運用について、客観的な基準に従って国公私立が公平に取扱われ、また大学と高校とに妥当な割合が保たれる必要がある、特に後者を挙げたのは、義務教育を卒えた英才が高校の段階で淘汰されてしまう恐れがあるからである、と述べていた。また、敗戦後、総花的となった奨学金だが、教育の機会均等とともに、優秀な能力の開発をめざす重点化が必要と考えていた（『育英通信』第四号、一九五六年）。

翌年には、育英奨学金における特別貸与奨学生制度の導入、大学院奨学生の重点化などを行なった。森戸の就任当時、奨学資金は相互扶助を前提に返還が義務づけられていたが、悪質な滞納者も増えていた。育英会資金の三割が返還資金であるため、強制執行をして、昭和四十二年には回収成績を九割に回復させている。

また重点化のために、客観的な基準として「能力」開発が必要であった。森戸が育英会会長であるとともに、先述したように前年一月に設置された財団法人「能力開発研究所」の理事長でもあったことから、両者は密接に連携、協力することとなった。

能力開発研究所

能力開発研究所は、昭和三十八年の「三八答申」で、志願者の学習到達度・進学適性について、信頼度の高い結果をうる方法を検討・確立し、この方法により共通的・客観的テストを適切に実施するための専門機関として、同年一月に設置された。この研究所では、「学力テスト」だけでなく、「適性能力テスト」「職業適応能力テスト」を課した

「能研テスト」を開発した。そして、①能研テストの成績と大学合格者の調査を通じて成績相互の相関関係を、②能研テストの成績と大学入試の成績・高校の学習成績、③大学入学後の学業成績と能研テストの成績、④大学入学後の学業成績と大学入試の成績、⑤大学入学後の学業成績と高校の学習成績の五点について調査することとしていた。

森戸は、全日制高校二年生と三年生に共通テストを行なうことで、「試験地獄」に対する適正選抜の開発を教育民主化であると考えていた（森戸辰男「能研テストの意義と高校の協力」全国高等学校長協会、普通部会会誌第一二号、一九六四年）。

高校入試についても東京都立高校選抜制度審議会長として、内申書重視と学校群制度の採用、入試科目を三科目とすることを答申で提案するなど、入試改善策を考え、高校入試でも適性化をめざしていた（昭和四十一年六月七日付『朝日新聞』）。

広島大学長退官後の森戸は、大学問題だけでなく、後期中等教育（高等学校など）との連携も考えつつ、戦後教育システム全般の見直しを進めることを念頭に、精力的に活動していく。

二 「期待される人間像」と「後期中等教育の改善」

中央教育審議会長に就任

東京に来て二ヵ月になろうかという昭和三十八年（一九六三）六月二十四日、池田勇人内閣から要請を受けて、森戸は第六期中央教育審議会の会長に就任した（六期は昭和三十八年五月二十四日～昭和四十年五月二十三日）。池田内閣の「人づくり懇談会」の委員となって、池田との関係が深まったのであろう。

「人づくり懇談会」に参加するなかで、森戸は人間形成の重要性を中心とした戦後教育の再改革を考えた。そして明治七年（一八七四）の学制導入（第一の教育改革）と戦後教育改革（第二の教育改革）につぐ、「第三の教育改革」をめざすのである。広島大学長退官後は中教審会長として、人間形成をめざす教育改革を新たな課題とした。

詳細は後述するが、一般に第三の教育改革は、四六答申と呼ばれる「今後における学校教育の総合的な拡充整備のための基本的施策について」（昭和四十二年七月三日諮問、昭和四十六年六月十一日答申）をさす。

しかし、実はすでに前述の三八答申「大学教育の改善について」（昭和三十五年五月二日諮問、昭和三十八年一月二十八日答申）と、後述の答申「後期中等教育の拡充整備」がその基盤を形成していた。森戸は三八答申の主査として、答申「後期中等教育の拡充整備」を、会長として四六答申「今後における学校教育の総合的な拡充整備のための基本的施策について」の議論を、主導していくことになる。

「期待される人間像」

会長に就任した昭和三十八年六月二十四日の中央教育審議会第九三回総会で、森戸は文部大臣の荒木万寿夫より二つの諮問を受けた。「期待される人間像について」と「後期中等教育の拡充整備について」（後述）である。

これに対し、森戸は席上、荒木に三つの注文を出した。第一に日本の教育に関する重要な問題は必ず中央教育審議会に諮ること、第二に十分な審議のために時間が必要であること、第三に答申が制度に反映されるようにすること、の三点であった。会長としての意欲がうかがえる。

荒木の諮問「期待される人間像」とは、現行の教育基本法が抽象的で具体的でないゆえ、高度経済成長にともなう産業社会化に適応する日本人としての教育目標を明らかにしようとするものであった。こうして審議をする第一九特別委員会が設けられ、森戸は会長就任後、審議を主導していくこととなった。

第一九特別委員会と高坂正顕

第一九特別委員会の主査には、京都学派を代表する哲学者であり、東京学芸大学の学長でもあった高坂正顕《こうさかまさあき》が就任した。高坂は、自ら草案を作成し、原案として提出した。

各委員の意見をもとに書き改められて、第二次草案が作成された。森戸もかなり長文の意見書を提出していた。

森戸は、高坂案をより意義のあるものとすべく、(一)現代という時点において、(二)日本という場所で、(三)危機と混乱と不安のなかで、(四)とくに次代を担う若人のための「期待される人間像」との四点を強調し、現代の社会風潮と学校教育の現状、とくにその欠陥を背景にして人間像が浮き彫りにされる必要があると説いた。

教育に限定して諮問に忠実にあろうとする森戸と、今後の国家・社会に期待される人間像として草案を書いた高坂とのあいだで意見の食い違いがでたが、森戸の方針に沿って、昭和四十年一月十一日、「期待される人間像」草案は中間発表された。

このなかで強調されたのは、国家社会を形成する主体としての人間の育成であり、世界に通じる日本人像の提示であった。それは、産業社会が求める単なる「人材」でなく、人間性を重視したものであり、民主主義社会のなかで自由と責任を持った市民の育成に主眼が置かれていた。「期待される人間像」は、戦後民主主義の延長線上にありつつ、日本人としての固有性を加味した内容だった。

文部省ではのべ五〇回にのぼる説明会を各地で開いた。「期待される人間像」は「健全な保守主義」「漸進的な立場」が強調されていると評価された一方で、日教組や日本社会党からは、日本人であることを強調した点が「国家主義的」だと批判された。

そうしたなか五月二十三日に中教審は第六期の任期が来たが、五月二十八日からも、第一九特別委員会については基本的なメンバーを変えずに第七期が始まった（七期は昭和四十二年五月二十七日まで）。昭和四十年八月末、文部省調査局企画課の調査では、「期待される人間像」への賛否がともに三割程度で意見が分かれる結果となった。

森戸は翌昭和四十一年二月十四日、第二二回の会議で、普遍的な人間像については教育基本法に表現されているが、日本国、日本民族という観点が欠けており、人間形成は民族共同体のなかで行なわれるものであると述べている。

九月十九日の第一〇四回総会で最終報告がまとめられたが、これは中間報告草案に若干の手直しを加えたものであった。十月三十一日、「後期中等教育のあり方」と一本化され、「期待される人間像」は、文部大臣有田喜一《ありたきいち》への答申「後期中等教育の拡充整備について」の「別記」とされた。

森戸個人の「期待される人間像」観

「期待される人間像」は、高坂正顕の思想が強く出たものだった。では、森戸はどのような「期待される人間像」を考えていたのであろうか。

昭和三十九年六月二十二日、日本工業倶楽部で行なった講演「人間形成をどう考えるか」のなかで、「人づくり」にあたっては、目標としての「人間像」が必要だと語っている。文部大臣からの諮問で「期待される人間像」を求められたことは、人間の形成を追求してきた森戸には望ましい課題であり、その具体的な人間像は、科学技術の時代に対応した「能力のある人間」であり、日本の国土と民族とその伝統を愛する「立派な日本人」であり、共同体の基盤である「家庭人」であること、「知識と知恵を兼ね備えた教養ある人間」であることが重要だという。これらが、個々人の人格形成にあたって統合され、「統一的人間の形成」こそが必要であるとした。このために、若者の人間形成への意欲、家庭・学校、そして社会整備が必要であると考えていた（小冊子「人間形成をどう考えるか」日本工業倶楽部第三六二回木曜講演会）。

「後期中等教育の拡張整備」

前述したように、森戸が会長を務める中教審が昭和三十八年六月二十四日に受けた諮問はもう一つあった。「後期中等教育の拡充整備について」である。「後期中等教育」の審議は、第二〇特別委員会で行なわれた。

青少年が目標とすべき人間像として「期待される人間像」を定め、高等学校進学率が義務教育修了者の七割に近づくなか、後期中等教育の多様化を前提に、青少年個人の能力・適性に基づいた進路を可能とする「後期中等教育のあり方」を提示することが求められたのである。

第二〇特別委員会の第一回会議では、制度面からの改善が審議された。文部省調査局から各種資料が提出され、委員間で活発な討議が行なわれた。森戸は第三回会議で、後期中等教育の中心的課題は、教育の機会均等の理念と能力適性に応じた教育の要求を、どのように調整するかである、とした。

昭和四十年五月二十八日より中教審は第七期に入り、森戸は、国家的な長期教育計画として経済的・社会的長期計画と連関させる必要性を指摘し、社会発展計画にもとづく労働力需要と教育計画との関係を明らかにしてほしい、と希望した（昭和四十年九月二十日、第二六回会議）。この意見に他の委員も賛同し、弾力的で多様化を反映した長期的な制度計画となっていった。

昭和四十一年十月三日、第一〇五回総会で、高等学校の多様化を中核とする後期中等教育整備拡充の方向性を明らかにし、付随して入試制度の改善、教員養成、社会環境の整備にも踏みこんだ総合的な答申を行なった。第一九特別委員会作成の「期待される人間像」は、先述したように、まえがきを付されて「別記」となった。ある意味、「期待される人間像」の内容は、青少年に限定せずに日本人を対象と考えるならば「別記」でよかったのかもしれない。会長の森戸は昭和四十一年十月三十一日、この答申を文部大臣の有田喜一に提出した。

ところで森戸はこの間に、東京都杉並区西田町の家へ、三番目の妻を迎えている。昭和三十九年八月三日、七五歳の森戸は、四八歳の溝渕冨仁子（冨仁）と結婚した。女性運動家の広瀬勝代からの紹介による、見合い結婚であった。二番目の妻の岸子が亡くなって五年、再々婚の理由を、「（お手伝いさんがおり）生活の上には、何の不自由もありません。しかし、精神的にも肉体的にも、充たされない空白」があったという。溝渕冨仁子は、松下電器（現在のパナソニック）の婦人福祉課長であり、カウンセラーとしても活躍していた。森戸は、この結婚の採点を九〇点とし、「結婚が恋愛で始まるということよりも、それが自由意志にもとづくことであるようです。少なくとも、私たちの結婚は、恋愛は前奏曲ではなく、本番であったのであります」と述べていた（「私の結婚について」、A）。そして、次男泰と三人で生活を始めた。

大学教育と国際平和

また、昭和四十年八月三十一日から九月六日まで東京で開催された国際大学協会第四回総会で、森戸は東京組織委員会長として、アジア最初の会議を成功裡に終わらせている。会議では、経済的・文化的発展に対する高等教育の寄与、大学入試問題などが議論され、大学が国家・社会に開く存在であるとの知見を再確認したことが、自身の大きな収穫となった。

森戸は、国連創設二〇周年を記念する国際協力の年に、平和国家日本で、学徒の国際共同体としての伝統を受け継ぎ、世界平和の精神的基礎の構築に寄与しようと念願するこの協会の総会が開催された意義は高いとしていた。そして東西文化の融合地、平和国家としての日本の立場を明らかにしたうえで、ユネスコによる東西文化価値の相互理解の推進者として大学の果たす役割は大きいと述べている（「杞憂」『経済往来』昭和四十年十一月号）。

三　明治百年記念事業

明治百年記念事業の準備会議委員になる

昭和四十一年（一九六六）三月二十五日、第一次佐藤栄作《さとうえいさく》内閣の閣議で、昭和四十三年十月二十三日が「明治改元百年」（改元時は旧暦で九月八日）となることから、明治百年記念の式典・行事・事業の三事業の事務局設置が口頭了解された。四月十五日には、全国民的規模で事業を実施すべく「明治百年記念準備会議」の設置が閣議決定され、同日付けで政府関係者や各界代表者や学識経験者ら八七名に準備会議の委員の委嘱がなされた。日本育英会会長の森戸が委員に委嘱されたのは四月一日である。

森戸は、前首相池田勇人の「人づくり」政策の提唱をもとに、育英会と能力開発研究所を改善・拡充し、相互連繫のもとに新しい時代の要請にこたえる人材を育成する教育国策を確立することこそが、明治百年を記念する事業にふさわしいと考えていた。

育英会を代表して森戸が提案した人材育成政策は、「人材育成制度の充実」とされ、次の三点に整理された。

ア　この百年で日本の興隆を可能にした主な原因は人材の育成であり、これを効果的・民主的に確保する基礎的な制度の一つが育英奨学の制度である。

イ　育英資金は、英才教育推進の観点から、より高度の奨学制度を新設する。また国公私立学校就学者に対する貸与金額の画一平等主義を改める。

ウ　能力判定の制度確立のための研究機関として、現にある能力開発研究所の機能を強化する。

ところが七月十三日の第三回事業部会で、「人材育成制度の充実」は、すでにスタートしているのでそれを充実すればよい、との発言もあって削減対象となった。

森戸は七月二十一日、事業部会第二次整理小委員会第二回会議で、「人材育成制度」は「再検討」ではなく「再発足」であること、これから一〇〇年か五〇年かの日本を明治と同じように発展させていく国家建設は「人材開発の問題」であること、国内的に能力を公正に判定して、貧乏でも勉強できるしくみを根本的に進め、若い人に望みを持たせること、をあげて人材育成の重要性を力説した。文部省の林部《はやしべ》一二《かずじ》企画室長や榎一《えのきかず》雄《お》委員（東京大学教授）からも賛成の意見が出されて、項目は再び残ることとなった（以上、

「明治百年記念準備会議事業部会第二次整理小委員会第二回会議議事録」)。

しかし、最終的に九月二十八日の第五回事業部会会議で「人材育成制度の充実」は、「文部省といたしましては、日本育英会への交付金増額に、能力開発研究所の強化といった面で努力いたしたい」として、明治百年記念事業そのものでなく、行政ベースで進める項目となってしまった。

森戸は、明治百年記念事業として、育英会と能力開発研究所を連動させた能力主義に基づく青少年育成を次代の希望とした。学力主義に基づく受験地獄や、家庭での教育費支出が増えたことで生じた教育格差を是正する意味でも、能力のある青少年に希望を与える施策であったが、果たせなかった。

第八期の中央教育審議会への諮問

昭和四十二年七月三日、森戸は中央教育審議会第一〇八回総会で、第二次佐藤栄作内閣の文部大臣の劔木亨弘《けんのきとしひろ》より「今後における学校教育の総合的な拡充整備のための基本的施策について」の諮問を受けた。劔木は文部省出身の大臣で、この諮問は「明治百年」そして「学制施行百年」を見すえた学校教育全般に対する見直しであり、戦後改革二〇年の見直しの意図も含まれていた。

この諮問は、次の第九期(昭和四十四年七月四日~昭和四十六年七月三日)に引き継がれ、答申は四年後の昭和四十六年六月十一日に出され(「四六答申」)、「第三の教育改革」と呼ばれた。中教審で検討課題とされたのは、次の三点である。

1　学校教育に対する国家社会の要請と教育の機会均等、

2　人間の発達段階と個人の能力・適性に応じた効果的な教育、

3　教育費の効果的な配分と適正な負担区分、

この三点の検討課題にあわせて、第二一・二二・二三の特別委員会が設置された。会議のほとんどに出席していた森戸は、昭和四十二年九月十八日の第二一特別委員会第二回会議で、過去の中教審答申の尊重と、若年労働力の需要が産業界にあり、他面で形式論的に義務教育の年限を延ばせばそれで教育が進歩したという考えもあり、この点も検討してもらいたいと注文した。また、青少年が職業に就いた時の心構え、奨学制度に働学制度（働きながら学ぶ学生への助成制度）を提案していた。

第二一・第二二・第二三特別委員会では、中間報告「わが国の教育発展の分析評価と今後の検討課題」を作成して、文部大臣の坂田道太《さかたみちた》に提出、昭和四十四年六月三十日、第一一五回総会で審議された。この中間報告をもって、第二段階に進めていくことになるのだが、この第一段階審議の途中、大学紛争にともなう新たな諮問がなされたことは後述する。

四　家永教科書裁判の政府側証人に立つ

東京地方裁判所で証言する

森戸は第八期中教審の会長として奮闘するなか、昭和四十三年（一九六八）一月二十日と二月二十三日には、家永《いえなが》教科書裁判（第一次訴訟）の政府側証人として、東京地方裁判所刑事第七〇三号法廷の証言台に立っている。

家永教科書裁判とは、高等学校日本史教科書『新日本史』（三省堂）の執筆者であった家永三郎（東京教育大学教授）が、教科用図書検定（教科書検定）で昭和三十七年に不合格、翌三十八年におびただしい改善・修正意見が付けられたことに関し、損害賠償、あるいは不合格検定取り消しを求めて、日本国政府を相手に起こした一連の裁判のことである。第一次（昭和三十七年検定不合格による国家賠償請求の民事訴訟）、第二次（昭和四十一年検定不合格取り消しを求めた行政訴訟）、第三次（昭和五十七年度検定を不服とする国家賠償請求の民事訴訟）と、それぞれ最高裁まで三二年間にわたって争われ、教科書検定制度が違憲か合憲かが焦点となった。

教科書検定制度との関わり

先に述べたが、昭和二十二年三月の学校教育法の規定に基づいて教科書検定制度を創始したのは、文部大臣時代の森戸であった。また第一次鳩山一郎内閣下、教科書の採択や販売をめぐる不正や左翼偏向の内容が指摘され、これを受けて昭和三十年十月、文部大臣の松村謙三《まつむらけんぞう》より第二期中央教育審議会（昭和三十年一月二十五日〜昭和三十二年一月二十四日）へ、「教科書制度の改善」についての諮問がなされ、改善方策の答申を十二月五日に提出した。このとき答申の作成をした第六特別委員会の主査は森戸だった。翌年三月六日に内閣は、答申をもととする教科書検定の強化などを図る「教科書法案」を国会に提出した経緯がある（六月三日に審議未了で廃案）。こうした事情に加え、教科書裁判が大衆法廷闘争の手段化していることへの「いささか義憤らしい気持ちも手伝って」、証言に臨んだのだった。

森戸の立場は、日本の教育が政党政派的に偏向することなく中立を保ち、教育の民主的形態を維持するためには検定制度を保持することが妥当とするものであった。同時に、教科書検定は「学問の自由」「思想表現の自由」を侵す違憲行為とする大衆法廷闘争を、良識的に現実的に取り組むことを困難にするものとして反対した。未成熟の児童・生徒に中立妥当な教科書を確保する方法は、適正な検定制度である、とするのが国民の良識とも考えていた。大学における「教育の自由」と、諸学校生徒の「学習の自由」を混同していることを問題とし、その違いを理解することこそが国民の良識であるとした（「戦後の教育行政と教科書問題」『文部時報』昭和四十三年七月号）。

東京高等裁判所での証言

第一次訴訟の東京地方裁判所での証言から四年、今度は第二次訴訟で昭和四十七年六月六日、東京高等裁判所第一民事部でも国側の証人として法廷に立った。尋問事項は、四六答申、占領下の教育行政と戦後の教育改革の実情、サンフランシスコ平和条約後の教育改善策についてであった。

森戸は、「公教育に、責任を持っておる国の重要な役割を述べていることをもって、〔四六〕答申が国家の教育統制の強化を図ろうとしているということでありますが、それは当たらないと私は考えております」と述べている。そして、日本における教育行政の基本的な方向を、「軍国主義ならびに全体主義とも極端な個人主義と革命的な過激主義に対して、健全な民主主義と民主教育を擁護、確立、強化することに向けられてきました」と主張した。

自身の文部大臣期に導入された社会科については、内容と運用が必ずしも日本の国情に即しない、いわばアメリカ型に片寄ったものになり、また、社会生活についての良識と性格を養うという本来の趣旨と違って、知識に片寄った、いわゆる社会科学が教えられた結果、「社会科の教育は、児童・生徒の国土と歴史に対する認識を弱め、同胞と祖国と郷土に対する愛情と道義心を崩壊させるという、強い批判を受けるようになった」と述べている。教育委員会制度の改正も、「教育の政治的中立と教育行政の安定、他の行政との調和」という観点から行なわれた、と証言した。

教科書検定制度については、占領下「両刃の剣として、左右両方《（左・右翼）》に向けられ」て導入されたこと、さらに昭和三十年十二月に主査として、教科書制度の重要性、検定権は文部大臣にあり、記述内容に踏み込んだ検定が必要、とする三点を基本的な立場として、中教審答申「教科書制度の改善方策について」を作成したと述べた。反対尋問では「第三の教育改革」（詳細は後述）が停滞しているとの指摘がなされた。また、森戸は国粋主義・国家主義の概念、アメリカ型民主主義、人間像と教育勅語などについて所論を述べた（『家永・教科書裁判—裁かれる日本の歴史—』高裁篇　第二巻〈立証篇一〉）。

森戸が関与した第一次、第二次訴訟は国側の意見が全面的に認められた。第三次訴訟では、国の検定制度を合憲としつつも、裁量権の逸脱を四件認めた最高裁の判決が、森戸の死去から一三年後の平成九年八月二十九日に出された。

五　国際会議への出席
——ILO／ユネスコ「教員の地位に関する勧告」——

第四回日米文化教育会議

昭和四十三年（一九六八）四月三日から八日までワシントンで、両国の代表的な知識人が一堂に会した第四回日米文化教育会議が開かれ、森戸は日本側首席代表を務めた。

会議では「教育と発展」をテーマに精力的な討議が行なわれた。両国とも教育の大衆化にともなう学生運動などに悩まされていたが、教育行政の専門家および大学相互間の協力関係強化や、両国間で教育計画と技術に関する共同研究、第三国で行なった教育開発についても、情報交換と共同研究の対象とすることで合意した。そして、この会議は従来、二年に一回、東京とワシントンで交互に開催されていたが、両国間の文化教育面の交流が多岐にわたることもあり、常設合同委員会の設置を勧告した。

森戸はこの会議で、教育行政・財政に対する中央政府の積極的な協力・関与の必要性がアメリカでも増大し、教育が合理性・計画性・効率性という点で一大産業化していることを確認した。そして、教育に対する国家関与の必要性が世界的趨勢であるとの意を強くしたのだった（森戸辰男「日米文化教育会議に参加して」『育英通信』第四九号、一九六八年）。

ILO／ユネスコ「教員の地位に関する勧告」

ところで、森戸は昭和四十三年七月、日本ユネスコ国内委員会の第四二回会議で名誉会長になった。昭和二十七年の委員会設立より前から準備委員として関わり、副会長、会長と教育の専門家としてユネスコ主催の専門家会合にも出席、ユネスコ活動の推進に寄与した功労であった。

この名誉会長就任から二ヵ月後の九月、今度は「ILO／ユネスコ教員の地位勧告適用合同専門家委員会」（ＣＥＡＲＴ）の第一回会議に、東アジア代表の委員として参加することとなった。ＩＬＯは国際労働機関のことで、労働条件・生活水準の改善を目的とする国際連合の専門機関である。

この合同専門家委員会開催に先立つこと二年、昭和四十一年十月五日にＩＬＯ・ユネスコの共催で「教員の地位に関する特別政府間会議」が開催され、「教員の地位に関する勧告」（一四六条から成る）が採択された。「勧告」がなされた背景には、世界的に深刻な教師不足を教員の地位向上を図ることで改善するねらいがあった。合同専門家委員会は、各国でのこの「勧告」の実施状況を審査するため設置された。

日本政府は、「勧告」第八二条の留保を条件に受け入れた。この条は「教員の給与及び勤務条件は、教員団体と教員の使用者との間の交渉の過程を経て決定されるものとする」という、教員団体との団体交渉権についての教員の権利を定めていた。

日本国内では、日本教職員組合（日教組）が、教員団体として団結権・団体交渉権を確保する理由として「勧告」を歓迎した。しかし政府・文部省は、「勧告」の草案段階で一部修正とともに、日教組に三条件（倫理綱領の廃止、教員の政治的中立、実力行使の廃止）を出して是正を求めた経緯もあり、その対立は政治問題化した。

昭和四十三年九月の「ＩＬＯ／ユネスコ教員の地位勧告適用合同専門家委員会」に森

森戸の教員観

戸が参加することになったのは、ユネスコの推薦によるものであり、ユネスコでの経歴から見れば当然の人選だった。しかし日教組は、森戸が中央教育審議会の会長であり、また家永教科書裁判の政府側証人でもあったことから反発した。

森戸はユネスコの立場から、「教員の地位に関する勧告」は教師の有識職（専門職）化に重点が置かれ、有識職にふさわしい地位と処遇をえるためのものと理解していた。それゆえ、「勧告」の第六条「教職は、専門職と認められるものとする。教職は、きびしい不断の研究により得られ、かつ、維持される専門的な知識及び技能を教員に要求する公共の役務の一形態であり、また、教員が受け持つ生徒の教育及び福祉について各個人の及び共同の責任感を要求するものである」との点を重視していた。

森戸は会議に出席するにあたり、各国「態様と速度について十分の考慮を払う必要」があり、日本の近代化を事例に、教育が国家の発展に重要な意義をもったことを強調し、「勧告」の適用は当該国の現状に適応して行なわれるべき、としていた（ノート「UNESCO,ILO合同委員会」、A）。

九月十六日、ジュネーブの国際労働局で会議が開催された（九月二十日まで）。寄せられた報告や情報を審査し、ＩＬＯとユネスコ理事会に報告し、各国に質問書を送ることにした。

そして、その二年後の昭和四十五年、各国に送った質問書に対する回答書と所見をもとに第二回合同専門委員会が開催された。検討と審議が行なわれ、翌四十六年に最終報告書が作成された。最終報告書では、教員の地位におよぼす影響のうち、給与の重要性を指摘し、「不充分のままとなっています」とした。

森戸は昭和四十八年九月、「教師への期待と注文」を著し、ILO・ユネスコ「教員の地位に関する勧告」を引用しながら、教師は有識者であることを強調し、教師に公共職として責任を持つことを求めた(『文部時報』昭和四十八年九月号)。しかし労働組合として団体交渉権獲得を至上命題とする日教組にとって、森戸の意見は反動としか映らなかった。森戸は、新たな職能団体としての「日本教育会」の設立に関与していく(後述)。

六　東大紛争と中教審
――「大学の運営に関する臨時措置法」成立へ――

昭和四十三年(一九六八)一月、東京大学で、医学部の研修医問題に端を発して、安田講堂を医学部の学生たちが占拠する事件が起こった。これを抑えるべく東大総長の大河内《おおこうち》一男《かずお》が学内に警視庁機動隊を入れたことに対して、国家権力を介入させて大学の自治を侵したと、教職員と他学部学生にまで反発や抗議活動が広がった。七月には東大闘争全学共闘会議（東大全共闘）が結成され、学生たちは全学無期限ストに入って授業はできなくなり、十一月には大河内総長以下、全学部長が辞任する事態に陥った（東大紛争）。この大学紛争は、次第に全国に波及していった。

文部大臣から中教審への〝大学紛争解決のための方策〟の諮問

この事態に佐藤栄作内閣文部大臣の灘尾弘吉《なだおひろきち》が十一月四日、中央教育審議会（第八期）の第一一一回総会で、大学紛争解決のための方策検討を、中教審に依頼すると述べるにいたった。

しかし、委員の細川隆元《ほそかわたかちか》（政治評論家）が、この依頼は根本的な問題をあつかう本答申とは違うこと、政府の基本的な態度が不確かであり、文部省が三八答申を実施してこなかったことも原因であると、文部省・政府の責任を問いただした。

森戸も中教審会長として、作成中だった答申のほうに「最善の努力をいたしたい」と述べ、現状の大学紛争に対しては「(三八)答申で指摘しておる相当な部分がもしも大学で実行しておられたならば、あるいは文部省も積極的にこれが施策をとられたならば、今日の事態は……よほど緩和されていたのではないか」とも述べた。しかし、新たな諮問があれば、中教審で相談して対応するとした。

十一月十八日、改めて灘尾文部大臣より中教審に「当面する大学教育の課題に対応するための方策について」の諮問がなされた。この諮問は、大学紛争解決のため、制度上・運営上の方策について「すみやかに結論を得る必要」があるとされた。検討すべき問題点は、次の四点であった。

1 教育課程の充実とその効果的な実施について
2 大学における意思決定とその執行について
3 学園における学生の地位について
4 収拾困難な学園紛争の終結に関する措置について

この諮問に対して森戸は、昭和初期の河合栄治郎との「大学顚落」論争にふれ、改めて大学が転落の危機であると主張した。教育・研究ができない状態が続けば、大学自身の存在を自ら否定することとなりかねない。森戸は、大学が国民の期待に沿わなくなった場合や著しくそれから逸脱した場合、大学自治が問題となる、と述べた。

第二四特別委員会設置

十二月九日、この諮問に応えるべく、新たに第二四特別委員会が設置された。第一回会議で、カント哲学や教育学研究者の小塚新一郎《こづかしんいちろう》（東京芸術大学長）を主査に選任。早期に決着をつけるため、会議は週に一回を上回るペースで行なわれた。

一方、東京大学では昭和四十四年一月十日、総長代行の加藤一郎と七学部（法・工・理・農・経・教養・教育）学生代表団との間で一〇項目からなる「確認書」が取り交わされて共産党・民青系は紛争から離れたが、全共闘系の学生は安田講堂などの占拠を続けた。一月十八・十九日、加藤の依頼によって機動隊が突入し、紛争は一時的に収束することになった。二十日、佐藤内閣により東大入試中止が決定された。

紛争解決のための法制化は、「中教審の答申を待って」との首相発言により、審議は政治的にも注目されていった。委員会内部には、断固たる処置と大学管理法制化に積極的な委員と、内容を限定的にしたい大学関係委員との間で意見の違いがあった。

「学園における学生の地位について」中間報告

第二四特別委員会は、まず昭和四十四年三月七日の第一一三回中央教育審議会総会をへて、「学園における学生の地位について」の中間報告を行なった。森戸は中間報告の会長談話で、今日の大学紛争には、大学制度の改革よりも、むしろ現存する政治的・社会的体制の変革をめざすものが含まれている、と述べた。そして、東大「確認書」が、「大学の自治」への学生の管理運営への参加を認める内容をもっていたことに対して、大学の対策として、「単に当面の困難を回避するための安易な妥協であってはなりません」と述べた。

昭和四十四年三月十七日の段階で、第二四特別委員会では、大学管理法制化の内容を限定的にしたい主査の小塚新一郎と副主査の朱牟田夏雄《しゆむたなつお》（中央大学教授）のほか、大学関係の委員が合計五名も辞職していた。このため急遽、主査を高坂正顕とし、副主査不在のまま、人員を補充して会議を再開した。審議は三月七日の総会決定に基づき、「2　大学における意思決定とその執行について」と「4　収拾困難な学園紛争の終結に関する措置について」を集中的に行なうことにした。

三月十九日の第二四特別委員会第二〇回会議で、森戸は「大学の意思決定とその執行について」というメモを作成し、大学紛争の背景の根本には、「逸脱した学生政治運動とならんで、大学側の自治の能力の不足がある」と述べ、会長として、大学の最高責任者が緊急措置をとれるようにすること、第一線に立つ学生部のあり方について検討すること、学生処分を具体的に考えること、を要求した。

最大の問題となったのは「4」の項目であり、収拾困難な「極端な事態」の認定にあたって第三者機関の設置も検討され、判断基準、段階的な執行なども審議された。

三月三十一日の第二三回会議で森戸は、今日の大学というのは社会的な機関であり、このような状態にあって文部大臣あるいは日本の文教行政の最高責任者は　社会問題化している大学紛争について十分配慮しなければならぬというのが新しい時代の大学の自治の一つのあり方である、と述べ、大学当局と教員の責任を明確に答申に記すよう要求した。四月二十四日の総会を合わせると、三四回もの会議をわずか五ヵ月間で行ない、答申作成にいたっている。

四月三十日の第一一四回総会において、文部大臣の坂田道太へ行なった答申「当面する大学教育の課題に対応するための方策について」は、五つの章で構成されていた。全体の序論である第一「大学紛争の要因とこの答申の課題」では、混乱が大学の特異な構造に由来し、新しい大学のあり方として「三八答申」を一歩前進させた「開かれた大学」が必要であるとした。また第二「大学問題解決について関係者に期待するもの」では、大学管理者と教員のあり方を問うている。

具体的な内容として、第三「大学における意思決定とその執行」にあたっては、大学管理機関の機能的な役割分担の徹底化を図り、副学長の設置にふれている。第四「大学における学生の地位と役割」のうちの「学生の地位」は、中間報告に若干の修正を加えたものである。モニターの結果、中間報告は国民の三分の二が中教審の方針を支持していた。そして第五「当面する大学紛争の終結に関する大学と政府の責任」では、最終的に政府が設置責任者をして休校・一時閉鎖を可能とするものであった。

「大学の運営に関する臨時措置法」成立

この答申にあたり森戸は、「公共に奉仕すべき社会的な機関である大学」の責任を問い、「政府は良識と勇気をもって国民の付託にこたえて、大学を守り、大学を救うために必要な措置を考慮すべきである」との会長談話を発表した。

この答申の趣旨に沿った文部省による法制化の動きも加速し、「大学の運営に関する臨時措置法」として、田中角栄《たなかかくえい》自民党幹事長による議員立法として昭和四十四年八月七日に成立した。これ以後、大学当局が暴力を警察によって排除するようになり、大学紛争はこのあとわずか二ヵ月の間にすべて終息することになった。

七　教育改革と四六答申――第三の教育改革――

第九期中央教育審議会への反発と課題

「大学の運営に関する臨時措置法」が成立したことから、第九期中央教育審議会（昭和四十四年七月四日～昭和四十六年七月三日）は、前期が受けた諮問（昭和四十二年七月三日）「今後における学校教育の総合的な拡充整備のための基本的施策について」への中間報告（昭和四十四年六月三十日）「わが国の教育発展の分析評価と今後の検討課題」を受けて、次に進むべく新たに二つの特別委員会が置かれた。初等・中等教育の改革を担当する平塚益徳《ひらつかまさのり》（国立教育研究所長）を主査とする第二五特別委員会（基本構想の策定）、高等教育の改革を担当する古賀逸策《こがいっさく》（国際電信電話株式会社参与、東京大学名誉教授）を主査とする第二六特別委員会（基本構想の策定）であり、「四六答申」に向けての第二段階だった。

第二段階となる「基本構想」の作成は、高等教育の基本構想策定が重要だったが、大学紛争が一段落して旧態に戻りつつあった大学では、中教審の答申を好ましく思わない動きが出ていた。実際、学内事情で中教審の委員を辞退する現役教員が多かった。

昭和四十四年（一九六九）七月七日の第一一六回総会で、森戸はこのような空気を、大学内で思想の自由、言論の自由がなくなったことと問題視していた。しかし、以後も第二六特別委員会を含めて大学教員委員の出席率は悪いものであった。

そうしたなか昭和四十四年十二月十五日、佐藤栄作首相の訪米と、ニクソン大統領との日米共同声明によって日米安全保障条約の継続を前提とした「核抜き・本土並み・七二年」の沖縄返還が発表された。

森戸は、復帰運動の中核の一つである沖縄教職員会が、復帰実現の見当がついた後は、政治的中立を取り戻し、教育本来の仕事に戻ることを希望した（森戸辰男「日米共同声明に思うこと」南方同胞援護会『季刊沖縄』第五一号、一九六九年）。

しかし、沖縄教職員への日教組の接近と、沖縄社会大衆党を日本社会党と同一視する自民党の動きは、沖縄行政主席の屋良朝苗と佐藤首相との関係にも影を落としていった。森戸はのちに佐藤首相に、沖縄返還式に屋良を出席させるように勧め、佐藤は「この人にしてこの言あり、感謝一入《ひとしお》」と日記に綴っている（『佐藤栄作日記』昭和四十六年六月十五日）。だが、沖縄返還式典は昭和四十七年五月十五日に、東京と那覇の二会場で行なわれ、佐藤と屋良は別々の式場で返還を迎えている。

「高等教育の改革に関する基本構想試案」

昭和四十五年一月十二日、中央教育審議会の第一一七回総会で、第二六特別委員会の中間報告である「高等教育の改革に関する基本構想試案」が決定した。この中間報告では、高等教育機関（大学・高等専門学校・専門学校）の多様化と再教育可能な体制の整備、大学における教育研究組織の分離による若手研究者の育成について盛り込まれるとともに、森戸の意見が反映されて、専門化・総合化の核として、教養の重要性が強調された。国立大学の管理運営については、全学的な管理体制を確立する必要性が提言され、開かれた大学として学外の意見を取りいれるシステムの構築が、私立大学については、私学助成金をテコに、公共性の観点から計画・調整する必要性が明記された。

この総会で森戸は、今日の大学は公共の機関として開かれた大学になり、大学の教育・研究に対して、産業界、学生の父兄、納税者である国民が、特に国立大学のあり方について関心をもっており、高等教育機関のあり方について、行政的・財政的な整備充実を配慮する国の役割は重くなり、文教当局は政策を責任もって断行しなければならない、と述べた（中央教育審議会総会速記録）。

「初等・中等教育の改革に関する基本構想試案」

第二六特別委員会の中間報告から四ヵ月を経た昭和四十五年五月二十八日、中教審は、第二五特別委員会で作成した「初等・中等教育の改革に関する基本構想試案」を公開し、四一にのぼる各関係機関の代表者から意見を聞き、国民各層からも公聴会を仙台と東京で開くなどして意見を聴取した。

第二五特別委員会ではこの試案に、幼児教育と初等教育、中・高一貫校によるコース別・能力別教育、小・中・高の学校段階のくぎり方変更、高等専門学校（高専）のような中等・高等一貫教育、学問的な根拠をもとに制度上の特例を設け、教育者・研究者・行政担当者の協力する専門組織で一〇年程度実施するなどの新機軸を提案した。

そのうえで昭和四十五年十一月五日の第一一九回総会で、第二五特別委員会提出の中間報告「初等・中等教育の改革に関する基本構想」を決定した。内容は、人間の発達過程に応じた学校体系の開発として、四・五歳児から小学校のある学年までの一貫教育を、中高一貫教育とコース制の導入、能力別教育などについて積極的に先導的試行を行なう。そして個人の能力・適性・希望等に応じて多様な教育機会を提供するとともに、勤労者修学条件の弾力化を図るなど、教育の機会均等に配慮することなどが提言された。

この過程で森戸は、情報化社会のなかで、基本として機械的な材料や組織に支配されないで、人間が機械の上にどのようにして立っていくか、人間性をどう回復していくか、情報のなかで一般の人がうける人間形成における大きな被害というものも考えなければならない、それが情報化社会における人間的な立場である、と述べ、提言に取り入れられた（昭和四十四年十二月八日、第一一一回会議）。

二つの教育改革の基本構想

第二六特別委員会の「高等教育の改革」と第二五特別委員会の「初等・中等教育の改革」の、二つの基本構想の具体化とその調整のため、さらに新たな二つの特別委員会が、昭和四十五年に設けられた。四六答申に向けての第三段階である。

阿部賢一《あべけんいち》（元早稲田大学総長）を主査とする第二七特別委員会は、構想の具体化に行政上、財政上必要な基本的な施策を検討し、国の基本的施策の立案をめざす委員会として、また第二八特別委員会はそれらを実行する上での全体調整のために、有光次郎《ありみつじろう》（東京家政大学長）を主査として設置された。第二八特別委員会は、今後の社会における学校教育の役割を提起する最終段階であった。

第二七特別委員会では、大学入試問題について審議され、受験地獄を緩和するため、学力一辺倒ではなく、高校の調査書、広範な共通テストの実施や面接などを用いて総合的な判定資料とすることが提案された。

第二八特別委員会では、人間の形成としての学校教育の改善の方向性について、社会教育・家庭教育との連関性を問いつつ議論を深めた。

大学紛争が鎮静化して教育改革も一段落し、政府・世論の関心が公害・福祉・物価に移りつつあるなか、森戸は、四選が内定した首相の佐藤栄作に直接会って、内閣全体として答申の実現を図ってほしいと要望していた。

答申に対して森戸は、戦後、民主教育が画一化・平均化に向かったことに対して、旧制高等学校をモデルとする英才教育の可能性を求め(第三回、昭和四十五年十月二十二日)、職業科を選択した能力ある者と、勤労者で向学心があり、有能な者が大学に進学できるようにすることも強調していた(第四回、昭和四十五年十一月十二日)。そして医師と同じような教員の専門職制化を求め、よい医者とは病気を治すのではなく病人を治すのと同じで、よい教師とは技術ではなく人間を育成するのだ、とも述べていた(昭和四十六年一月二十八日、第一二回)。森戸は新渡戸教育と大阪労働学校での経験、教員の専門職制化という、彼の人生にとっての教育のすべてを盛り込もうとした。

「第三の教育改革」といわれる四六答申とは

昭和四十六年六月十一日、第一二〇回総会において、四年の歳月を要して「今後における学校教育の総合的な拡充整備のための基本的施策について」(昭和四十二年七月三日諮問)の答申がなされた。七つの特別委員会(第二一~第二三、第二五~第二八)における一五九回の会議と、七二回の小委員会、五回の公聴会、七〇以上の関係諸団体からの意見徴収、一〇回の総会を行なっていた。原本答申書は六三三頁にもなり、まさに「第三の教育改革」の名にふさわしい大答申であった。

森戸は諮問に対し、三つの柱を立てた。第一は生涯教育である。それは家庭教育・学校教育・社会教育を体系化したもので、特に学校教育が外に開くことを要請していた。

第二は今回の改革が教育独自の立場にあり、これを「先導的試行」という「慎重な実験と研究を経た漸進的」な方法で行なおうとした。第三としては教育課程、教員の人事・処遇、大学入学選抜制度などの改善、主任制度を含む学校の管理組織・教育行政体制の整備、私学の財政援助方式と受益者負担および奨学金制度などであった。また教師に対しては、プロフェッショナルとしての職制・給与の改善を主張した。日本育英会の会長としても「第三の教育改革」のための奨学制度問題（受益者負担の不均衡を考慮して私学に配慮すること、教育特別奨学制度の導入など）に取り組んだ。

森戸は答申の際の挨拶で、急速に進展する時代のなかで、教育が社会発展の先導的な役割を果たすために、今日こそ明治初年と戦後に続く、第三の抜本的な教育改革に真剣に取り組むべきときである、とした。そして今日の国家・社会が自主的・創造的な人間の育成を強く求めているという観点に立ち、急速に進展している教育の量的拡大と、これに伴うその質的な変化に有効適切に対処することが、今後の学校教育改革の基本的な課題である、とした。そして、政府に本答申にそった、現実的・段階的な計画の策定を強く期待すると述べた。

答申を受けた文部大臣の坂田道太は、長期計画を策定し、政府全体として教育改革に「国民の理解と支持を求め」て取り組む決意を示した。

答申への反応

翌六月十二日、『読売新聞』の社説が「第三の教育改革に勇断を」との見出しで教育投資を出し惜しむな、と掲載したのに対して、『朝日新聞』では永井《なが い》道雄《みち お》論説委員が「批判も展望もない　教育改革といえぬ答申」とし、社説では「真の教育改革とは何か」と教育の国際化を持ち出して批判した。日教組は、「国が教育内容を国民に押し付けた戦前教育の復活」だと非難した。佐藤首相は「達成へ努力傾ける」とする談話を十一日発表したが、その取扱いは小さなものであった。また、四六答申に至る過程を「戦後の民主教育を否定する中教審路線」とする立場からすれば、森戸は、「教育反動化の立役者」であった（長坂聡「教育反動化の立役者　森戸辰男批判」）。

答申のその後

文部省では、答申を推進した坂田が七月五日をもって文部大臣を退き、天城《あま ぎ》勲《いさお》事務次官、そして西田《にし だ》亀久夫《き く お》官房審議官が異動、退官、転任したため、改革推進の中心を失っていった。「ミスター中教審」とも呼ばれた森戸は、この答申を最後に、第一期から第九期（〜昭和四十六年七月三日）まで務めた中央教育審議会を勇退した。しかし「第三の教育改革」の必要性は、生涯にわたって主張し続けた。

結局、答申のほとんどは、すぐには実施されなかった。飛び級などの先導的試行は進まず、高等教育機関の類別化も、格下げを恐れた多くの地方国立大学によって、国立大学法人化まで行なわれなかった。管理運営機能の充実も、答申に際して東大総長の加藤一郎が、政府主導型の大学改革であり「教育・研究の将来に禍根を残す」と発言したように、国立大学に取り入れられなかった。大胆な私立学校助成方式も、自由設立主義のもとで巨大事業化した私立大学に、国家は財政的にも対応できないのが現実である。しかし、「四六答申」の改革方向性は、中曽根《なかそね》康弘《やすひろ》内閣における臨時教育審議会や、国立大学法人化における大学の種別化などの根拠と基盤でありつづけた。

八　能力開発研究所の解散と育英会会長の辞任

能力開発研究所の解散

森戸が理事長を務める「財団法人　能力開発研究所」（能研）は、昭和三十八年（一九六三）一月の設立から昭和四十六年まで存続したものの、事業そのものは、昭和四十四年には事業中止の状態に陥っていた。

事業が失敗した理由として、第一に東大などの大学側の非協力、第二に資金不足、第三に日比谷高校など有名高等学校の反対、第四に学生運動・日教組の反対、の四点をあげていた。東京大学では教養学部が調査に賛成していたものの、「大学の自治」と、学部自治を盾にした専門学部での反対が強く、これに有名地方大学も追従した。その結果、社会的な要請がある大学入試の適正化ができなくなった、と森戸はいう（中央教育審議会

第二七特別委員会、第八回会議、昭和四十五年十二月二十四日)。

学力テストよりも、能力開発研究所が行なっていた能力テストこそが重要であると、森戸は考えていたが、能力テストの相関関係は実証可能であったものの、大学側の非協力によって証明の機会を逃がしたのだった。その後、能研の集積したデータは、国立教育研究所に移された。

しかし、能研テストの方向性は、のちの共通一次試験、センター入試、そして「大学入試共通テスト」へと受け継がれている。

育英会長退任

昭和四十七年三月末、森戸は育英会会長を退任した。育英会は、国立大学授業料値上げを契機に、昭和四十七年度から予算が画期的に伸びたものの、法人としての育英会は組合運動が激しく、役所と民間企業両者の短所をもった、低い効率と緩んだ規律をあわせ持った組織であると、森戸は考えていた(「育英会報」一九七三年二月号、A)。

退任にあたって、イギリスの文豪トーマス・カーライルの言葉「お前のいちばん手近な義務を果たすがいい」を育英会に残している(同前)。

第一〇 晩年

一 各役員職に就任——松下視聴覚教育財団・日本教育会——

松下視聴覚教育研究財団（松下教育財団）

森戸は、松下幸之助《まつしたこうのすけ》に請われて松下視聴覚教育研究財団（現、パナソニック教育財団）の理事長に就任した。就任するきっかけは、昭和四十八年（一九七三）五月、松下電器産業（現、パナソニック）による松下AVセンターが開所式を迎えた際、森戸が、メディアの教育への活用を企業による社会的責任の観点から、「こうした意義あるセンター、立派な施設が、一企業のものではもったいない。せっかくのものだから、将来は広い範囲の人たちが自由に利用できるものにしていただきたい」とのメッセージを送ったことだった。

産業と技術の革新のなかで、新しい教育機器、教材が次々と開発され、実際、松下AVセンターには、月平均一二〇〇以上の教育関係者が来場し、このなかには海外三〇ヵ国からの来場者も含まれていた。月三回、学校の先生へのAV研修会を開催するとともに、センターは、各種研究所、都道府県教育委員会などの研究会場としても利用されていった。

森戸が送ったこの要望に、松下幸之助は即座に対応し、昭和四十八年十二月四日には文部省の認可を取りつけ、豊かな人間育成を目的に、新しい機器と利用技術の開発のために松下視聴覚教育研究財団を設立したのであった。森戸は、松下幸之助に「いわれた通りにしたんですから、ついては理事長になって下さい」といわれ、理事長に就任し、終生その職にあった（『遍歴八十年』）。

日本教育会

昭和五十年六月十六日、日本教育会の結成大会が行なわれ、森戸は初代会長（昭和五十五年六月まで）に就任した。佐藤栄作国民葬の日でもあった。

日本教育会は、四六答申に基づいて昭和四十九年に成立した教育人材確保法のもとで、職能団体の設立を求める意見が強くなり、教育界正常化のため、八団体の長が発起人となって発足した（十一月に社団法人）。人材確保法は、教員に優れた人材を確保し、義務教育水準の維持向上を図る目的のため、教員の給与を一般の公務員より優遇することを定めている。発起人の八団体とは、全国国公立幼稚園長会、全国連合小学校長会、全国高等学校長協会、全国公立学校教頭会、全国国公立幼稚園ＰＴＡ連絡協議会、日本ＰＴＡ全国協議会、全国高等学校ＰＴＡ協議会である。

森戸は結成式の会長挨拶で、元総理だった佐藤栄作が「第三の教育改革」の実現を言明したことに触れつつ、教育会の発展のために、（一）管理者の団体から広くラインを含む教職者の団体へ、（二）中央の組織から地方の組織へ、（三）組合の人々も進んで参加できるような開かれた組織へ、と順次発展していくことと、財政的基礎の確立を求めた。そして、民主国家における国民の教育は、国民共通の目標をめざして行なわれるべきとしたうえで、政治的中立を前提に、設立趣意書にある「次代の国民が、わが国の文化と伝統をふまえ、人間性豊かな立派な日本人として成長し、国際的にも世界の人々から敬愛されるよう、教育の一大刷新を図っていきたい」と語った（「日本教育会結成大会会長あいさつ」、A）。

プロフェッショナルとしての教師像を追求した森戸にとって、日本教育会は「第三の教育改革」での学校教育刷新を支える基盤形成であり、「立派な人間を育てるための教師の啓蒙啓発の場」であった。森戸は、学歴社会の解消、入試問題、詰込み教育の三つを日本教育会の課題としていた。

教育公務員特例法の制定、四六答申にもとづく人材確保法の制定と、専門職としての教育職の待遇充実を図ってきた森戸は、この過程で、教師も労働者であると団体交渉権の確立を求め、革新色を前面に出して政治活動を行なっていた日教組と対立していくこととなった。専門職としての教師による職能団体である日本教育会の会長に森戸がなるのは、事績からして必然でもあったが、森戸が初代会長になることで、日本教育会は、自民党色が薄れ、一定の政治的中立を確保することもできたのである。

森戸は、中央教育審議会の他、昭和三十六年から三十八年まで国語審議会委員、昭和三十九年から四十一年まで国語審議会長、昭和二十八年から三十七年まで大学設置審議会委員、昭和四十六年から昭和五十七年まで栄典に関する有識者会議の構成員、昭和三十八年から四十六年まで社会教育審議会委員を務めた。

社会教育面では、昭和三十五年三月から五十五年五月まで全日本社会教育連合会の会長であり、社会教育委員の連携協力のため、全国社会教育連絡協議会（昭和五八年九月文部省の認可を受け、社団法人全国社会教育委員連合）の結成にも寄与している。昭和四十二年二月から同五十五年六月まで東京都青少年とともに進む運動推進協議会長も務めていた。

二　健康法と趣味

森戸の健康法

ふくよかな顔、血色のいいつやつやの膚。絶やさぬ微笑。中央教育審議会、日本育英会、NHK学園と仕事も多く、海外出張も多い森戸の健康法は、規則正しい生活、朝晩に十分間の体操、果物・野菜をたっぷり食べることであった。

広島大学の学長を退官したのちの森戸の一日は、午前六時半起床。ラジオの人生読本とニュースを聞いて体操、朝食。午前九時に育英会などの職場に出勤。帰宅時間は、色々な会合や来客のため不規則だったが、午前零時には体操、就寝する毎日であった。森戸は「からだと心を適度に使って。人のために役立てれば、おのずから健康になると思います。からだと心を働かせて仕事をしていく努力のなかで、健康が保たれると信じているんです」と述べていた。体操は、広島大学長時代、夜行電車のなかでも欠かさなかった。顔なじみの車掌からは「体操のおじさん」でとおっていた。

自宅では、裸で庭に出て自己流の体操をする。スポーツができなくなった六〇歳からの習慣であり、エレベーターも使わず階段を歩いた。食事は、朝はパンとオートミール、昼は米食が基本。食事で注意するのは、季節の果物と生野菜を多くとる点である。肉類も食べるが魚の方が好物だった。たばこは吸わず、酒はお付き合い程度、家では飲まなかった。

元来、丈夫であったが、昭和四十年六月五日付けの『中国新聞』で、広島で主治医だった広島赤十字病院の重藤文夫《しげとうふみお》院長の診断では「健康法が非常に合理的、科学的だ。絶えず勉強して精神がいつも若々しく、くだものや生野菜でビタミンBCをしっかりとり、朝晩の体操でからだを適度に刺激している。あのおとしで健康を守るのは、血管の硬化を防ぐことなので、実によくマッチした健康法であり理想的だ」とされていた。

晩年、中央教育審議会長などを退任した後は、体操は朝だけとなったが、一五分、上半身裸で森戸流の体操を行ない、食べ物は野菜や果物を好んだ（特に柿）。週のうち二日は、ＮＨＫ学園高校、労働科学研究所、松下視聴覚教育財団などに出向いて仕事をし、それ以外は、読書や調べ物をする毎日であった。冨仁子夫人は、「若いときは激しい性格だったそうですが、今ごろでは、腹をたてたり感情をむきだしにすることなど、まったくありません。感情の調整ができるのですね。悲しいことや腹だたしいことがないわけでなく、ただそれをほかのものに転回できる人なのでございます。長生きの秘訣も、このあたりにあるのではないでしょうか」と述べていた（「森戸冨士《ママ》子さんにきく」、Ａ）。

信州上田の「楽山居」

森戸は昭和四十三年（一九六八）九月九日、長野県上田の駅から西に車で四〇分の山間に、「楽山居」という庵を結んだ。ここは、森戸が最も好んだアユの友釣りができるところだった。この「楽山居」で、晴耕雨読ならぬ「晴釣雨読」の一日をすごした。「楽山居」でも原稿の執筆・校正や、松下電器の女性管理職でカウンセリングをしていた冨仁子夫人と、夫婦そろって講演することもあった。

「楽山居」での夫婦生活は、晩年に転居した世田谷区上用賀の終身型老人ホームである「フランシスコ・ヴィラ」での生活とは違い、冨仁子夫人にとっても「午前中主人私の履歴書のまえがき、あとがきを書き終る。私は戸棚と下駄箱の掃除、洗たく、台所の片づけやみがき込み、をする。久しぶりの家事という感じ、やはり女としてのゴリゴリした仕事をするのは女のよろこびであり、満足感を味わえる」と書くようなものでもあった（昭和五十一年八月七日「楽山居日記」第四巻、A）。

森戸の趣味は、広島大学時代のところでふれたように釣りであり、日本釣魚会連盟と日本釣魚振興会の会長でもあった。

広島大学長を退官して東京に戻ってからは、釣りを楽しむ時間はほとんどなく、晩年になって、「楽山居」でアユの友釣りを楽しんだ。

釣果の鮎を食する森戸夫妻（広島大学文書館所蔵）

日本釣魚振興会の釣りはＭＲＡ（道徳再武装運動）ともよばれ、魚の多獲はどうでもよく、川と海を清澄に保ち、魚族を守り、釣りの道徳を振興するものであった。

孔子の言葉である「釣而不網」を釣りの座右の銘とし、西洋で釣りのバイブルとされる「釣魚大全」の著者アイザック・ウォルトンが「釣りは芸術である」としたように、釣りとは技を通じて人間の道を実践しようとするものと理解していた。森戸にとって、釣りとは、自然と楽しみ、静かに自分と世界を思索のなかに置く場であった。

百働会での活動

広島大学学長時代から会長を務める百働会（「百まで働こう会」）は、発足から一五年後の昭和四十五年には、アメリカを含め支部数二八、会員数五〇〇〇名以上を持つまでになっていた。森戸は、「いまやらねばいつできる。わしがやらねばだれがやる」との百働会名誉会員・芸術院会員の平櫛田中《ひらくしでんちゅう》が一〇〇歳になった時の色紙を、晩年座右の銘の一つとし、活動に熱心であった。

森戸は、七〇歳をこえて福祉国家論の研究を始めた。それは、核家族化のなかで国民各自の努力と責任が忘れさられていることを指摘し、老人を主体的に位置づけることで、百働会の活動の意義を検証するためであった。老人の「年の功」、長い生活のなかで積み重ねた人間の知能、かわらぬ人倫の存在に期待したのである。老人福祉が課題となるなか、生涯学習としての「老人教育」の振興や、年をとって何かをなそうとする精神を活動の糧としたのだった。

三　死去

叙勲

森戸は昭和三十九年（一九六四）十一月に勲一等瑞宝章、同四十六年十一月には教育分野では初の文化功労者に、同四十九年四月には勲一等旭日大綬章を受けた。

森戸が終生務めたのは、ＮＨＫ学園高校校長、松下視聴覚教育財団理事長、教育美術振興会会長、全国放送教育研究会連盟理事長、そして「百働会」会長である。

晩年は、冨仁子夫人を中心とした家族や、多くの人に健康を気づかわれながらも、釣り竿を放すことなく、仕事を続けながらも心穏やかな暮らしを楽しんだ。

死去

森戸がガン性腹膜炎で死去したのは、昭和五十九年（一九八四）五月二十八日午後一時二九分のことであった。

翌二十九日の新聞各紙は写真入りで「戦後教育改革に尽力」（『日本経済新聞』）などと、その死を大きく報じた。首相の中曽根康弘は「日本の文化を支えた大きな柱が倒れられた」、元文部大臣の坂田道太は「常に剛健な古武士のような人だった。信念が強く、戦中・戦後と世の中が「右」から「左」へと大きく揺れた中で、一貫して変わらず、学問的良心を堅持していた」と評した（以上、『日本経済新聞』）。

また、大内兵衛の次男である大内力《つとむ》（東京大学名誉教授）は、「森戸さん自身は穏健な社会主義者だった。戦前と戦後で変わった、という人がいるかもしれないが、森戸さんにすれば自分は変わっていないのに世の中の方が変わったという気持ちだろう」と語った（『毎日新聞』）。元文部大臣の永井道雄は「武士の精神を継がれた士魂の人でした。戦前は進歩派、戦後は保守的な考え、ととる人もいるが一貫して教育、学術の自由を考えられ、貢献された」と評した（『読売新聞』）。

通夜と密葬は、自宅となっていた終身型老人ホームの世田谷区上用賀「フランシスコ・ヴィラ」で行なわれ、中曽根首相も弔問に訪れている。告別式は六月十三日、青山葬儀所で妻冨仁子を喪主として行なわれた。

おわりに

森戸辰男は大正九年（一九二〇）、「森戸事件」の被告となったのち、大原社会問題研究所で研究活動を続けるとともに、大阪労働学校で労働者教育を行なった。戦後は日本社会党に入党し、日本国憲法に第二五条「生存権」を入れ、片山哲内閣・芦田均内閣の文部大臣として戦後教育改革を行ない、広島大学学長をへて、文部大臣の教育諮問機関である中央教育審議会（中教審）の会長として「第三の教育改革」をめざした。一八年間も委員や会長を務め、「ミスター中教審」とも言われた。

第一高等学校時代に学んだ新渡戸稲造からの影響を強く受けた森戸は、知識人にとっての教養と、それが一般の人にも開かれたものであるべきとの信念のもとに生きた。

戦前は、理想の人間像を自主自由な人間とし、東京帝国大学経済学部で社会政策学を学ぶなかで、理想社会を無政府共産制に求めた。政治的に権力の圧迫をうけることなく、経済的に資本によって搾取されることもない、精神的に教義教条を強制されることのない社会としての無政府共産制は、森戸の理想だった。無政府共産主義の暴力主義を否定していたが、現実との落差は大きく、彼は究極の理想をもちながら、理想の実現のために何をすべきかを、現実を直視し不断の努力を続けることで探った。

　その不断の努力が、森戸事件が有罪とされて東大を免官となった後に勤めた、大阪の大原社会問題研究所における、若きマルクスの苦悩に自らを重ねた初期マルクス研究であり、社会主義とキリスト教の関係研究などであった。また、その理想に向けての実践として、社会科学の知識人への普及に努め、厳しい環境下で学ぼうとする労働者・勤労者のために大阪労働学校で教え、苦闘する労働組合活動・無産政党に協力した。

　しかし、現実は、森戸に多くの試練をあたえた。森戸事件による入獄ばかりではない。昭和十二年（一九三七）に日中戦争が始まり、国家社会主義的な全体主義が国民に強いられるなかにあって、森戸は時局評論を一年のあいだ控えて沈黙した。この過程でマルクス研究を断念し、再び筆を執って自らの立場を明らかにした。マルクス研究を捨てさせた労働組合の産業報国会への合流・無産政党の解散は、一つの挫折でもあった。そのようななかでも、文化の擁護を通じて知識人を、ナチスのドイツ労働戦線をも事例としつつ労働者の権利を主張しつづけた。

　戦後になると、森戸はかつての第一次世界大戦後のドイツへの留学経験から、敗戦日本を国家・民族の独立をめざした文化国家による再生を期し、日本国憲法の制定にあたっては、生存権を組み込んだ。また、日本社会党政調会長として昭和二十二年（一九四七）片山哲の内閣成立に寄与し、成立後は文部大臣として民主化を中心とする戦後教育改革を推進した。日本の義務教育制度の六・三制、つまり現行の九ヵ年の義務教育制度の導入に苦闘し、教育機会の拡大に尽力したのである。

占領下、東西冷戦という現実のなかで、民主化を漸進的に進めようとしたが、政治家としては中途退学となった。故郷から広島大学の学長就任を求められ、日本の再建は青年の向背にかかるという確信と、平和都市広島にふさわしい大学を作りたいとの思いから、昭和二十五年四月十九日、国会議員を辞職して学長となったためである。

森戸は広島大学に、自由で平和な一つの大学という建学の精神と、「中国・四国地方の中心大学」「地域性のある大学」「国際性のある大学」との三原則を与え、廃墟からの復興とその整備・拡充に努力した。しかし、大学は学生運動による危機のなかにあり、大学教員の意識は旧態依然とした「象牙の塔」の主《あるじ》としてのものであった。

大学を社会の一部（「部分社会」）と考えていた森戸は、学問の自由を得た大学に、社会的責任と、高等教育機関として一般教養を基盤とする人間の育成を求めた。

森戸は謙虚なヒューマニズムに基づく民主主義の反省を唱えつつ、「人間の形成」（人づくり）の観点から、広島大学学長を退いたのちに就任した中央教育審議会会長として、

「第三の教育改革」をめざした。「第三の教育改革」とは、大学紛争に対しては、大学の運営に関する臨時措置法を準備して鎮静化をもたらし、家庭教育・生涯教育・社会教育と連動した学校教育体系の全面的な見直しを提言する、中央教育審議会の「四六答申」を指す。森戸がまとめあげた「第三の教育改革」は今なお未完のままだが、その後の教育改革の基盤でありつづけている。

森戸は昭和四十年一月四日から六日まで出演したNHK放送「人生読本」の題目を、自らの人生を顧みて「理想と現実」とした。森戸は、無政府共産主義を究極の理想としたが、その実現にあたって、常に現実との緊張関係において、漸進的に進めることを行動の指針とした。同時に、彼は労働科学研究所理事長として社会科学者であり（昭和五十五年まで）、昭和五十九年（一九八四）に九五歳で亡くなるその時まで、NHK学園高校の校長として教育者であり、一〇〇歳まで働こうとする「百働会」会長として社会運動家であった。

新渡戸稲造や内村鑑三から薫陶を受けた者たちは、文化の重要性を認識していたため、戦後、森戸はもちろんのこと、前田多門や田中耕太郎、天野貞祐は文部大臣となり、また教育刷新委員会の委員長南原繁をはじめ、沢田廉三、山崎匡輔、関口泰、田島道治らがその委員となって、戦後教育改革を主導していった。新渡戸と内村に影響を受けた一群の人びとが、敗戦による「一億総懺悔《ざんげ》」から「戦後民主主義」への転換を可能にしていったといえよう。

森戸も、文化国家としての再生と民主主義の漸進による改革をめざした。戦前、戦後を通じて大学を社会制度として認識していた森戸は、大学の大衆化にも対応しえたが、理想実現の手段として暴力革命論を採らないがゆえに、学生運動と対峙した。そして「民主主義の反省」として、右左に関係なく全体主義へと流れることを危惧した。同時に、産業社会が求める「人材」ではなく、教養にもとづく「人間」形成を説きつづけた。企業の社会的責任という観点から、松下視聴覚教育財団（松下教育財団）の理事長となったのも、この点で松下幸之助と一致したためである。

ユネスコや日米文化教育会議などの国際交流でも、森戸は新渡戸を意識していた。晩年は、武士の子としての自分を、新渡戸稲造に重ねている。森戸事件で刑を受けた時も、またマルクス研究をやめた時も、そして文部大臣時代、中央教育審議会などなど、いくつかの敗北のなかでも毅然としていた。また、思わぬレッテル張りや、罵声をあびることもあったが、泰然としていた。常に「森戸スマイル」とよばれる微笑をうかべていたのも、ヒューマニズムを義となした武士の矜持であったのだろう。

森戸を常に変化する政治的位相などで評価するのではなく、戦前・戦後を通じて嵐を避けて生きたのではなく、常に、嵐に向かって立った一人の人間としてみれば、学ぶべきことが多い。森戸は、色紙に、戦前「貧賤不能移　富貴不能謡　威武不能屈」と書き、戦後は「仁者無敵」、中教審時代には「自反而縮」と書いた。そこには、戦前の苦闘と戦後の高揚と意欲、中教審会長としての自負を読み取ることができる。

最後に、本書を森戸との対話の材料としてお読みいただければ、自らを見直す導きともなるのではないだろうか。それは森戸が望んでいたことだとも思っている。

略年譜

年次	西暦	年齢	事蹟	参考事項
明治二一	一八八八	〇	一二月二三日、広島県福山市東堀端町乙二〇一番地に誕生（父は鸞蔵、母はチカ）	四月、市制・町村制公布○同月、枢密院設置
二七	一八九四	六	四月、広島県深安郡福山町尋常小学校に入学	七月下旬、日清戦争始まる
三五	一九〇二	一四	三月、福山町高等小学校卒業○四月、広島県立福山中学校（現在の広島県立誠之館高等学校）入学	一月、第一次日英同盟協約締結○同月、シベリア鉄道完成
四〇	一九〇七	一九	三月、福山中学校卒業○四月、上京○九月一一日、第一高等学校入学式○九月二九日、父鸞蔵死去	一月、東京株式相場が暴落（日露戦後恐慌の始まり）
四三	一九一〇	二二	七月、第一高等学校卒業○九月、東京帝国大学法科大学経済学科入学（無試験）	五月、大逆事件の検挙が始まる○八月、日韓条約調印（韓国併合）
四四	一九一一	二三	二月一日、一高「謀叛論」講演事件が起こる	一〇月、辛亥革命
大正　三	一九一四	二六	七月、東京帝国大学法科大学経済学科卒業、同学科統計学講座助手となる	七月、第一次世界大戦が始まる○八月二三日、日本がドイツに宣戦布告
四	一九一五	二七	三月六日、高野岩三郎ゼミを母体とした同人会発足○六月二日、アメリカ出張（三ヵ月間）	一月、大隈重信内閣、中国の袁世凱政府に対華二一ヵ条要求
五	一九一六	二八	九月一日、東京帝国大学法科大学助教授○この年、「科学的管理法ノ社会政策的価値（一）（二）」を	

			『国家学会雑誌』に発表	
六	一九一七	二九	四月一九日、渡邊和子と結婚、東京府東京市牛込区市ヶ谷加賀町二丁目一八番地に居を構える	三月一二日、ロシア二月革命○一一月七日、ロシア十月革命
七	一九一八	三〇	一二月八日、長男望誕生	九月、原敬内閣成立
八	一九一九	三一	二月一四日、大原社会問題研究所嘱託になる○四月一日、東京帝国大学経済学部発足、森戸は同学部助教授に就任○八月一〇日付けで大原社会問題研究所常務理事となる○九月、国際労働会議代表事件が起こり、一〇月八日に高野岩三郎が東大を退官、大原社会問題研究所所長に就任○一二月、論文「クロポトキンの社会思想の研究」を東京帝国大学経済学部内の『経済学研究』第一巻第一号に掲載、森戸事件の始まり○この年、「日本に於ける女子職業問題」を社会政策学会論叢第一二編『婦人労働問題』に発表	一月、パリ講和会議開催○二月、帝国大学令改正○同月、普選運動広まる○同月、大原社会問題研究所設立○六月、ヴェルサイユ講和条約調印
九	一九二〇	三二	一月一〇日、文官分限令により休職処分、欧州留学取消○一月一三日、新聞紙法第四二条違反で森戸と大内兵衛が起訴される○一月三〇日、裁判開始（東京地方裁判所）○三月三日、有罪判決（新聞紙法第四一条違反）○三月六日、検察控訴○三月八日、森戸・大内控訴○四月二二日、東京控訴	一月、国際連盟発足○三月、株価暴落、第一次世界大戦による戦後恐慌始まる

			院公判を経て大審院に上告○一〇月一二日、上告棄却（新聞紙法第四二条に該当、森戸は禁固三ヵ月・罰金七〇円）○一〇月二二日、東京帝国大学免官○一一月四日、市ヶ谷の東京監獄に収監	
大正一〇	一九二一	三三	二月四日、出獄○三月一日、大原社会問題研究所研究員としてドイツ留学出立○五月、ドイツ到着○この年、アントン・メンガー『近世社会主義思想史』を翻訳出版	六月、モスクワで第三回コミンテルン大会○一一月、原敬首相、刺殺される○同月、ワシントン会議開催、日英米仏とで四ヵ国条約調印
一二	一九二三	三五	二月、ヨーロッパ出立○八月九日、帰国○関東大震災後に兵庫県武庫郡芦屋町字毛賀八六八へ転居	九月一日、関東大震災○同月、朝鮮人虐殺、亀戸事件、甘粕事件の発生
一三	一九二四	三六	一月、「震災と社会思想と反動勢力」を『我等』第六巻第一号に発表○この年、アントン・メンガーの『全労働収益権史論』を翻訳出版	一月、第二次護憲運動○六月、清浦奎吾内閣総辞職、加藤高明護憲三派連立内閣の成立
一四	一九二五	三七	一月、「思想と闘争」を『改造』第七巻第一号に発表○二月、著書『社会科学研究の自由に関して青年学徒に訴ふ』を出版○一二月二五日、大阪労働学校経営委員会の会計責任者に就任○この年、著書『最近ドイツ社会党史の一齣』を出版、大原社会問題研究所翻訳『剰余価値学説史』第一巻出版	一月、日ソ基本条約調印○三月、普通選挙法、治安維持法成立○五月、日本労働総同盟第一次分裂○一二月、農民労働党結成、即日結社禁止
一五	一九二六	三八	この年、「闘争手段としての学校教育」を『改造』第八巻第一一号に発表○櫛田民蔵と翻訳した「フ	五月、文部大臣岡田良平が学生・生徒の社会科学研究の禁止を通達

昭和 二	一九二七	三九	オイエルバッハ論」を『我等』第八巻第五号・六号に掲載	三月、金融恐慌始まる○四月、田中義一内閣成立
三	一九二八	四〇	一〇月三〇日、大原孫三郎が大原社会問題研究所への出資打ちきりの意思を示す	三月、労働農民党、日本共産党など関係者全国一斉検挙（三・一五事件）
四	一九二九	四一	三月一五日、山本宣治の大阪労働学校葬で葬儀委員長、弔辞を読む○三月、山本論文と弔辞も収録した『政府はいかに思想を善導せんとするか』刊行○六月二九日、河上肇京大辞任事件一年後に京都帝国大学で講演○九月、講演内容を「大学の顚落」と題して『改造』第一一巻第九号に掲載、河合栄治郎との「大学顚落」論争開始（〜昭和五年五月）	三月五日、山本宣治刺殺事件○四月一六日、共産党員全国的大検挙（四・一六事件）○九月、総同盟第三次分裂○一〇月、ニューヨーク株式市場株価大暴落（世界恐慌の始まり）
五	一九三〇	四二	二月四日、次女ゆか誕生○五月、「無産党全合同は可能なるか」を『改造』第一二巻第五号に発表し、山川均と論争○六月、大原社会問題研究所の所長事務代理となる	一月、金輸出解禁・金本位制復帰○二月、第一七回総選挙、無産政党惨敗○五月、共産党シンパ事件○七月、全国大衆党結成
六	一九三一	四三	一月、大原社会問題研究所で月次講演会開始（〜昭和一一年三月の第五〇回講演会）、森戸第一回	六月、日本労働倶楽部結成○七月、全国労農大衆党結成（大阪府支部連

昭和 九	一九三四	四六	講演「我国における女子職業の範囲及動向」四月、大原社会問題研究所で社会統計学院を付設、監事に就任（委員長は高野岩三郎）	合会顧問は森戸）○九月、満洲事変一二月、ワシントン海軍軍縮条約破棄をアメリカに通告
一〇	一九三五	四七	一月二二日、楳原岸子との間に三女洋子誕生○九月三日・一〇月三日、大原孫三郎より大原社会問題研究所廃止の意向○一〇月九日、東大経友会で「教学の刷新と大学の自由」を講演する○一〇月一〇日、大原社会問題研究所の東京移転を決定	二月、天皇機関説問題○三月、ドイツがヴェルサイユ条約の軍備制限条項を破棄して再軍備宣言
一一	一九三六	四八	六月、大阪労働学校で「労働組合講座」開催○七月二五日、大原孫三郎側と所員退職手当・移転について覚書交換○一二月一日、大原社会問題研究所、東京移転を告別する講演会開催	一月、全日本労働総同盟結成○二月、第一九回衆議院総選挙で社会大衆党躍進○同月、二・二六事件○七月、日本俸給者協会設立
一二	一九三七	四九	二月一五日、大原社会問題研究所の「おわかれの挨拶の会・流列会」開催（高野岩三郎主催）○四月一六日、大原社会問題研究所、東京府東京市淀橋区柏木四丁目八九六番地に新事務所開所	三月、大阪労働学校、全国労働教育会館内に移転○七月、日中戦争開始○一二月、第一次人民戦線事件
一三	一九三八	五〇	一月一一日、大阪労働学校、生徒募集中止を決定○二月三日、大阪労働学校閉鎖決定○四月、『オウエン　モリス』を刊行○五月、大阪での残務手続終了、上京	二月、第二次人民戦線事件○四月、国家総動員法公布
一四	一九三九	五一	三月、「戦争と文化」を『改造』第二一巻第四号	九月、ドイツ軍がポーランド侵攻、

			に発表	第二次世界大戦始まる
一六	一九四一	五三	この年、「独逸労働戦線と産業報国運動」を『改造』第二三巻第四号に発表、エンゲル著『ベルギー労働者家族の生活費』を翻訳出版	一〇月、東条英機内閣成立○一二月八日、太平洋戦争始まる○大原社会問題研究所、『日本労働年鑑』停刊
一七	一九四二	五四	二月二八日、楳原岸子との間に次男泰誕生○エンゲル著『労働の価格・人間の価値』を翻訳出版	六月、ミッドウェー海戦敗北○八月、ガダルカナルの戦い始まる
一八	一九四三	五五	モリッツ・ウィルヘルム・ドロービッシュ著『道徳統計と人間の意志自由』を翻訳出版	九月、イタリア、連合国軍に降伏
二〇	一九四五	五七	五月二五日、大原社会問題研究所、空襲にて焼失○終戦後、疎開先栃木県真岡から上京、東京都杉並区上荻窪に居を定める○九月二二日、旧無産政党各派の懇談会出席○一〇月一五日、日本社会党が党名・綱領を定める（創立準備委員として参加）○一一月二日、日本社会党結成大会に出席、党員となる○一一月一三日、日本文化人連盟結成大会○一一月五日、憲法研究会第一回会合○一二月二八日、憲法研究会、「憲法草案要綱」を記者発表	三月一〇日、東京大空襲○三月下旬、沖縄戦○五月、ドイツが連合国に無条件降伏○八月六日、広島に原爆投下○八月八日、ソ連の対日宣戦布告○八月一五日、昭和天皇、ポツダム宣言受諾を国民に声明○九月二日、降伏文書調印○九月二二日、米国政府、初期対日方針発表○一〇月四日、GHQが最初の民主化指令○一二月、衆議院議員選挙法改正・公布
二一	一九四六	五八	二月二三日、日本社会党「新憲法要綱」発表○四月一〇日、第二二回衆議院議員総選挙で初当選○五月一一日、代議士会で「救国民主戦線」の即時	一月四日、GHQが公職追放指令○一月、民主主義科学者協会が発足○二月一三日、GHQが憲法改正に関

			結成を提案○六月二七日、第九〇回帝国議会衆議院本会議にて質問○七月二二日、母チカ死去○七月二五日、憲法改正特別委員会小委員会（芦田委員会）第一回会合（八月二〇日第一四回会合まで委員）○八月一〇日、教育刷新委員会委員（〜昭和二二年八月）○一〇月一日、日本社会党中央執行委員、政務調査会長就任○一〇月一一日、第九〇回帝国議会で国立国会図書館設置に関する決議案の趣旨を説明○この年、著書『救国民主聯盟の提唱』を出版	する草案を日本政府へ手交○三月六日、日本政府が「憲法改正草案要綱」発表○四月、第二二回衆議院総選挙○八月、教育刷新委員会設置○同月、全日本産業別労働組合会議、日本労働組合総同盟が結成される
昭和二二	一九四七	五九	四月二五日、第二三回衆議院議員総選挙で当選○六月一日、片山哲内閣で文部大臣となる○六月二〇日、森戸が提唱する「新日本建設国民運動」を閣議決定	一月、マッカーサーが「二・一ゼネスト」中止命令○三月、教育基本法、学校教育法公布○四月、第二三回衆議院議員総選挙○五月三日、日本国憲法施行○六月、片山内閣成立
二三	一九四八	六〇	二月五日、予算委員会（鈴木茂三郎委員長）で政府原案組み替え動議が可決され、一〇日に片山内閣総辞職○三月三日、「政局危機と社会党の態度」を『社会新聞』に発表○三月一〇日、芦田均連立内閣でも文部大臣（一〇月一五日の内閣総辞職まで）○四月、国立国会図書館連絡調整委員会委員	二月、国立国会図書館法成立・公布○同月、片山内閣総辞職○三月、芦田内閣成立○四月七日、特殊教育に六・三制施行の政令○六月二三日、昭和電工事件○六月、関東の大学・高等専門学校二四校スト、全国一一

			になる○五月六日、各都道府県知事に文部省学校教育局長名で「朝鮮人学校に関する問題について」を通達○五月三一日、六・三制予算案が閣議決定○六月一九日、衆議院・参議院両院で教育勅語の執行に関する決議により廃止	三校一斉ストに発展○七月、日本学術会議法公布、教科書の発行に関する教育委員会法公布、臨時措置法公布○九月、全日本学生自治会総連合発足
二四	一九四九	六一	一月二三日、第二四回総選挙で衆議院議員当選するが日本社会党は惨敗○三月一四日、社会党運動方針起草委員会で運動方針をめぐり稲村順三と論争（森戸・稲村論争）○四月一五日、第四回党大会で昭和二四年運動方針決定○九月、教育美術振興会会長に就任○一二月一日、衆議院本会議でユネスコ運動に関する決議案提案の趣旨を説明	一月、教育公務員特例法施行○同月、第二四回衆議院議員総選挙○三月、ドッジ公使、経済安定九原則実行表明（ドッジ・ライン）○五月、国立学校設置法制定、広島大学含む六九の新制国立大学発足○六月、労働組合法全面改正○七月、イールズ事件
二五	一九五〇	六二	四月八日、日本社会党離党○四月一八日、衆議院本会議で代議士辞職を語る○四月一九日、文部教官、広島大学学長に補任、二三日に着任（〜昭和三八年三月三一日）○五月二五日、入学式○六月二三日、広島市の第二回ユネスコ講演会で「国際平和とユネスコ」を講演○一一月五日、開学式（「広島大学三原則」明示、「変革期の大学」を講演）	六月二五日、朝鮮戦争勃発○九月、広島大学、通信教育部を設置（昭和三三年度末廃止）○一二月、地方公務員法を公布
二六	一九五一	六三	一月、手紙で世界各国の大学に広島大学の復興再	六月二一日、第六回ユネスコ総会

			建協力を依頼○一月末、日本教育視察団として渡米（五月帰国）○八月二〇日、和子と離婚、二三日に楪原岸子と入籍○九月、労働医学心理学研究所理事（のち労働科学研究所）就任（～昭和五五年）	（フランス）で日本の加盟承認○九月八日、サンフランシスコ講和条約・日米安全保障条約調印○一〇月、社会党左右両派に分裂
昭和二七	一九五二	六四	八月、日本ユネスコ国内委員会委員（昭和三四年まで副会長、三六年まで会長）○一一月、広島平和都市記念碑文論争○『国際連合と平和主義』出版	四月、全日本学生自治会総連合、破防法反対ゼネスト○七月、破防法施行○七月、朝鮮休戦協定
二八	一九五三	六五	六月、大学設置審議会委員（～昭和三七年一一月）○九月、労働科学研究所理事就任○九月一〇日、第一期の中央教育審議会（中教審）専門委員就任	四月、国立大学の評議会に関する暫定措置を定める規則制定
二九	一九五四	六六	一月、日本学術会議会員（第三期）就任（～第四期の昭和三五年一月）○一〇月二二日、第八回ユネスコ総会（ウルグアイ）出席（日本政府代表）	三月、第五福竜丸、ビキニの米水爆実験で被災○七月、防衛庁・自衛隊発足
三〇	一九五五	六七	一月、中教審（第二期）委員に就任（～第九期の昭和四六年七月）○一〇月、国際大学協会（IAU）第二回総会出席、日本代表理事に就任（昭和四〇年第四回まで）○この年、百働会発足、会長就任（～終生）	八月、第一回原水爆禁止世界大会（広島大会・長崎大会・東京大会）○一〇月、社会党統一大会○一一月、自由民主党結成（民主党と自由党合同）

三一	一九五六	六八	一二月二五日、第九回ユネスコ総会（インド）出席（日本政府代表）	一〇月、日ソ共同宣言（国交回復）○一二月一八日、日本、国際連合加盟
三二	一九五七	六九	一月、日本学術会議会員（第四期）○この年、著書『民主主義の反省』を出版	二月、石橋湛山内閣総辞職、岸信介内閣成立
三三	一九五八	七〇	一月一七～二六日、沖縄各地で講演○九月、国際大学協会理事会に出席○一〇月一四日、第一〇回ユネスコ総会(フランス)出席(日本政府代表顧問)	一〇月、政府、大衆運動取締のため警察官職務執行法（警職法）改正案を国会提出、反対運動の高まり
三四	一九五九	七一	三月四日、労働科学研究所理事長に就任（～昭和五五年）	一月、キューバ革命○この年、安保闘争（六〇年安保闘争）
三五	一九六〇	七二	三月、全日本社会教育連合会会長に就任（～昭和五五年五月）○四月六日、妻岸子、死去○五月二日、中教審への諮問「大学教育の改善について」により第一五・一六・一七・一八特別委員会の主査となる○この年、ユネスコ双書第一号として『国際理解教育の基本的理念』を出版	一月一九日、新安保条約・地位協定などワシントンで調印○一月二四日、民主社会党結成○六月二三日、新安保条約批准書交換発効、岸首相退陣○七月、池田勇人内閣成立
三六	一九六一	七三	八月、放送教育研究会全国連盟（昭和四四年改称全国放送教育研究会連盟）理事長に就任（～終生）○一〇月、国語審議会委員（～昭和三八年）	四月、広島大学に原爆放射線医学研究所を設置○八月、東ドイツ、ベルリンの壁を築く
三七	一九六二	七四	一月二五～三一日、第一回日米文化教育会議に出席（昭和四五年の第五回まで日本側首席代表）○	八月、池田首相、衆議院本会議で「人づくり」を所信表明○一〇月、

昭和三八	一九六三	七五	四月二〜一一日、アジア地域ユネスコ加盟国文部大臣会議（日本で開催）に出席（日本代表顧問） 一月二八日、中教審が昭和三五年五月の諮問に答申（三八答申）○一月、能力開発研究所理事長就任（昭和四六年の研究所解散まで）○三月三一日、広島大学長退官○四月、日本放送協会学園高等学校（NHK学園高校）校長就任（〜終生）○四月、日本育英会会長に就任（〜昭和四七年三月）○四月一二日、広島から東京都杉並区西田町へ転居○五月、広島大学名誉教授○六月、中教審会長に就任、同月二四日の中教審第九三回総会で「期待される人間像について」と「後期中等教育の拡充整備について」の二つ諮問される○一〇月一六〜二二日、第二回日米文化教育会議に出席（日本側首席代表）○一〇月、社会教育審議会委員就任（〜昭和四六年一〇月）○一二月一〇日、広島市名誉市民	キューバ危機○一二月、「人づくり」懇談会発足 一一月一六日、第一回能検テスト（能力開発研究所主催）実施
三九	一九六四	七六	六月、日本図書館協会会長就任（〜昭和五四年一〇月）○八月三日、溝渕冨仁子と結婚○一〇月、国語審議会会長になる（〜昭和四一年）○一一月、勲一等瑞宝章を受章	一〇月、東京オリンピックが開催される○一一月、東京パラリンピック開催○池田内閣総辞職、第一次佐藤栄作内閣成立

四〇	一九六五	七七	一月一一日、中教審が「期待される人間像について」草案の中間報告○八月三一～九月六日、国際大学協会第四回総会で東京組織委員会長を務める	二月以降、ベトナム戦争本格化○六月、家永教科書裁判（第一次）開始○この年、国際教育美術展を開催
四一	一九六六	七八	三月二～七日、第三回日米文化教育会議に出席（日本側首席代表）○四月一日、明治百年記念準備会議委員になる○一〇月三一日、中教審会長として「後期中等教育の拡充整備について」を答申	三月二五日、佐藤栄作内閣閣議で、明治百年記念の事務局設置を口頭了解○七月、東京都教委、都立高校入試制度改善の基本方針を決定
四二	一九六七	七九	二月、東京都青少年とともにすすむ運動推進協議会長に就任（～昭和五五年六月）○七月三日、中教審第一〇八回総会で「今後における学校教育の総合的な拡充整備のための基本的施策について」の諮問を受ける	六月、家永教科書裁判（第二次）○八月、公害対策基本法公布（即日施行）○九月、文部大臣諮問機関として学術審議会設置
四三	一九六八	八〇	一月二〇日・二月二三日、家永教科書裁判に出廷（国側証人）○四月三～八日、第四回日米文化教育会議（日本側首席代表）○七月、日本ユネスコ国内委員会第四二回会議で名誉会長に就任○九月、ILO／ユネスコ教員の地位勧告適用合同専門家委員会（CEART）第一回会議に参加（東アジア代表委員）○九月九日、長野県上田に楽山居を結ぶ○一一月一八日、中教審へ「当面する大学教育の課題に対応するための方策について」諮問○	一月、東大紛争の始まり（大学紛争が全国に波及）○二月、成田空港阻止集会（闘争激化）○四月、小笠原諸島返還○一〇月二三日、明治百年記念式典、日本武道館で開催

昭和四四	一九六九	八一	一二月、諮問対応のため第二四特別委員会設置 三月七日、第二四特別委員会が「学園における学生の地位について」中間報告○四月三〇日、中教審第一一四回総会で、前年の諮問へ答申○六月三〇日、昭和四二年の中教審諮問への中間報告「わが国の教育発展の分析評価と今後の検討課題」を行う	一月、東京大学の翌年の入試中止を決定○同月、文部省、能研テスト廃止決定○八月七日、大学の運営に関する臨時措置法成立
四五	一九七〇	八二	一月一二日、中教審第一一七回総会で中間報告「高等教育の改革に関する基本構想試案」決定○三月七日、全日本釣り団体協議会名誉会長○三月一八～二三日、第五回日米文化教育会議出席（日本側首席代表）○一一月五日、中教審第一一九回総会で中間報告「初等・中等教育の改革に関する基本構想」決定	三月一四～九月一三日、日本万国博覧会（大阪万博）○六月、政府、日米安保条約の自動延長を声明（七〇年安保闘争）
四六	一九七一	八三	五月、栄典に関する有識者会議の構成員になる（～昭和五七年）○六月一一日、中教審第一二〇回総会で会長として、昭和四二年の諮問に答申する（四六答申＝第三の教育改革）○一一月、文化功労者○一一月一〇日、福山市名誉市民	三月、成田空港問題、第一次強制代執行○六月、沖縄返還協定に調印
四七	一九七二	八四	六月六日、家永教科書裁判（第二次訴訟）出廷○著書『思想の遍歴』上を出版	五月、沖縄日本本土復帰、沖縄県発足

四八	一九七三	八五	一二月、松下視聴覚教育研究財団（松下教育財団）理事長就任（～終生）○著書『第三の教育改革』出版	一〇月、第一次石油危機
四九	一九七四	八六	四月、勲一等旭日大綬章	二月、教育人材確保法公布
五〇	一九七五	八七	六月一六日、日本教育会会長に就任（昭和五五年六月まで）○著書『思想の遍歴』下を出版	四月、ベトナム戦争終結○六月、日本教育会結成
五一	一九七六	八八	著書『遍歴八十年』を出版	二月、ロッキード事件
五三	一九七八	九〇	一一月二七日、国立国会図書館開館三〇周年記念式典で日本図書館協会会長として祝辞	五月、新東京国際空港（現成田国際空港）開港
五九	一九八四	九五	五月二八日、ガン性腹膜炎で死去○六月一三日、青山葬儀所で告別式	一月、家永教科書裁判（第三次）

参考文献

〔未刊行史料〕

広島大学文書館所蔵「森戸辰男関係文書」（本文中はAと略記、掲出順）
「尋常科第三学年定期試験成績報告」／「水泳成績認定証」／大正九年一月二十八日付、森戸辰男宛星島二郎書簡／大正九年十一月十五日付、森戸辰男宛有島武郎書簡／大正九年十一月十五日付、森戸辰男宛後藤新平書簡／大正十年二月二十二日消印、森戸辰男宛賀川豊彦書簡／昭和三年二月二十九日開催「政治経済学会報告」／「（大阪労働学校第二三期講義）質問とその答え」／昭和五年三月十五日付、森戸辰男宛河野密書簡／昭和八年二月四日、大阪労働学校「校報」第一二号／昭和十年九月十六日付、森戸辰男宛河合栄治郎書簡／昭和十一年十一月二十五日～昭和十二年九月二十九日付、久留間鮫造宛森戸書簡二一点／昭和十二年二月十六日付、久留間鮫造宛森戸辰男書簡／「文化人連盟・憲法研究会について」／「憲法改正要綱」／社会党憲法改正特別委員会「社会党の憲法改正草案修正意見」／「二・一ゼネストについての講演原稿」／「新日本建設国民運動資料作成に関する事務の経緯」／「オア氏意見」／「六・三制度の破棄又は変更に伴ふ影響」／「盲聾教育義務制実施について」／昭和二十三年一月二十四日官学五号「朝鮮人設立学校の取扱いについて」／「（昭和二十三年五月三日）覚書」／「朝鮮人学校に関する問題について」／「森戸辰男氏　談話・放送・説示録」／

「教員の不足状況及びこれが補充対策」／「日教組の修正意見」／「ＣＩＥに於いてニューゼント氏との会談録」／「第二回ＡＢＣＣ日本側評議会議事録」／「人間形成と放送」〈一九七四年十一月十五日「教育と放送」〉／「私の結婚について」／ノート「UNESCO,ILO 合同委員会」／「育英会報」一九七三年二月号／「日本教育会結成大会会長あいさつ」／「森戸冨士子さんにきく」／昭和五十一年八月七日「楽山居日記」第四巻

横浜市所蔵「森戸辰男関係文書」（本文中はＢと略記、掲出順）

「吉田校長の思い出につき原稿」／大正九年十月二十九日付、森戸辰男宛原嘉道書簡／大正九年十月二十九日付、森戸辰男宛星島二郎書簡／大正九年一月十五日付、森戸辰男宛三谷隆正書簡／大正九年九月十七日付、森戸辰男宛山川菊栄書簡／昭和五年四月二十六日付、森戸辰男宛大内兵衛書簡／「軍部社会主義論」／大内兵衛「森戸辰男君の思想について」／高野岩三郎「森戸君のこと」／「国家・民族再建につきメモ」／昭和三十四年四月十三日付、森戸辰男宛秋沢修二書簡／「（昭和二十一年）選挙演説」／「経済危機突破緊急対策」／「現状問題と政党再編につきメモ」／昭和二十二年三月二十八日付『社会新聞』「経済政策」／「二度目の総選挙に向けて」／「文部大臣就任挨拶原稿」／昭和二十四年七月十一日、文部省管理局、「「六・三制予算問題」経過の大要とその解決策」／「初代学長選任事情」／昭和三十三年五月二十八日付、森戸辰男宛屋良朝苗書簡

ふくやま美術館所蔵「森戸辰男関係資料」（本文中はＣと略記、掲出順）

「福山中学校成績表」／「（福山中学校）休暇日記」／中央法律相談所「新聞紙法違反被告事件調書」

広島大学所蔵「森戸辰男文書」
　「(森戸辰男)功績調書」

Memorandum for Chief of Staff. Subject:Comments on Constitutional Revision proposed by Private Group, 11 January 1946, GHQ/SCAP 民政局文書 GHQ/SCAP Records; Government Section; Box No. 2225: "The Japanese Constitution" <Sheet No. GS(B)02090-02092>, 国立国会図書館、米国国立公文書館(RG331)、http://www.ndl.go.jp/constitution/shiryo/03/060shoshi.html)。

芦屋市立美術博物館所蔵「富田砕花資料」

広島大学所蔵「評議会議事録(要録)」

広島大学所蔵「部局長会議議事録」

広島大学教養部「雑録」昭和二四年四月～昭和三九年三月

国立公文書館所蔵

「昭和四一年内閣官房内閣審議室決裁文書綴(内閣)」(本館-4E-006-00・平15内閣00004100)。

「明治百年記念準備会議第三回会議議事録」(寄贈2A-41-1809)

「明治百年記念準備会議行事部会第一回会議議事録」(寄贈、2A-41-1780)

「明治百年記念準備会議事業部会第二回会議議事録」(寄贈、2A-41-1780)

「明治百年記念準備会議事業部会第二次整理小委員会第二回会議議事録」(寄贈 A-41-1786)
「明治百年記念準備会議第四回事業部会会議議事録」(寄贈2A-41-1780)
「明治百年記念準備会議第五回会議議事録」(寄贈2A-41-1780)
「中央教育審議会総会速記録」第二〇冊~第二五冊
「中央教育審議会第十五特別委員会速記録」「中央教育審議会第十六特別委員会速記録」
「中央教育審議会第十七特別委員会速記録」「中央教育審議会第十八特別委員会速記録」
「中央教育審議会第十九特別委員会速記録」「中央教育審議会第二〇特別委員会速記録」
「中央教育審議会第二一特別委員会速記録」「中央教育審議会第二二特別委員会速記録」
「中央教育審議会第二三特別委員会速記録」「中央教育審議会第二四特別委員会速記録」
「中央教育審議会第二五特別委員会速記録」「中央教育審議会第二六特別委員会速記録」
「中央教育審議会第二七特別委員会速記録」「中央教育審議会第二八特別委員会速記録」
帝国議会会議録検索システム
第九十回帝国議会衆議院本会議議事録/第九十二回帝国議会衆議院本会議議事録
国会会議録検索システム
国会議事録

〔刊行史料〕

『天城勲オーラルヒストリー』上・下　平成十四年度科学研究費〔特別推進研究（COE）〕研究成果報告書（政策研究院）　二〇〇二年
『オーラルヒストリー　西田亀久夫』　平成六年度科学研究費〔特別推進研究（COE）〕研究成果報告書（政策研究院）　二〇〇四年
『木田宏オーラルヒストリー』上・下　平成十四年度科学研究費〔特別推進研究（COE）〕研究成果報告書（政策研究院）　二〇〇三年
教育事情研究会編『中央教育審議会答申総覧〔増補版〕』　ぎょうせい　一九九二年
教科書検定訴訟を支援する全国連絡会編『家永・教科書裁判―裁かれる日本の歴史―』高裁篇　第二巻（立証篇一）　総合図書　一九七三年
憲法調査会『憲法研究会第十回総会議事録』　憲法調査会　一九五八年
小宮京・中澤俊輔「新史料発見　会津人が駆け抜けた近代日本　帝国大学総長山川健次郎日記（写本）（後編）変革期のリーダーシップ―東京帝大総長・京都帝大総長として―」（『中央公論』一二九巻二号）　二〇一四年
佐藤栄作『佐藤栄作日記』第三巻・第五巻　朝日新聞社　一九九八年
衆議院事務局『帝国憲法改正案委員小委員会速記録　第九十回帝国議会衆議院（復刻版）』　現代史料出版　二〇〇五年
進藤栄一・下河辺元春編『芦田均日記』第一～三巻　岩波書店　一九八六年

帝国大学新聞社編輯部編『日本教育史基本文献・史料叢書13　大学の運命と使命』（『帝国大学新聞』）　大空社　一九九二年
日本近代教育史料研究会編『教育刷新委員会・教育刷新審議会会議録』一・六　岩波書店　一九九五・九七年
原奎一郎編『原敬日記』第五巻　福村出版　二〇〇〇年
法政大学大原社会問題研究所監修『社会新聞　復刻版（占領期日本社会党機関紙集成）』　柏書房　二〇一四年

〔自伝〕

森戸辰男『思想の遍歴　上　クロポトキン事件前後』　春秋社　一九七二年
森戸辰男『思想の遍歴　下　社会科学者の使命と運命』　春秋社　一九七五年
森戸辰男『遍歴八十年』　日本経済新聞社　一九七六年

〔森戸著書　代表的なもの〕

森戸辰男『最近ドイツ社会党史の一齣』　同人社　一九二五年
森戸辰男『社会科学研究の自由に関して青年学徒に訴ふ』　改造社　一九二五年
森戸辰男『思想と闘争』　改造社　一九二五年

森戸辰男『闘争手段としての学校教育』同人社書店 一九二六年
森戸辰男『大学の顚落』同人社 一九三〇年
森戸辰男『オウエン　モリス』岩波書店 一九三八年
森戸辰男『戦争と文化』中央公論社 一九四一年
森戸辰男『独逸労働戦線と産業報国運動―その本質及任務に関する考察―』改造社 一九四一年
森戸辰男『救国民主聯盟の提唱』鱒書房 一九四六年
森戸辰男『平和革命の条件』東京出版社 一九五〇年
森戸辰男『日本におけるキリスト教と社会運動』潮書房 一九五〇年
森戸辰男『国際連合と平和主義』日本国際連合協会 一九五二年
森戸辰男『変革期の大学』広島大学本部 一九五二年
森戸辰男『民主主義の反省（ＩＤＥ教育選書17）』民主教育協会 一九五七年
森戸辰男『日本教育の回顧と展望』教育出版 一九五九年
森戸辰男『国際理解教育の基本的理念（ユネスコ双書1）』日本ユネスコ国内委員会 一九六〇年
森戸辰男『教育不在―占領政策と権力闘争の谷間―』鱒書房 一九七二年
森戸辰男『第三の教育改革―中教審答申と教科書裁判―』第一法規出版 一九七三年

森戸辰男『沖縄教育の原点』　東京企画センター　一九七二年
森戸辰男『教育を考える』　松下視聴覚教育財団　一九七七年

〔著書・論文等〕

天城勲編『新しい大学観の創造（大学から高等教育へ1）』　サイマル出版会　一九七八年
石井満『新渡戸稲造伝』　関谷書店　一九三四年
伊藤悟編『政・官・識者の語る戦後構想』　東出版　一九九五年
大内兵衛『経済学五十年』下　東京大学出版会　一九五九年
大内兵衛『大内兵衛著作集』第一一巻　岩波書店　一九七五年
大阪労働学校十年史編纂委員会編『大阪労働学校十周年史』　大阪労働学校出版部　一九三一年
大崎仁『大学改革　一九四五～一九九九』（有斐閣選書）　有斐閣　一九九九年
大崎仁編『「大学紛争」を語る』　有信堂高文社　一九九一年
大島清『高野岩三郎伝』　岩波書店　一九六八年
貝塚茂樹『天野貞祐』　ミネルヴァ書房　二〇一七年
川西實三『感銘録』　社会保険新報社　一九七四年
木田宏監修『証言　戦後の文教政策』　第一法規出版株式会社　一九八七年
櫛田民蔵『櫛田民蔵　日記と書簡』　社会主義協会出版会　一九八四年

月刊社会党編集部著　『日本社会党の三十年』　日本社会党中央本部機関紙局　一九七六年
劒木亨弘　『戦後文教風雲録』　小学館　一九七七年
小池聖一　「森戸辰男、人と思想」（『広島大学史紀要』第一号）　一九九九年
小池聖一　「「閣議」の文書学的一考察―芦田内閣期、政令第二〇一号の制定・
執行過程を一例に―」（『日本歴史』第六二八号）　二〇〇〇年
小池聖一　「森戸辰男の平和論」（『広島平和科学』第二八号）　二〇〇六年
小池聖一　「森戸辰男からみた日本国憲法の制定過程」（『日本歴史』第七二八号）　二〇〇九年
小池聖一　「森戸辰男の一般教育観」（『広島大学文書館紀要』第一四号）　二〇一二年
小池聖一　「学問の自由と大学の自治をめぐる戦前と戦後」
（『日本歴史』第七七二号）　二〇一二年
小池聖一　「昭和のなかの「明治」」（『日本歴史』第八〇六号）　二〇一五年
小池聖一　「森戸辰男と「文化」へゲモニー―知識人の行動、その戦前と戦後―」
（『史学研究』第三〇〇号）　二〇一八年
小池聖一　『日本における大学の自治と政策』　現代史料出版　二〇二一年
小池聖一　「「大学の運営に関する臨時措置法」の成立」
（『日本歴史』第八七三号）　二〇二一年
佐藤信　『鈴木茂三郎　一八九三―一九七〇　―統一日本社会党初代委員長の生涯―』

佐藤達夫『日本国憲法成立史』第四巻　藤原書店　二〇一一年　有斐閣　一九九四年
清水久人『戊辰戦役と福山藩』　鷹の羽会　一九七六年
社会思想研究会編『河合栄治郎　伝記と追想』　社会思想研究会出版部　一九四八年
鈴木徹三『片山内閣と鈴木茂三郎』　柏書房　一九九〇年
鈴木安蔵「憲法研究会の憲法草案起草および憲法制定会議提唱」（『愛知大学法経論集』第二八集）　一九五九年
高野岩三郎『かっぱの屁　遺稿集』（高野岩三郎日記）　法政大学出版会　一九六一年
高橋彦博『戦間期日本の社会研究センター　大原社研と協調会』　柏書房　二〇〇一年
竹中佳彦『日本政治史の中の知識人―自由主義と社会主義の交錯―』上・下　木鐸社　一九九五年
男爵山川先生記念会（花見朔巳）編『男爵山川先生伝』　岩波書店　一九三九年
土持ゲーリー法一『戦後日本の高等教育改革政策　教養教育の構築』　玉川大学出版会　二〇一八年
東京大学経済学部編『東京大学経済学部五十年史』　東京大学出版会　一九七六年
得能正通編纂『続備後叢書』下巻　歴史図書社　一九七一年
中北浩爾『経済復興と戦後政治　日本社会党一九四五―一九五一』　東京大学出版会　一九九八年

長坂　聡「教育反動化の立役者　森戸辰男批判」（『社会主義』第五七号）一九七一年
中橋徳五郎翁伝記編纂会編『中橋徳五郎伝』上　一九四四年
中村勝範「森戸辰男事件序論」（『教養論叢』第九三号）慶應義塾大学法学研究会　一九九三年
中村勝範「国家と文化の対立―森戸辰男事件をめぐって―」
（『法学研究』第六六巻第七号）一九九三年
中村勝範「森戸辰男事件と黎明期学生運動」
（『教養論叢』第九五号）慶應義塾大学法学研究会　一九九四年
中村勝範「森戸辰男事件と黎明会」（『法学研究』第六八巻第一二号）一九九五年
中村勝範「森戸事件と吉野作造の「クロポトキン論」」
（『法学研究』第六七巻第八号）一九九四年
西田亀久夫『教育政策の課題』玉川大学出版部　一九九六年
日本社会党結党20周年記念事業実行委員会編『日本社会党20年の記録』
日本社会党機関紙出版局　一九六五年
長谷川如是閑『長谷川如是閑選集』第三巻　栗田出版会　一九七〇年
羽田貴史・金井徹「国立大学長の選考制度に関する研究」
（『日本教育行政学会年報』三六）二〇一〇年
広島大学二十五年史編纂委員会編『広島大学二十五年史』通史　広島大学　一九七九年

広島大学二十五年史編纂委員会編『広島大学二十五年史』部局史　広島大学　一九七七年
広島大学五十年史編集専門委員会、広島大学文書館編『広島大学五十年史』通史編　広島大学　二〇〇七年
法政大学大原社会問題研究所編『大阪労働学校史　独立労働者教育の足跡』　法政大学出版局　一九八二年
福永文夫『占領下中道政権の形成と崩壊』　岩波書店　一九九七年
福山市史編纂会編『福山市史』下巻　福山市　一九七八年
前田多門・高木八尺『新渡戸博士追憶集』　故新渡戸博士記念事業実行委員　一九三六年
（のち新渡戸稲造全集編集委員会編『新渡戸稲造全集　別巻』教文館、一九八七年）
丸山真男・福田歓一編『聞き書　南原繁回顧録』　東京大学出版会　一九八九年
三谷隆正の生と死刊行委員会編『三谷隆正の生と死』　新地書房　一九九〇年
三輪泰史「森戸辰男と大阪の労働運動―中間派の挫折と転向―」
（『ヒストリア』第一〇九号）　一九八五年
『労働科学の生い立ち　労働科学研究所五十周年記念』　財団法人労働科学研究所　一九八一年
『労働科学研究所60年史話　創立60周年記念』　財団法人労働科学研究所　一九七一年
安嶋弥『戦後教育立法覚書』　第一法規出版　一九八六年
矢内原忠雄『矢内原忠雄全集』第二六巻・第二七巻・第二八巻　岩波書店　一九六五年

『人物叢書』(新装版)刊行のことば

人物叢書は、個人が埋没された歴史書が盛行した時代に、「歴史を動かすものは人間である。個人の伝記が明らかにされないで、歴史の叙述は完全であり得ない」という信念のもとに、専門学者に執筆を依頼し、日本歴史学会が編集し、吉川弘文館が刊行した一大伝記集である。

幸いに読書界の支持を得て、百冊刊行の折には菊池寛賞を授けられる栄誉に浴した。

しかし発行以来すでに四半世紀を経過し、長期品切れ本が増加し、読書界の要望にそい得ない状態にもなったので、この際既刊本の体裁を一新して再編成し、定期的に配本できるような方策をとることにした。既刊本は一八四冊であるが、まだ未刊である重要人物の伝記についても鋭意刊行を進める方針であり、その体裁も新形式をとることとした。

こうして刊行当初の精神に思いを致し、人物叢書を蘇らせようとするのが、今回の企図である。大方のご支援を得ることができれば幸せである。

昭和六十年五月

日本歴史学会

代表者 坂本太郎

著者略歴

一九六〇年　大阪府に生まれる
一九九〇年　中央大学大学院文学研究科博士後期課程単位取得退学、博士（史学）
現在　広島大学人間社会科学研究科教授

主要著書
『満州事変と対中国政策』（吉川弘文館、二〇〇三年）
『アーカイブズと歴史学』（刀水書房、二〇二〇年）
『日本における大学の自治と政策』（現代史料出版、二〇二一年）

人物叢書　新装版

森戸辰男

二〇二一年（令和三）七月二十日　第一版第一刷発行

著　者　小《こ》池《いけ》聖《せい》一《いち》
編集者　日本歴史学会
　　　　代表者　藤田　覚
発行者　吉川道郎
発行所　株式会社　吉川弘文館
東京都文京区本郷七丁目二番八号
郵便番号一一三—〇〇三三
電話〇三—三八一三—九一五一〈代表〉
振替口座〇〇一〇〇—五—二四四
http://www.yoshikawa-k.co.jp/
印刷＝株式会社 平文社
製本＝ナショナル製本協同組合

ISBN978-4-642-05303-7

政党主要系統図　（『近代史必携』吉川弘文館，2007年，286-293頁を元に作成）

戦前期（1874−1945）

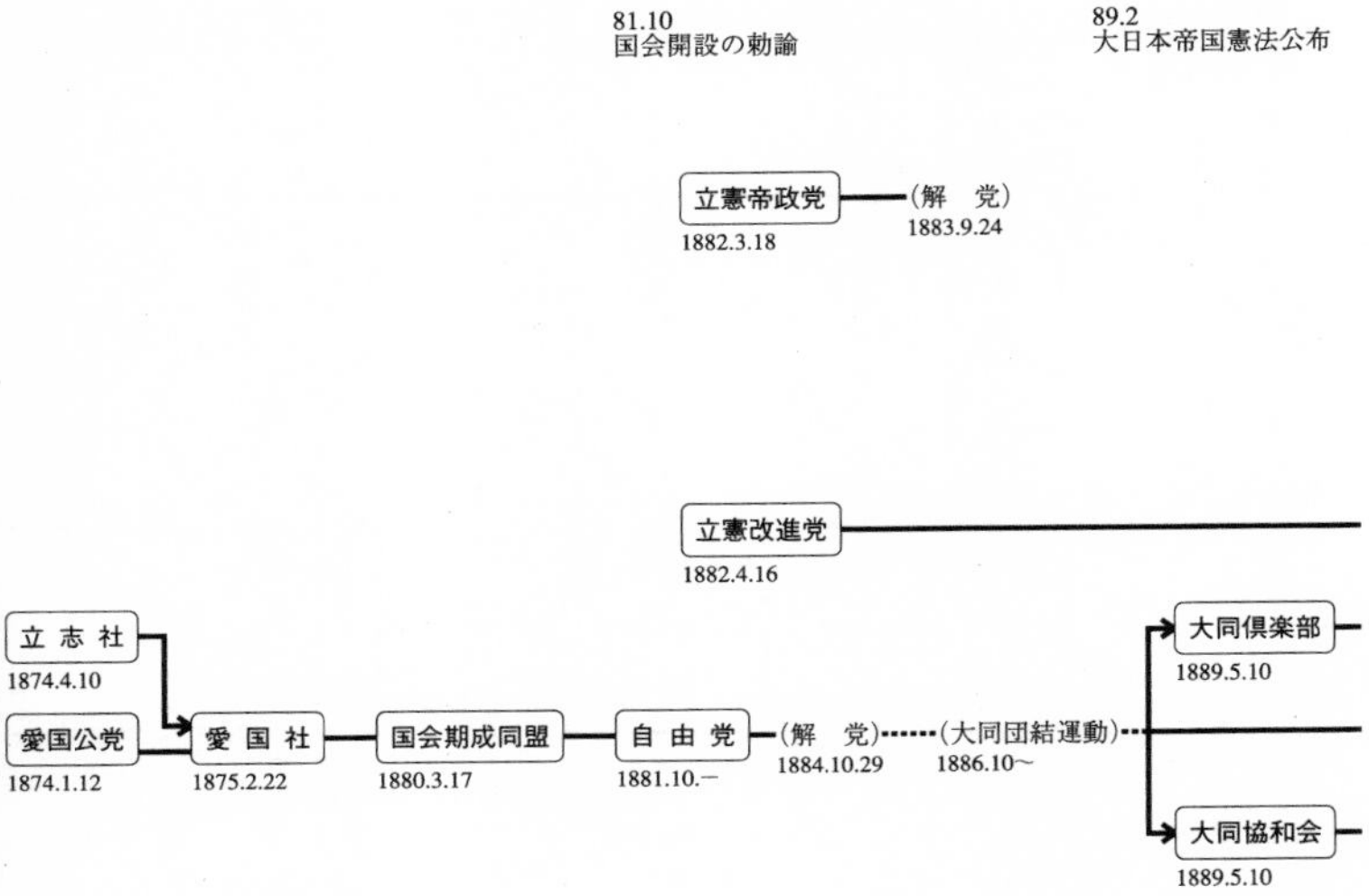

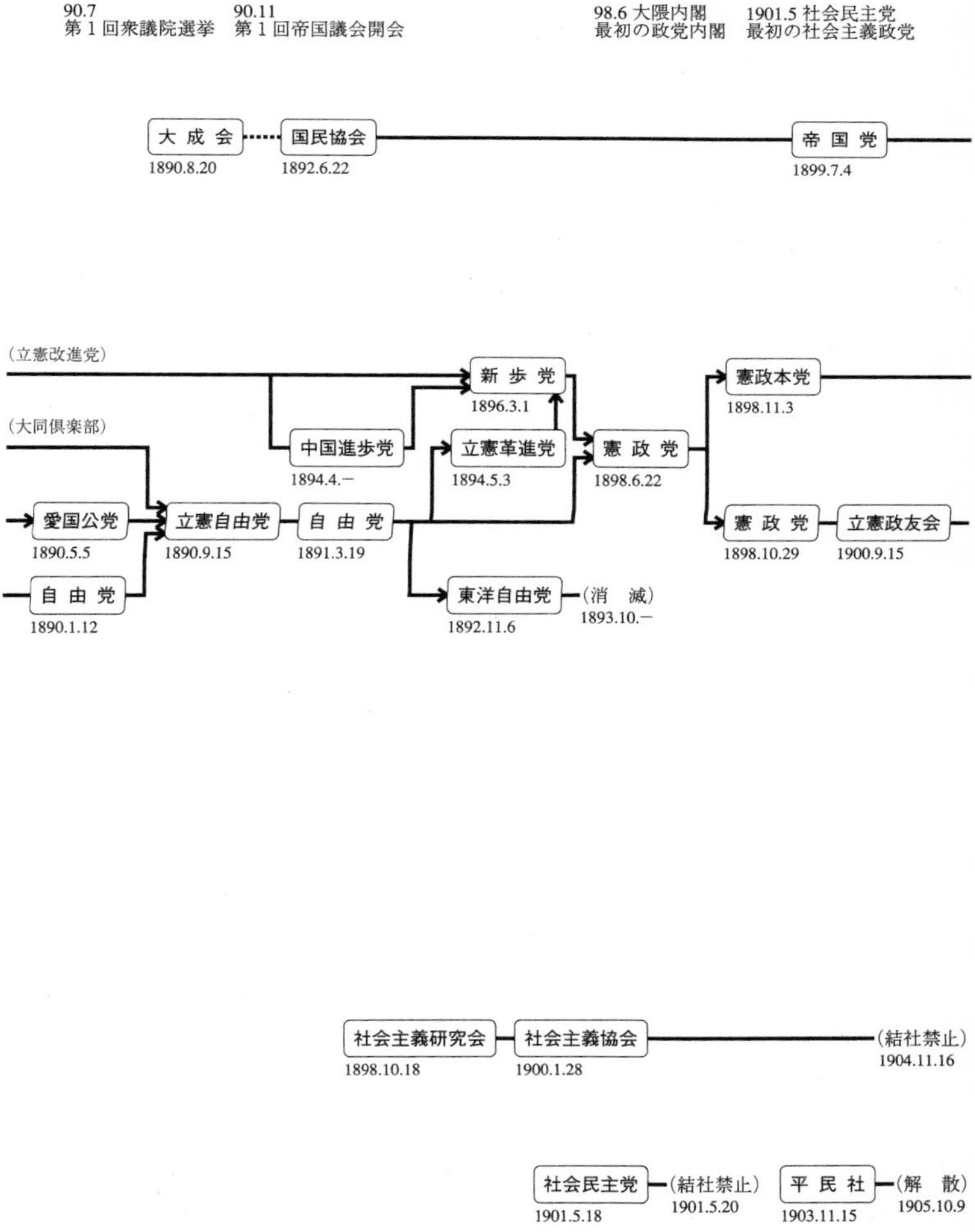
90.7
第1回衆議院選挙
90.11
第1回帝国議会開会
98.6 大隈内閣
最初の政党内閣
1901.5 社会民主党
最初の社会主義政党
大成会
1890.8.20
国民協会
1892.6.22
帝国党
1899.7.4
(立憲改進党)
(大同倶楽部)
新歩党
1896.3.1
中国進歩党
1894.4.—
立憲革進党
1894.5.3
憲政党
1898.6.22
憲政本党
1898.11.3
愛国公党
1890.5.5
立憲自由党
1890.9.15
自由党
1891.3.19
憲政党
1898.10.29
立憲政友会
1900.9.15
自由党
1890.1.12
東洋自由党
1892.11.6
(消　滅)
1893.10.—
社会主義研究会
1898.10.18
社会主義協会
1900.1.28
(結社禁止)
1904.11.16
社会民主党
1901.5.18
(結社禁止)
1901.5.20
平民社
1903.11.15
(解　散)
1905.10.9

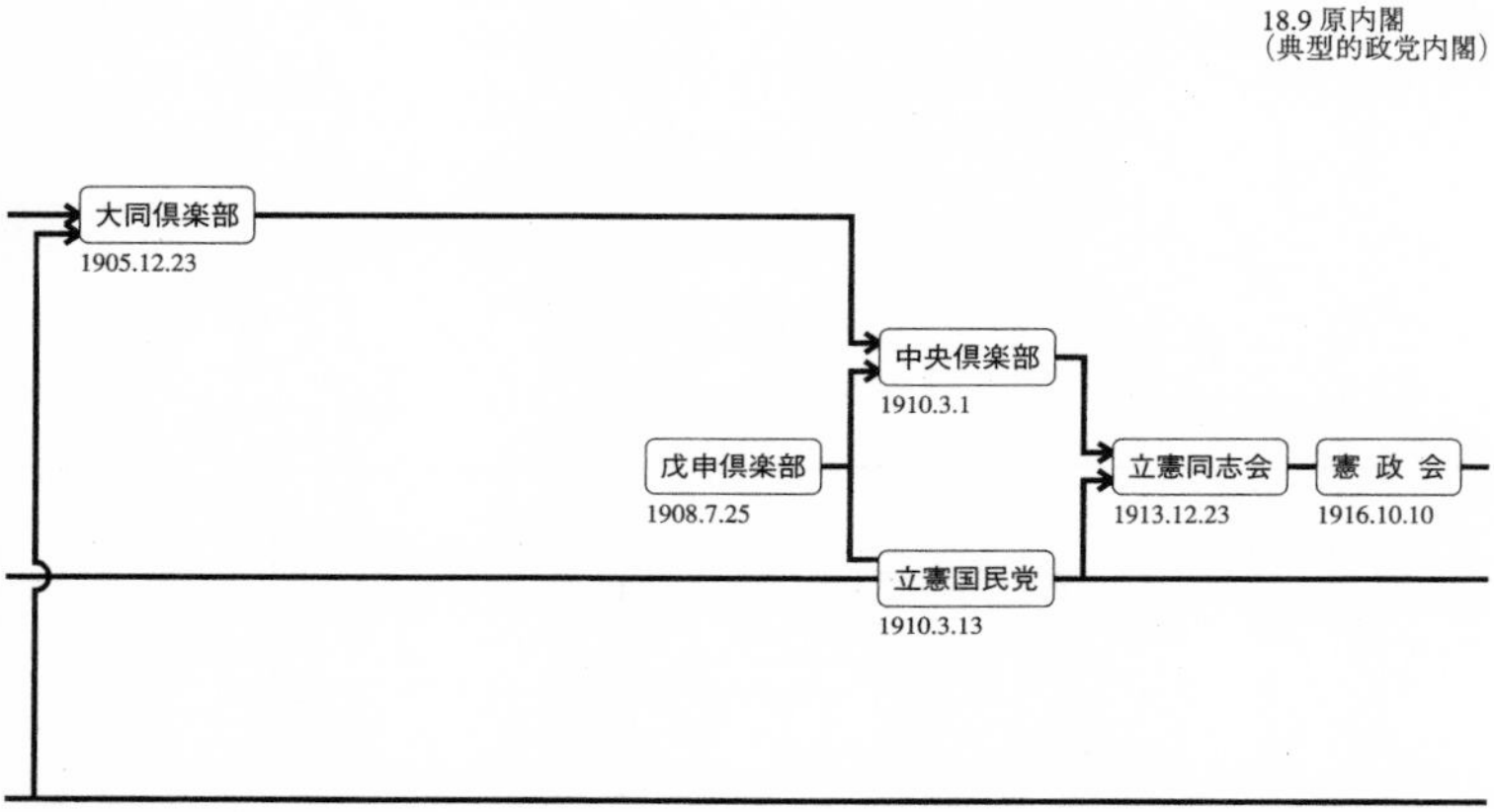
18.9 原内閣
(典型的政党内閣)
大同倶楽部
1905.12.23
中央倶楽部
1910.3.1
戊申倶楽部
1908.7.25
立憲同志会
1913.12.23
憲 政 会
1916.10.10
立憲国民党
1910.3.13

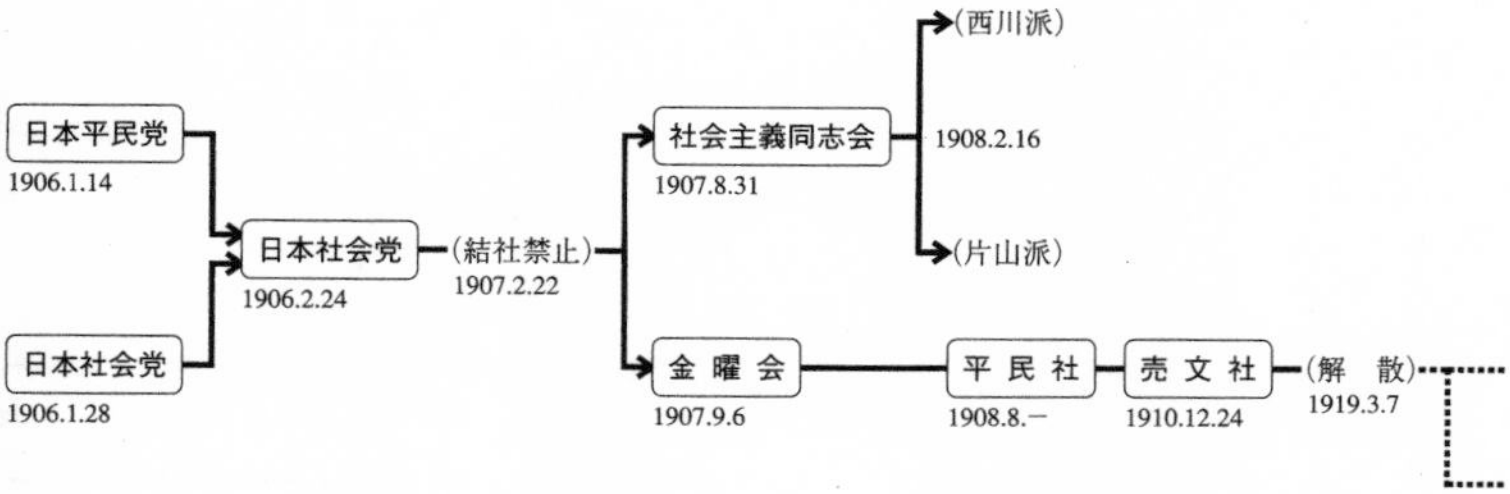
(西川派)
日本平民党
1906.1.14
社会主義同志会
1907.8.31
1908.2.16
日本社会党
1906.2.24
(結社禁止)
1907.2.22
(片山派)
日本社会党
1906.1.28
金 曜 会
1907.9.6
平 民 社
1908.8.—
売 文 社
1910.12.24
(解 散)
1919.3.7

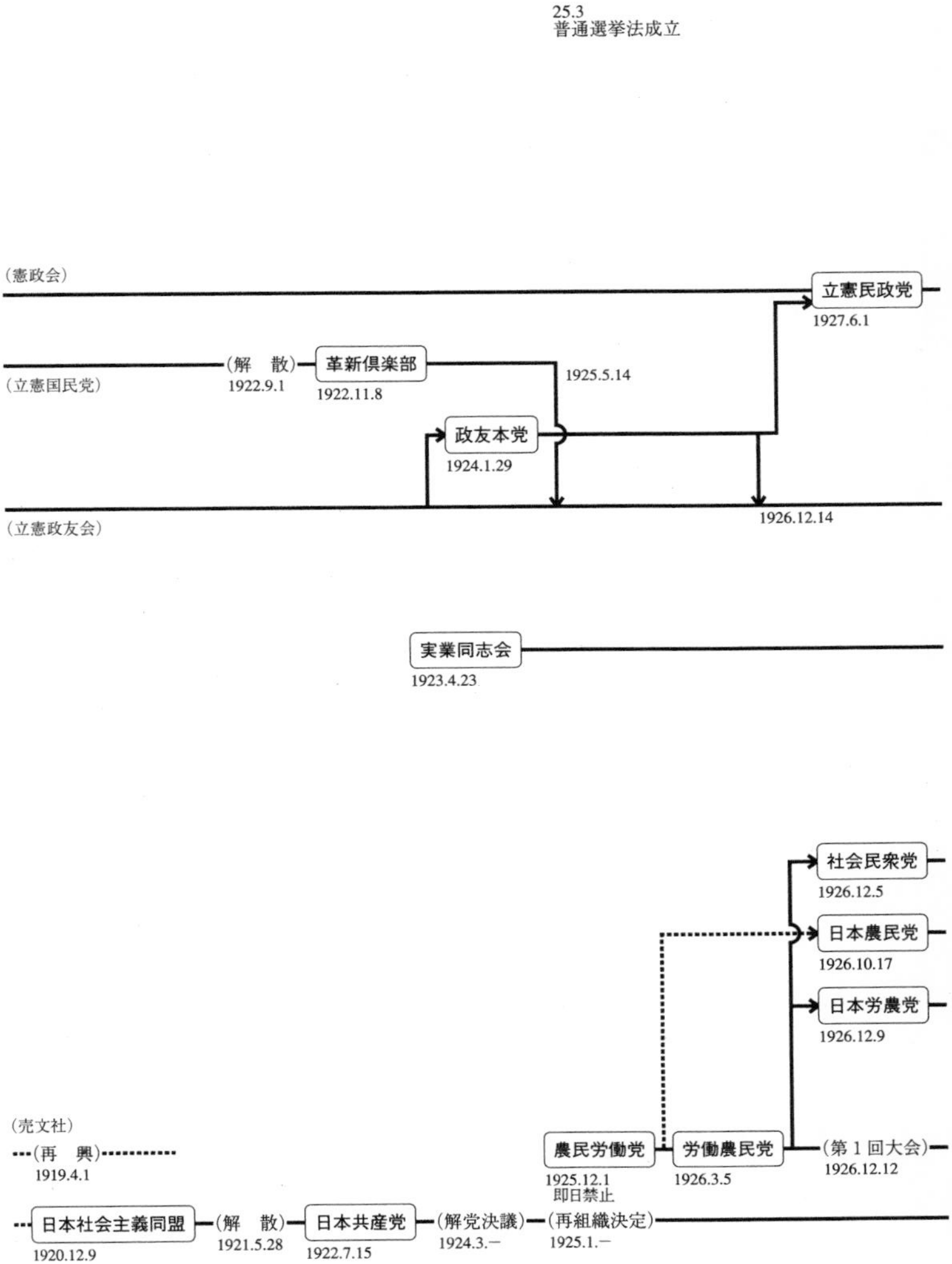
25.3
普通選挙法成立
(憲政会)
立憲民政党
1927.6.1
(立憲国民党)
(解　散)
1922.9.1
革新倶楽部
1922.11.8
1925.5.14
政友本党
1924.1.29
1926.12.14
(立憲政友会)
実業同志会
1923.4.23
社会民衆党
1926.12.5
日本農民党
1926.10.17
日本労農党
1926.12.9
(売文社)
(再　興)
1919.4.1
農民労働党
1925.12.1
即日禁止
労働農民党
1926.3.5
(第1回大会)
1926.12.12
日本社会主義同盟
1920.12.9
(解　散)
1921.5.28
日本共産党
1922.7.15
(解党決議)
1924.3.−
(再組織決定)
1925.1.−

政党主要系統図

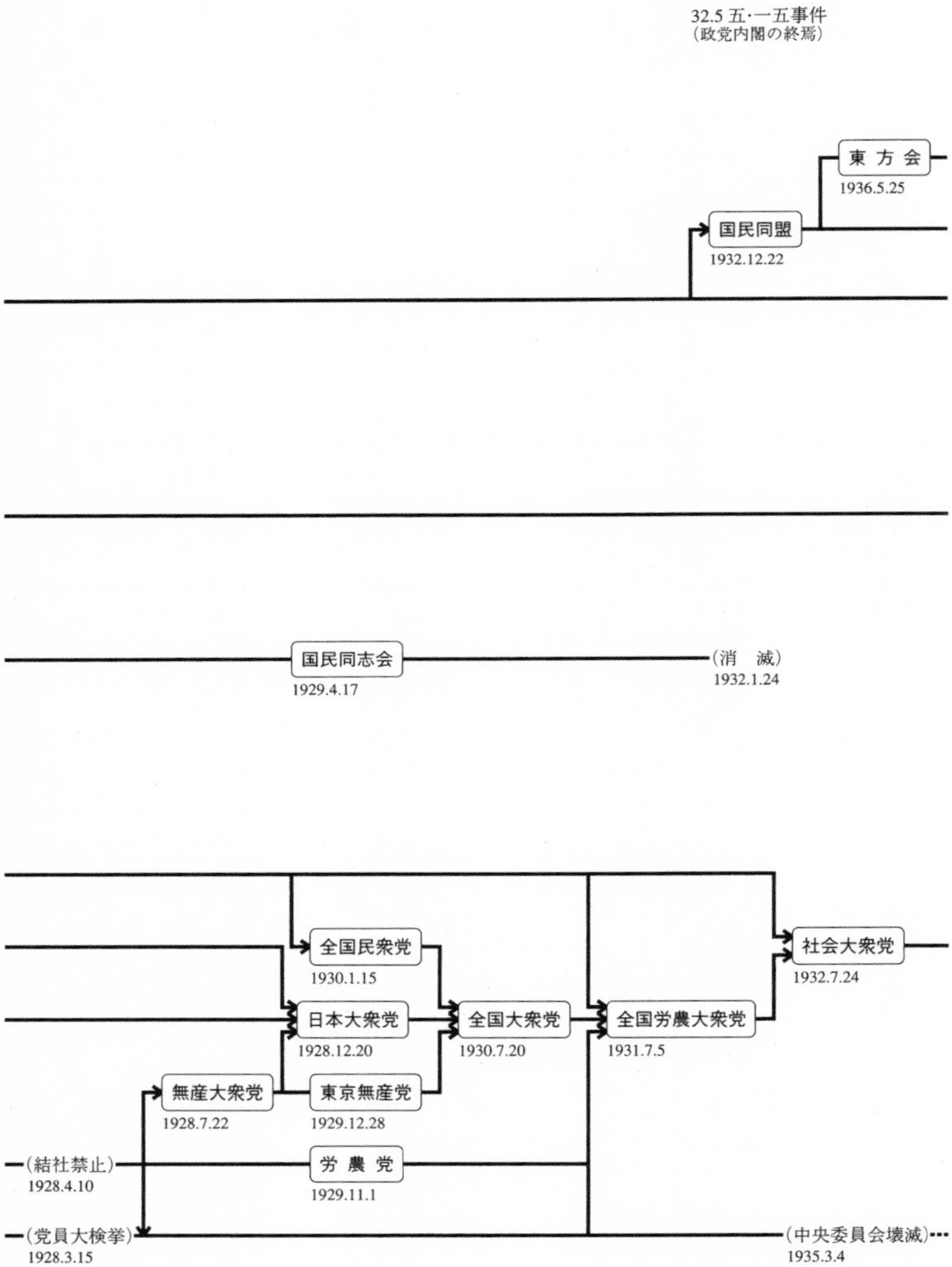
32.5 五·一五事件
(政党内閣の終焉)
東 方 会
1936.5.25
国民同盟
1932.12.22
国民同志会
1929.4.17
(消　滅)
1932.1.24
全国民衆党
1930.1.15
社会大衆党
1932.7.24
日本大衆党
1928.12.20
全国大衆党
1930.7.20
全国労農大衆党
1931.7.5
無産大衆党
1928.7.22
東京無産党
1929.12.28
(結社禁止)
1928.4.10
労 農 党
1929.11.1
(党員大検挙)
1928.3.15
(中央委員会壊滅)
1935.3.4

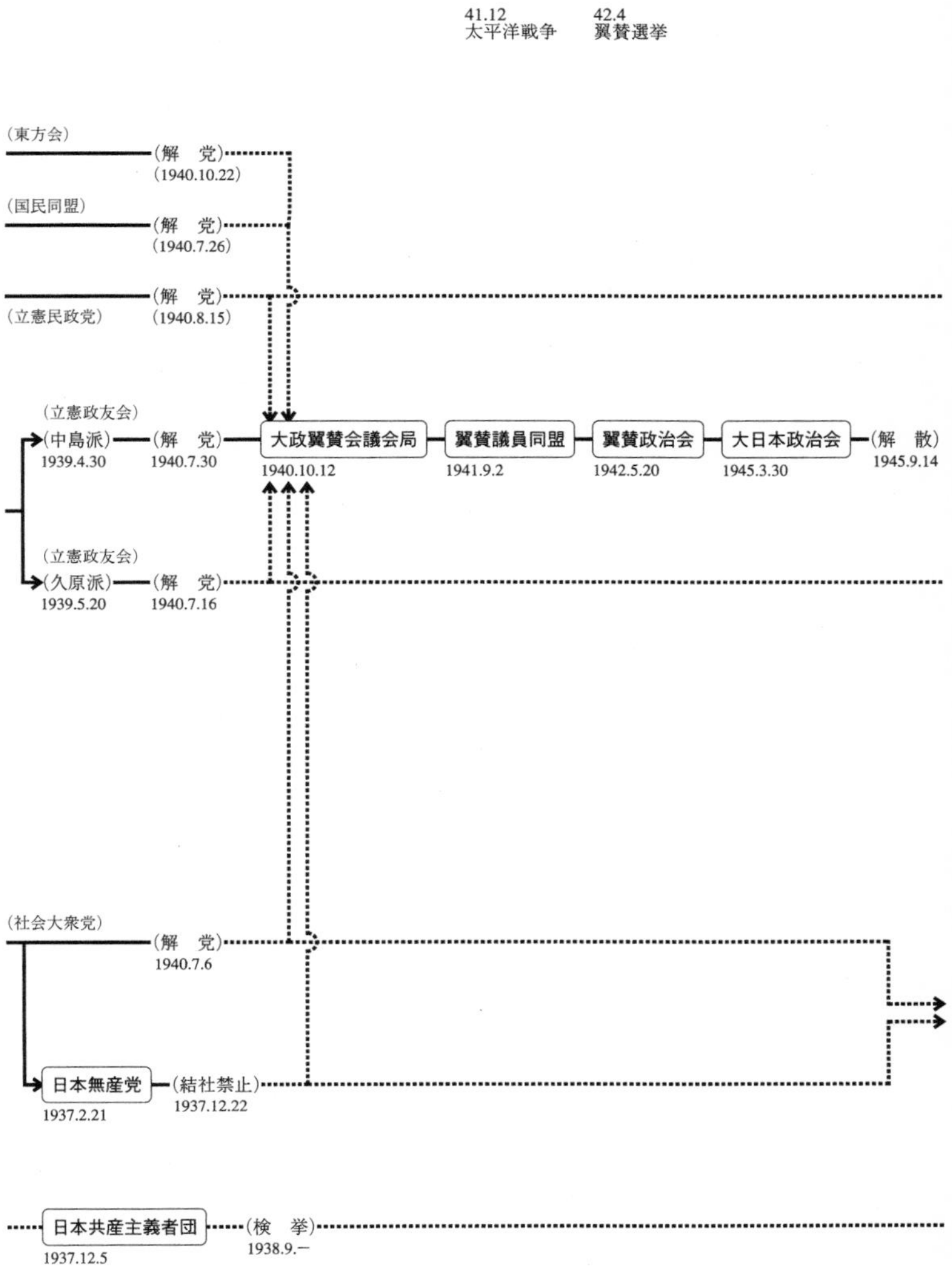

41.12
太平洋戦争
42.4
翼賛選挙
(東方会)
(解　党)
(1940.10.22)
(国民同盟)
(解　党)
(1940.7.26)
(解　党)
(立憲民政党)
(1940.8.15)
(立憲政友会)
(中島派)
1939.4.30
(解　党)
1940.7.30
大政翼賛会議会局
1940.10.12
翼賛議員同盟
1941.9.2
翼賛政治会
1942.5.20
大日本政治会
1945.3.30
(解　散)
1945.9.14
(立憲政友会)
(久原派)
1939.5.20
(解　党)
1940.7.16
(社会大衆党)
(解　党)
1940.7.6
日本無産党
1937.2.21
(結社禁止)
1937.12.22
日本共産主義者団
1937.12.5
(検　挙)
1938.9.—

戦後期（1945−2006）

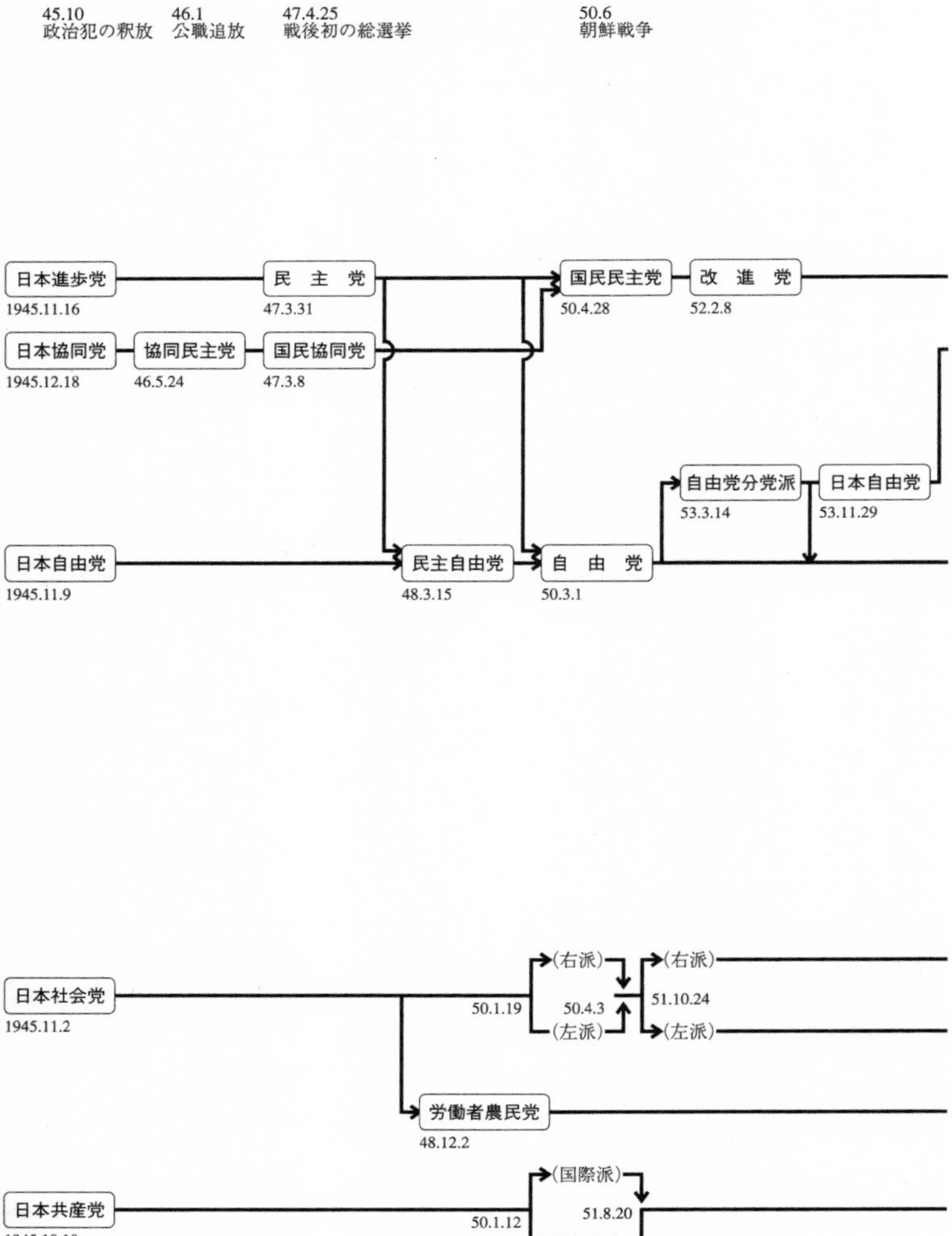

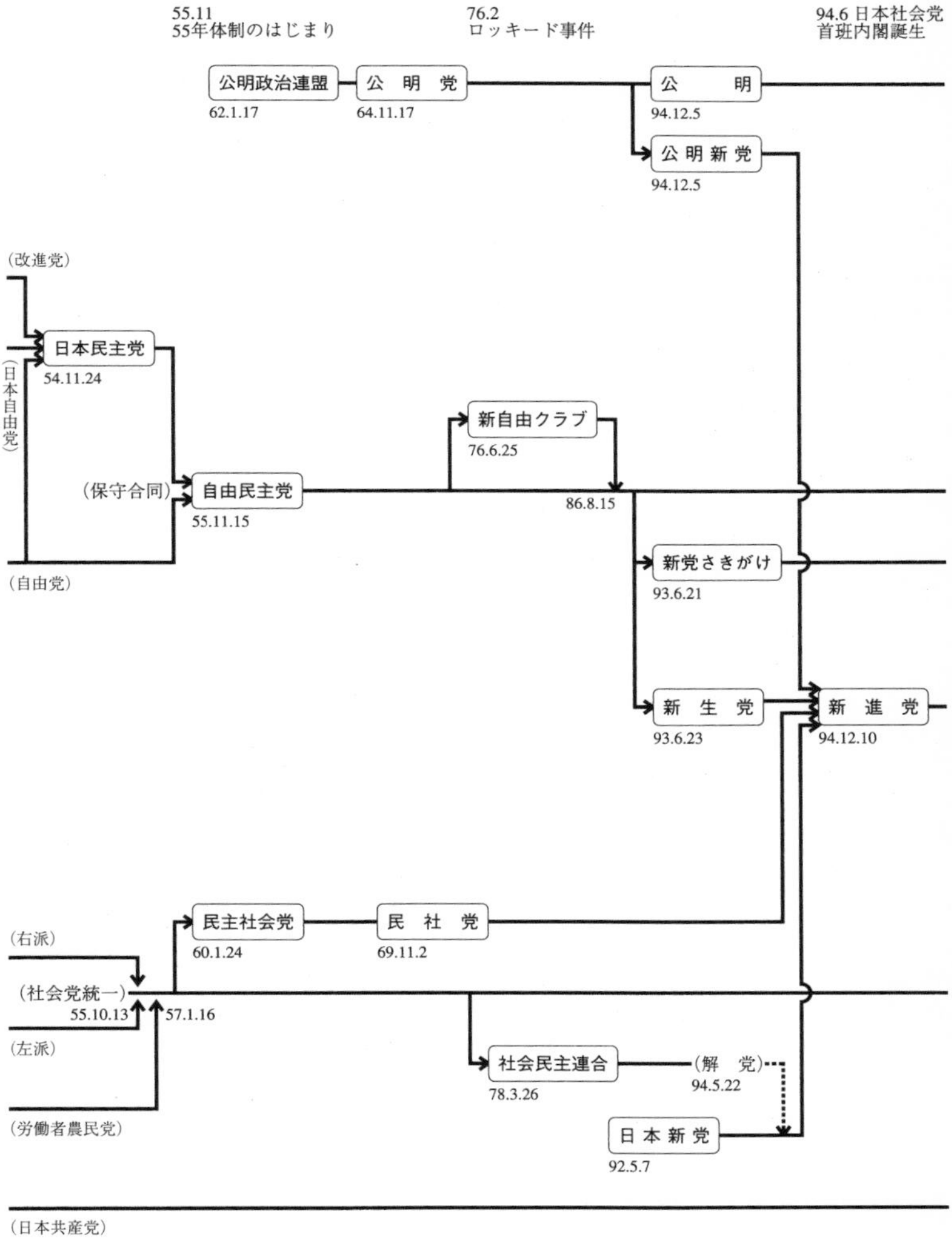

55.11
55年体制のはじまり
76.2
ロッキード事件
94.6 日本社会党
首班内閣誕生
公明政治連盟
62.1.17
公　明　党
64.11.17
公　　明
94.12.5
公明新党
94.12.5
(改進党)
日本民主党
54.11.24
(日本自由党)
新自由クラブ
76.6.25
(保守合同)
自由民主党
55.11.15
86.8.15
新党さきがけ
93.6.21
(自由党)
新　生　党
93.6.23
新　進　党
94.12.10
(右派)
民主社会党
60.1.24
民　社　党
69.11.2
(社会党統一)
55.10.13
57.1.16
(左派)
社会民主連合
78.3.26
(解　党)
94.5.22
(労働者農民党)
日本新党
92.5.7
(日本共産党)

政党主要系統図

労働組合主要系統図　（『近代史必携』462-463頁を元に作成）

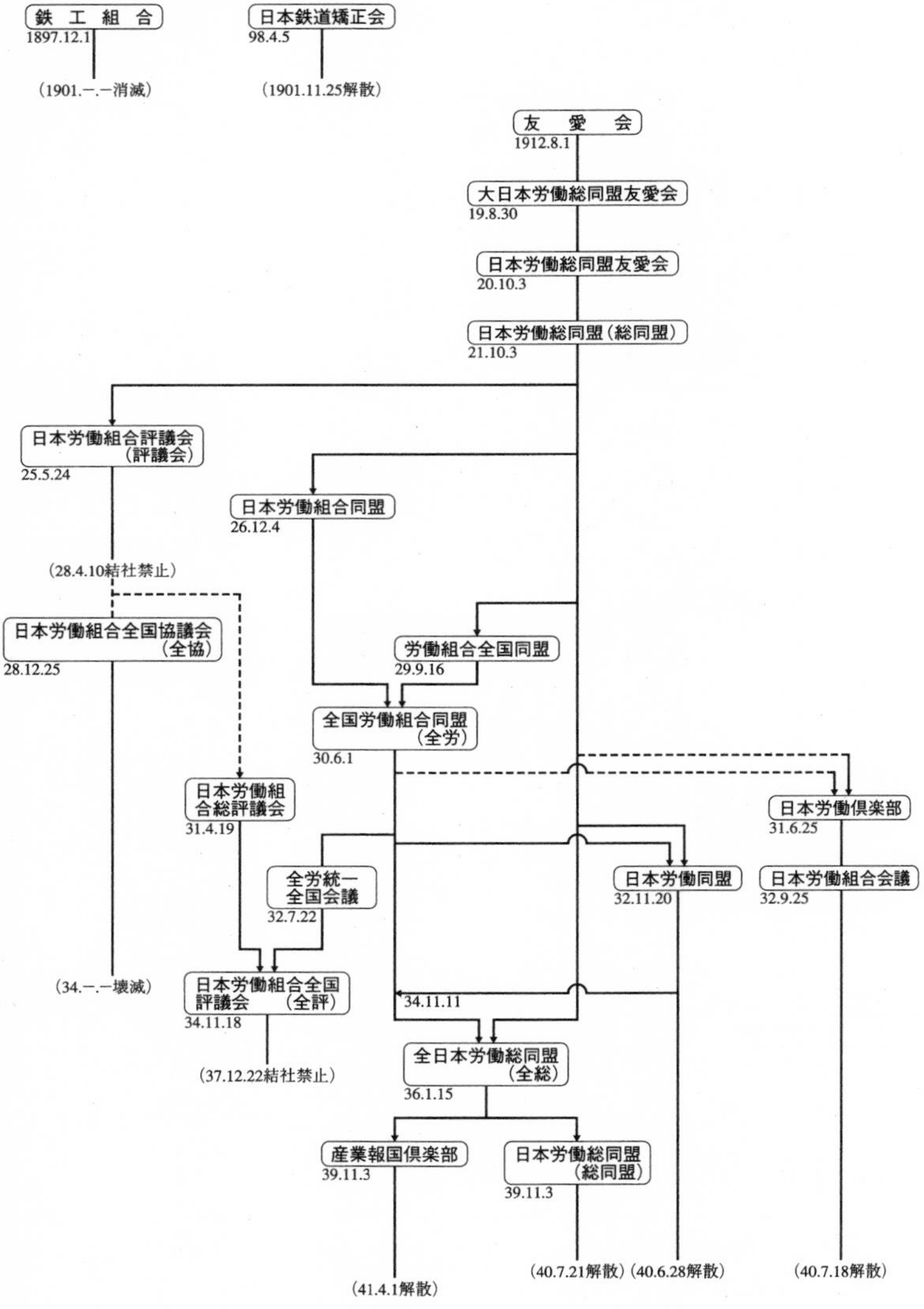
鉄　工　組　合
1897.12.1
（1901.－.－消滅）
日本鉄道矯正会
98.4.5
（1901.11.25解散）
友　愛　会
1912.8.1
大日本労働総同盟友愛会
19.8.30
日本労働総同盟友愛会
20.10.3
日本労働総同盟（総同盟）
21.10.3
日本労働組合評議会（評議会）
25.5.24
（28.4.10結社禁止）
日本労働組合同盟
26.12.4
日本労働組合全国協議会（全協）
28.12.25
労働組合全国同盟
29.9.16
全国労働組合同盟（全労）
30.6.1
日本労働組合総評議会
31.4.19
日本労働倶楽部
31.6.25
全労統一全国会議
32.7.22
日本労働同盟
32.11.20
日本労働組合会議
32.9.25
（34.－.－壊滅）
日本労働組合全国評議会　（全評）
34.11.18
34.11.11
（37.12.22結社禁止）
全日本労働総同盟（全総）
36.1.15
産業報国倶楽部
39.11.3
日本労働総同盟（総同盟）
39.11.3
（41.4.1解散）
（40.7.21解散）
（40.6.28解散）
（40.7.18解散）

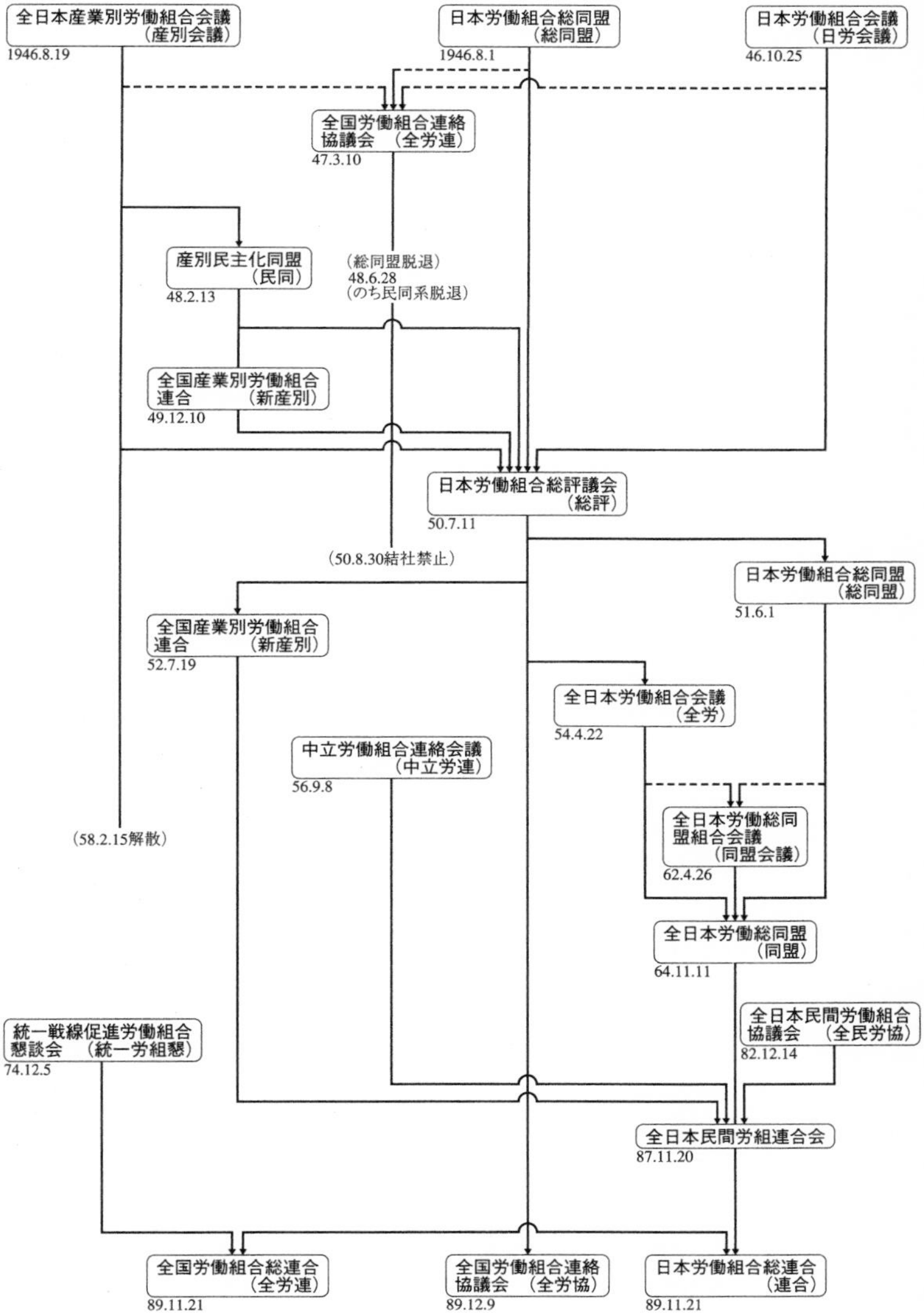
全日本産業別労働組合会議（産別会議）
1946.8.19
日本労働組合総同盟（総同盟）
1946.8.1
日本労働組合会議（日労会議）
46.10.25
全国労働組合連絡協議会（全労連）
47.3.10
産別民主化同盟（民同）
48.2.13
（総同盟脱退）
48.6.28
（のち民同系脱退）
全国産業別労働組合連合（新産別）
49.12.10
日本労働組合総評議会（総評）
50.7.11
（50.8.30結社禁止）
日本労働組合総同盟（総同盟）
51.6.1
全国産業別労働組合連合（新産別）
52.7.19
全日本労働組合会議（全労）
54.4.22
中立労働組合連絡会議（中立労連）
56.9.8
（58.2.15解散）
全日本労働総同盟組合会議（同盟会議）
62.4.26
全日本労働総同盟（同盟）
64.11.11
全日本民間労働組合協議会（全民労協）
82.12.14
統一戦線促進労働組合懇談会（統一労組懇）
74.12.5
全日本民間労組連合会
87.11.20
全国労働組合総連合（全労連）
89.11.21
全国労働組合連絡協議会（全労協）
89.12.9
日本労働組合総連合（連合）
89.11.21

労働組合主要系統図